高等学校经济与工商管理系列教材

税务会计
（第5版）

主　编　姚爱群

清华大学出版社
北京交通大学出版社
·北京·

内容简介

本书根据最新的税收法规和企业会计准则，理论联系实际，全面阐述了税务会计的基本理论和我国现行税制下各个税种的计算、纳税申报及会计处理方法。本书着眼于以问题为导向的研究性课程教学，并且注重实务操作。为配合教学，每章均有一定的实例，并附有学习要求、想一想、本章小结、习题等专栏，有利于学生巩固所学知识，提高学生分析问题、解决问题的能力。

本书内容新颖实用，易于理解和掌握，可以作为会计、税务、审计、财务管理等专业的本科生教材，也可以作为相关在职人员的岗位培训教材及参考书。

本书封面贴有清华大学出版社防伪标签，无标签者不得销售。
版权所有，侵权必究。侵权举报电话：010-62782989　13501256678　13801310933

图书在版编目（CIP）数据

税务会计/姚爱群主编．—5版．—北京：北京交通大学出版社：清华大学出版社，2021.6
（高等学校经济与工商管理系列教材）
ISBN 978-7-5121-4487-3

Ⅰ.①税…　Ⅱ.①姚…　Ⅲ.①税务会计-高等学校-教材　Ⅳ.①F810.42

中国版本图书馆 CIP 数据核字（2021）第 119524 号

税务会计
SHUIWU KUAIJI

责任编辑：	黎　丹
出版发行：	清华大学出版社　邮编：100084　电话：010-62776969　http://www.tup.com.cn
	北京交通大学出版社　邮编：100044　电话：010-51686414　http://www.bjtup.com.cn
印　刷　者：	北京时代华都印刷有限公司
经　　　销：	全国新华书店
开　　　本：	185 mm×260 mm　印张：15.25　字数：381 千字
版 印 次：	2009 年 2 月第 1 版　2021 年 6 月第 5 版　2021 年 6 月第 1 次印刷
印　　　数：	1～4 000 册　定价：39.00 元

本书如有质量问题，请向北京交通大学出版社质监组反映。对您的意见和批评，我们表示欢迎和感谢。
投诉电话：010-51686043，51686008；传真：010-62225406；E-mail：press@bjtu.edu.cn。

第5版前言

近年来，我国税制改革不断推进，税收政策日新月异。

自2019年1月1日起施行的《个人所得税法》，实现了个人所得税税制模式的转变。2019年4月，增值税一般纳税人的适用税率再次下调，进项税的抵扣范围进一步扩大。

为了落实税收法定原则，近几年我国还先后颁布实施了烟叶税法、耕地占用税法、车辆购置税法、资源税法等。

税务会计学的政策性强、时效性高，实务操作必须与时俱进，随税收政策的更新而不断调整。

鉴于此，本版教材对相关内容进行了系统的修订。

编者
2021年4月

第4版前言

税务会计学的政策性强，实务操作要随政策的修改不断调整。自 2016 年 5 月 1 日起，在全国范围内全面推行营业税改征增值税试点，在新中国税制中有着 66 年历史的营业税退出了历史舞台，我国的税种也由 18 个减少到 17 个。从 2016 年 7 月 1 日起，实施资源税从价计征改革及水资源税改革试点；从 2016 年 10 月 1 日起，我国正式实施"五证合一、一照一码"的登记制度；从 2016 年 12 月 1 日起，全国正式实施个体工商户营业执照和税务登记证"两证整合"登记制度。

鉴于此，本教材的内容也都做了相应的修改。

编者

2017 年 8 月

第3版前言

税务会计学的政策性和实务性很强。从 2012 年 1 月 1 日开始，我国逐步展开营业税改征增值税的试点。2014 年进一步深化资源税改革，将煤炭资源税由从量计征改为从价计征；2014 年 11 月至 2015 年 1 月，我国三次上调成品油消费税率，并于 2015 年 2 月 1 日起对电池、涂料征收消费税。2015 年 1 月 5 日，国务院法制办公室将国家税务总局、财政部起草的《中华人民共和国税收征收管理法修订草案（征求意见稿）》及其说明全文公布，征求社会各界意见。

鉴于此，本版教材的内容也都做了相应的修订。

编者

2015 年 4 月

第2版前言

税务会计学的政策性和实务性很强。2007年以来，我国实行新的企业会计准则和新的企业所得税法，并且分别对增值税、消费税、营业税、城市维护建设税、个人所得税、城镇土地使用税、车船税和耕地占用税等税种进行了修订。2011年不仅抓住时机，出台了资源税的修改方案，而且根据经济发展需要，对个人所得税、车船税、增值税和营业税进行了再次修订。

鉴于此，本版教材的内容也都做了相应的修订。

本书配有教学课件和相关的教学资源，有需要的读者可以从网站http：//press.bjtu.edu.cn下载或与cbsld@jg.bjtu.edu.cn联系。

编者
2011年12月

前言

税务会计学是将会计的基本理论、基本方法同企业纳税活动相结合而形成的一门新兴学科，是一门融税收法规和会计核算于一体的专业会计。"税务会计"课程是站在纳税人的角度设置的，已成为高等院校财税、会计等专业所开设的必修课之一。

税务会计学的政策性和实务性很强。2007年以来，我国实行新的企业会计准则和新的企业所得税法，并且分别对增值税、消费税、营业税、个人所得税、城镇土地使用税、车船税和耕地占用税等税种进行了修订，税制改革和完善的步伐不断加快。

本书根据最新的企业会计准则和税收法规，吸收我国会计理论与实践研究的最新成果，根据税务会计学的特点，全面、系统地阐述了税务会计的基本理论，详尽地介绍了我国现行税制下各个税种的会计处理方法。第1章主要从纳税人的角度系统地介绍了税收基础知识和企业纳税的基本程序；第2章重点阐述了税务会计的基本理论和基本方法；第3～9章，分别从基本法规、应纳税额计算、纳税申报及会计核算4个方面，对我国现行各个税种的税务会计操作实务进行了全面系统的阐述。

本书在编写上采用理论与实际相结合的方法，将理论性、实践性和必要的前瞻性有机结合。理论阐述简明扼要，实务操作重点突出，对税务会计的理论提高和实务操作具有较强的指导性。为方便教学和自学，每一章附有学习目标、小结、各种练习题、案例分析等。配合以问题为导向的研究性课程教学，每一章根据具体情况设置"想一想"专栏，启发学生学习、运用税务会计的理论和方法，针对企业的涉税行为进行思考与分析，提高学生主动学习、自主研究的积极性。

本书是作者在多年本科教学讲稿的基础上，经过修改、完善而成的，可以作为会计、税务、审计、财务管理等专业的本科生教材，也适合企业的财会人员以及财政、税务、审计、贸易等部门的专业人员作为业务学习之用。

本书在编写过程中，作者参阅了许多专著、教材和网络资源，在此，谨向所有参考文献的作者致以诚挚的谢意！

由于作者水平有限，加上我国税制正处于不断改革和完善之中，书中不妥、疏漏之处在所难免，敬请各位专家、同行和读者不吝赐教。

编者
2009年1月

目 录

第1章 企业纳税基础 ··· 1
  1.1 税收的概述 ··· 1
    1.1.1 税收的定义及特征 ··· 1
    1.1.2 税收的职能 ··· 2
    1.1.3 税收分类 ·· 4
  1.2 税制要素 ··· 5
  1.3 纳税人的权利和义务 ·· 7
    1.3.1 纳税人的权利 ·· 8
    1.3.2 纳税人的义务 ·· 9
    1.3.3 纳税人的法律责任 ·· 11
  1.4 企业纳税的基本程序 ·· 12
    1.4.1 税务登记 ··· 12
    1.4.2 账簿、凭证管理 ·· 14
    1.4.3 纳税申报 ··· 15
    1.4.4 税款缴纳 ··· 15
    1.4.5 税务检查 ··· 16
  本章小结 ··· 17
  习题 ·· 17

第2章 税务会计概述 ·· 21
  2.1 税务会计的概念 ·· 21
    2.1.1 税务会计及其特点 ·· 21
    2.1.2 税务会计与财务会计的关系 ··································· 23
    2.1.3 税务会计的职能 ·· 24
    2.1.4 税务会计的模式 ·· 25
  2.2 税务会计的基本理论 ·· 26
    2.2.1 税务会计的目标 ·· 26
    2.2.2 税务会计要素 ··· 26
    2.2.3 税务会计的基本假设 ··· 28
  2.3 税务会计的会计处理 ·· 29

2.3.1　税务会计账户的设置 ································ 30
　　　2.3.2　涉税事项的会计处理方法 ························ 30
　本章小结 ·· 32
　习题 ·· 32

第3章　增值税会计 ·· 34
3.1　增值税概述 ·· 34
　　3.1.1　增值税的纳税人 ·· 35
　　3.1.2　增值税的征税范围 ·· 36
　　3.1.3　增值税的税率和征收率 ·· 39
　　3.1.4　增值税的优惠政策 ·· 40
　　3.1.5　增值税专用发票的使用和管理 ···························· 42
3.2　增值税的计算与申报 ·· 43
　　3.2.1　一般纳税人应纳税额的计算 ································ 44
　　3.2.2　小规模纳税人应纳税额的计算 ···························· 48
　　3.2.3　进口货物应纳税额的计算 ···································· 49
　　3.2.4　增值税的申报与缴纳 ·· 49
3.3　增值税会计核算的基础 ·· 51
　　3.3.1　一般纳税人会计账户的设置 ································ 51
　　3.3.2　小规模纳税人会计账户的设置 ···························· 53
　　3.3.3　增值税会计核算的主要内容 ································ 53
3.4　增值税进项税额的核算 ·· 53
　　3.4.1　按价、税合一记账的情况 ···································· 54
　　3.4.2　按价、税分别记账的情况 ···································· 54
3.5　增值税进项税额转出的核算 ···································· 58
3.6　增值税销项税额的核算 ·· 60
　　3.6.1　一般销售方式下销项税额的核算 ························ 60
　　3.6.2　视同销售行为销项税额的核算 ···························· 62
　　3.6.3　特殊销售行为销项税额的核算 ···························· 67
　　3.6.4　混合销售和兼营行为销项税额的核算 ················ 70
3.7　增值税减免与缴纳的核算 ·· 71
　　3.7.1　减免增值税的核算 ·· 71
　　3.7.2　缴纳增值税的核算 ·· 72
3.8　小规模纳税人应纳增值税的核算 ···························· 74
　本章小结 ·· 75
　习题 ·· 75

第4章 消费税会计 ... 82
4.1 消费税概述 ... 82
4.1.1 消费税的纳税人 ... 83
4.1.2 消费税的征税范围 ... 83
4.1.3 消费税的税率 ... 85
4.1.4 消费税的出口退（免）税 ... 86
4.2 消费税的计算与申报 ... 87
4.2.1 生产应税消费品应纳税额的计算 ... 87
4.2.2 自产自用应税消费品应纳税额的计算 ... 89
4.2.3 委托加工应税消费品应纳税额的计算 ... 91
4.2.4 进口应税消费品应纳税额的计算 ... 92
4.2.5 已纳消费税扣除的计算 ... 92
4.2.6 消费税的申报与缴纳 ... 93
4.3 消费税的会计核算 ... 94
4.3.1 消费税会计账户的设置 ... 94
4.3.2 生产销售应税消费品应纳消费税的核算 ... 95
4.3.3 自产自用应税消费品应纳消费税的核算 ... 99
4.3.4 委托加工应税消费品应纳消费税的核算 ... 100
4.3.5 进口应税消费品的核算 ... 102
本章小结 ... 102
习题 ... 103

第5章 企业所得税会计 ... 108
5.1 企业所得税概述 ... 108
5.1.1 企业所得税的纳税人 ... 109
5.1.2 企业所得税的征税范围 ... 110
5.1.3 企业所得税的税率 ... 111
5.1.4 企业所得税的优惠政策 ... 111
5.2 企业所得税的计算与申报 ... 113
5.2.1 居民企业所得税应纳税所得额的确定 ... 113
5.2.2 非居民企业所得税应纳税所得额的确定 ... 120
5.2.3 企业所得税应纳税额的计算 ... 120
5.2.4 特别纳税调整 ... 124
5.2.5 企业所得税的申报与缴纳 ... 125
5.3 所得税会计概述 ... 126
5.3.1 所得税会计账户的设置和基本处理方法 ... 126
5.3.2 所得税费用的核算方法 ... 128

  5.3.3 资产负债表债务法 ································ 130
 5.4 资产、负债的计税基础及暂时性差异 ·· 130
  5.4.1 资产、负债的计税基础 ··························· 130
  5.4.2 暂时性差异 ··· 136
 5.5 递延所得税负债及递延所得税资产的确认和计量 ···································· 138
  5.5.1 递延所得税负债的确认和计量 ··············· 138
  5.5.2 递延所得税资产的确认和计量 ··············· 141
  5.5.3 适用税率变化对已确认递延所得税资产和递延所得税负债的影响 ··· 143
 5.6 所得税费用的确认和计量 ······························ 144
  5.6.1 当期所得税 ··· 144
  5.6.2 递延所得税 ··· 144
  5.6.3 所得税费用 ··· 145
 本章小结 ··· 147
 习题 ·· 147

第6章 个人所得税会计 ··· 153
 6.1 个人所得税概述 ·· 153
  6.1.1 个人所得税的纳税人 ··························· 154
  6.1.2 个人所得税的征税范围 ······················· 155
  6.1.3 个人所得税所得来源地的确定 ··············· 157
  6.1.4 个人所得税的税率 ······························ 157
  6.1.5 个人所得税的优惠政策 ······················· 158
 6.2 个人所得税的计算与申报 ······························ 159
  6.2.1 个人所得税计税依据的确定 ·················· 159
  6.2.2 个人所得税应纳税额的计算 ·················· 160
  6.2.3 个人所得税的申报与缴纳 ····················· 170
 6.3 个人所得税的会计核算 ································· 171
  6.3.1 企业代扣代缴个人所得税的会计核算 ······ 171
  6.3.2 经营所得个人所得税的会计核算 ············ 172
 本章小结 ··· 173
 习题 ·· 173

第7章 流转环节其他税种会计 ····································· 177
 7.1 城市维护建设税和教育费附加会计 ·················· 177
  7.1.1 城市维护建设税概述 ··························· 177
  7.1.2 教育费附加概述 ·································· 179
  7.1.3 城市维护建设税和教育费附加的会计核算 ··· 179

7.2 资源税会计 ·· 180
    7.2.1 资源税概述 ·· 180
    7.2.2 资源税的会计核算 ·· 185
7.3 关税会计 ·· 186
    7.3.1 关税概述 ·· 186
    7.3.2 关税的会计核算 ·· 190
7.4 土地增值税会计 ·· 192
    7.4.1 土地增值税概述 ·· 192
    7.4.2 土地增值税的会计核算 ·· 196
7.5 烟叶税会计 ··· 197
    7.5.1 烟叶税概述 ·· 197
    7.5.2 烟叶税的会计核算 ·· 197
本章小结 ·· 198
习题 ·· 198

第8章 财产税和行为税会计 ·· 202

8.1 房产税会计 ··· 202
    8.1.1 房产税概述 ·· 202
    8.1.2 房产税的会计核算 ·· 204
8.2 城镇土地使用税会计 ·· 205
    8.2.1 城镇土地使用税概述 ·· 205
    8.2.2 城镇土地使用税的会计核算 ·· 207
8.3 耕地占用税会计 ·· 207
    8.3.1 耕地占用税概述 ·· 207
    8.3.2 耕地占用税的会计核算 ·· 210
8.4 车船税会计 ··· 210
    8.4.1 车船税概述 ·· 210
    8.4.2 车船税的会计核算 ·· 212
8.5 印花税会计 ··· 213
    8.5.1 印花税概述 ·· 213
    8.5.2 印花税的会计核算 ·· 217
8.6 契税会计 ·· 217
    8.6.1 契税概述 ·· 217
    8.6.2 契税的会计核算 ·· 219
8.7 车辆购置税会计 ·· 219
    8.7.1 车辆购置税概述 ·· 219
    8.7.2 车辆购置税的会计核算 ·· 221

本章小结 …………………………………………………………………… 222
习题 ………………………………………………………………………… 222

部分习题参考答案 ……………………………………………………… 226
参考文献 ………………………………………………………………… 228

第 1 章

企业纳税基础

【学习要求】
1. 解释基本概念：税收、税制要素、税务登记、税务检查、纳税审查。
2. 掌握纳税人的权利和义务。
3. 掌握企业纳税的基本程序。

1.1 税收的概述

从税收的历史可以看出，多数国家的税收，大都经历了一个由自愿贡纳到强制课征，再到立宪征收的逐渐进化过程。在这个过程中，国家始终是课税的主体，国家政治权力对税收的约束力也由小变大、由弱到强，最终形成国家至高无上的课税权。

在当今社会，税收这个古老的范畴正受到前所未有的重视，税收已经成为社会的一种普遍现象。无论是对于纳税人，还是对于税务机关、政府来说，税收都无时不有、无处不在，已成为人们越来越关注的话题。

1.1.1 税收的定义及特征

1. 税收的定义

税收（taxation）是国家为实现其职能，凭借政治权力，依法集中一部分社会产品取得财政收入的一种规范性的特殊分配。对于税收的定义，可以从以下几个方面把握。

（1）税收分配的目的是为社会提供公共产品

公共产品是社会全体成员共同享用的产品或劳务。与私人产品相比，公共产品具有不可分割性、收益的非排他性、非竞争性等特征。税收活动的根本目的是满足整个社会对公共产品的需要，公共产品的特征决定了只有征税才是其资金提供最有效的方式。

(2) 税收分配的主体是国家，征税的依据是国家政治权力

税收又称为国家税收，是国家为了履行其向社会提供公共产品职能的需要而存在的。因此，行使征税权的主体必然是国家。国家凭借政治权力，通过法律的形式将私人所有的一部分社会产品转为国家所有。

(3) 税收分配的客体是社会剩余产品

社会产品价值由 $C+V+M$ 组成，税收不能以社会产品价值中的生产资料（C）和劳动者报酬（V）作为分配的内容，否则简单再生产将无法持续。税收分配的客体只能是社会剩余产品（M），而且是社会剩余产品中的一部分。

2. 税收的特征

税收的特征是税收分配形式区别于其他分配形式的质的规定性。税收具有强制性、无偿性和固定性特征，即在征收上具有强制性，在缴纳上具有无偿性，而在征收范围、征收比例和时间上具有固定性。

(1) 强制性

税收的强制性是指税收参与社会产品的分配是依据国家的政治权力，具体表现在税收是以国家法律的形式规定的，任何单位和个人都必须遵守，不依法纳税者要受到法律的制裁。正因为税收具有强制性的特点，所以它是国家取得财政收入的最普遍、最可靠的一种形式。

(2) 无偿性

税收的无偿性是指国家征税对具体纳税人既不需要直接偿还，也不付出任何形式的直接报酬。列宁说："所谓赋税，就是国家不付任何报酬而向居民取得的东西。"无偿性是税收的关键特征，是由国家财政支出的无偿性决定的。无偿性使税收明显区别于国债等财政收入形式，决定了税收是国家筹集财政收入的主要手段。

(3) 固定性

税收的固定性是指国家通过法律形式，预先规定实施征税的范围和标准，以便征纳双方共同遵守，而且税法必须在一定时期内保持稳定。这一特征是税收区别于财政收入其他形式的重要特征。税收的公平原则，以及保证财政收入和调节经济的作用，都是以这种固定性为前提的。

税收的 3 个特征是相互联系、不可分割的整体。在 3 个特征中，无偿性是核心。正因为纳税是无偿的，必须通过法律的形式强制实现，而不能通过交换的方式自愿进行。也正因为纳税是无偿的，才决定了税收的固定性，必须规范征税的对象、征税的标准，而不能由征纳双方随心所欲。税收的 3 个特征是不同社会制度税收的"共性"，它是税收区别于其他财政收入形式的标志。判断一种财政收入形式是否为税收，主要看它是否同时具有这 3 个特征。

1.1.2　税收的职能

税收的职能是指由税收的本质所决定的，内在于税收分配过程中的功能。税收的职能主要有以下几个方面。

(1) 组织财政收入的职能

国家通过征税，强制地、无偿地取得一部分社会产品，把纳税人的一部分收入转归国家

所有，形成国家的财政收入。税收具有无偿性，能形成国家永久性的收入，这对保证国家无偿性财政支出是很重要的。税收还具有固定性和强制性，有利于保证财政收入与国民经济同步增长，防止财政收入的拖欠和逃漏，有利于国家稳定、可靠地取得财政收入。

(2) 调节经济的职能

国家向纳税人征税，客观上必然会改变社会产品在各地区、各部门及各经济成分、各阶层之间的原有分配状况，进而也就必然对纳税人的经济活动产生一定影响，对资金流向、生产结构、消费结构、生产关系结构等方面产生一定的影响。税收对经济生活的这种影响，就是税收的调节经济职能。税收调节经济的职能可以通过两种方式来实现。

一种方式是制度性的调节机制，即税收的"内在稳定器"功能。当经济形势发生周期性变化时，税收会自动发生增减变化，从而自动抵消经济波动的部分影响。这种自发的制度性调节机制在累进税制下体现得最充分。当经济高涨时，国民收入增加，纳税人适用的累进税率提高，税收增幅高于国民收入增幅，抑制了社会总需求；当经济衰退时，国民收入减少，纳税人适用的累进税率降低，税收减幅小于国民收入减幅，增加了社会总需求。

另一种方式称为相机抉择，是指政府根据经济运行的不同状况，相应地采取灵活多变的税收措施，以消除经济波动，谋求既无失业又无通货膨胀的稳定增长。由于相机抉择是一种人为的政策调节，因而针对性很强。例如，在经济高涨时期，政府实行增税的紧缩性税收政策，通过提高税率，设置新税，扩大征收范围，降低起征点和免征额，以缩小总需求。当经济衰退时，政府则实行减税的扩张性税收政策，通过降低税率，增加减免税，提供税收优惠等措施增加纳税人可支配收入水平，从而增加消费支出和投资支出，以提高总需求。

(3) 监督管理职能

由于税收是一种无偿性的分配，分配的结果是直接减少纳税人的既得利益，其本身就要求必须具有监督管理功能，必然要进行税收管理、纳税检查、税务审计和统计、税源预测和调查等一系列工作。这些工作一方面能够反映有关的经济动态，为国民经济管理提供依据；另一方面能够对经济组织、单位和个人的经济活动进行有效的监督。所以监督管理也是税收内在的一个重要属性，是税收的三大职能之一。

税收的监督管理职能贯穿于税收活动的全过程。从税收制度的制定到税收收入的入库，都必须体现税收监督管理的职责和功能。税收监督管理职能所涉及的范围也十分广泛，就再生产过程而言，涉及生产、交换、分配、消费各环节；就企业内部而言，涉及全部生产、供销、成本、利润、各项资金的分配和使用，以及工资、奖金发放等全部经营活动。因此，必须充分认识税收的监督管理职能，在更广阔的领域里，极大地发挥税收监督管理的作用，以保证国民经济按照预定的目标顺利运行。

税收的这3个职能，不是孤立的，而是一个统一的整体，统一在税收的分配手段中。在这3个职能之间，存在互相制约、相辅相成的关系。调节和监督寓于组织收入之中，没有组织收入，也就没有对经济的调节和监督。同时，调节和监督又能更好地保证组织收入，没有调节和监督，就难以保护并扩大税源，更谈不上组织收入。就调节和监督的关系来说，调节要以监督所反映的情况和提供的信息为重要依据，同时监督又能更好地保证调节的顺利实现。因此，这3个职能是缺一不可的。

1.1.3 税收分类

税收分类是按照一定标准对税收制度中性质相同或相近的税种进行归并和综合。通过税收分类，可以揭示各类税收的性质、特点、功能及各类税收的区别和联系等。基于不同的分类标准，税收分类的方法主要有以下几种。

（1）以征税对象的性质为标准分类

以征税对象的性质为标准，税收可以分为流转税、所得税、资源税、财产税和行为税等。

流转税是以商品的销售额和非商品（劳务）的营业额为征税对象的一类税。目前，我国的流转税主要包括增值税、消费税、城市维护建设税、关税、土地增值税、烟叶税。

所得税是以企业和个人的所得额为征税对象的一类税，主要包括企业所得税和个人所得税。

资源税是以自然资源的绝对收益和级差收益为征税对象的一类税，主要包括资源税、城镇土地使用税、耕地占用税。

财产税是以纳税人所有的或所支配的财产为征税对象的一类税收，主要包括房产税、车船税、契税。

行为税是以经济活动中某些特定行为为征税对象的一类税，主要包括印花税、车辆购置税。

（2）以税收管理权限和税收收入归属为标准分类

根据税收管理权限和税收收入的归属，税收可以分为中央税、地方税和中央地方共享税3种。

中央税是指由中央政府负责征收管理，收入归中央政府支配使用的税种。地方税是指由地方政府管理，收入归地方政府支配使用的税种。中央地方共享税是指由中央和地方政府共同管理，并按一定比例分配收入的税种。

（3）以计税依据为标准分类

以计税依据为标准，税收可以分为从价税和从量税两类。

从价税是以课税对象的价值量为依据，按一定比例计算课征的一类税。从量税就是以课税对象的数量、重量、面积、体积等为依据，按固定税额计征的一类税。

对于从价税，以税收与价格的关系为标准，可分为价内税和价外税两种。

价内税是指税金是计税价格的组成部分，必须以含税价格作为计税依据的税种，如消费税；价外税是指税金不包括在计税价格之内，必须以不含税价格作为计税依据的税种，如增值税。

（4）以税收负担能否转嫁为标准分类

以税收负担能否转嫁为标准，可以把税收分为直接税和间接税两类。

直接税是指税收负担由纳税人自己负担，不能转嫁的税种。间接税是指纳税人可以将缴纳税款的全部或部分转嫁出去的各种税。所得税为直接税，流转税为间接税。

（5）以是否有独立的课税对象、是否独立征收为标准分类

以是否有独立的课税对象、是否独立征收为标准，税收可以分为正税和附加税。

正税也称主税、本税或独立税，是有自己特定的征税对象、独立课征的税种，多数税种

为正税。附加税是随正税按照一定比例征收的税种，其纳税义务人与独立税相同，但是税率另有规定。附加税以正税的存在和征收为前提。我国的城市维护建设税就是附加在增值税和消费税上的。

1.2 税制要素

税制要素是税收制度的构成要素，每一个税种都要明确对谁征税、对什么征税、征多少税及征税的环节和期限等。税制要素一般包括纳税人、征税对象、税率、纳税环节、纳税期限、纳税地点、减税免税等。其中纳税人、征税对象、税率是构成税收制度的3个基本要素。

1. 纳税人

纳税人（tax payer）是税法规定直接负有纳税义务的单位和个人，也称纳税主体，它规定了税款的法律承担者。纳税人可以是自然人，也可以是法人。

为了加强对税收源泉的控制，确保国家财政收入，有的税种会规定扣缴义务人，即依法负有代扣代缴、代收代缴税款义务的单位和个人。

与纳税人相关的还有负税人，负税人是最终负担税款的单位和个人。如果说纳税人是法律上的纳税主体，那么负税人就是经济上的纳税主体。由于税负转嫁的存在，纳税人在向国家缴纳税款之后，税款可能由纳税人直接负担，也可能通过税负转嫁由他人负担。在税收实体法中，只规定由谁负责缴纳税款，即纳税人；并不规定税款最终由谁负担，即负税人。

2. 征税对象

征税对象（tax object）是征税的客体，即对什么征税。征税对象体现不同税种课税的基本范围和界限，是一种税区别于另一种税的主要标志，决定着不同税种名称的由来及各税种在性质上的差别，并对税源、税收负担等产生直接影响。征税对象是税收制度的首要要素，其他要素的内容一般是以征税对象为基础确定的。

税目（tax item）是征税对象的具体化，反映各税种具体的征税项目，体现每个税种的征税广度。并不是所有的税种都规定税目，对于征税对象简单明确的税种，就不必另行规定税目。税目的设计有两种：一种是列举法，它是按照每一种应税的商品或经营项目分别设置税目；另一种是概括法，它是按照商品大类或行业设计税目。必要时还可以在一个税目之下设置若干个子目。

3. 税率

税率（tax rate）是应纳税额与征税对象数额之间的法定比例，是计算应纳税额的尺度，体现着征税的深度。税收的固定性特征主要是通过税率来体现的。在征税对象确定的前提下，税率形式的选择和高低的设计，决定着国家税收收入的规模和纳税人的负担水平。

税率的形式主要有比例税率、累进税率、定额税率三大类。其中，比例税率与累进税率适用于从价计征，表现为应纳税额与计税基数之间的比率；定额税率适用于从量计征，体现了应纳税额与计税基数之间的数量关系。

（1）比例税率

比例税率（proportional tax rate）是指对同一征税对象不论数额大小，都按同一比例征税，税额占课税对象的比例总是相同的。比例税率的主要优点是计算简便，便于征收和缴纳，能够体现税收的横向公平，但其税负具有累退性，不能实现税收的纵向公平。

在具体运用上，比例税率分为单一比例税率、差别比例税率和幅度比例税率。差别比例税率又具体分为行业差别比例税率、产品差别比例税率和地区差别比例税率。幅度比例税率即对同一征税对象，税法只规定最低税率和最高税率，在这个幅度内，各地区可以根据自己的实际情况确定一个具体适用的比例税率。

(2) 累进税率

累进税率（progressive tax rate）是指按征税对象数额的大小规定不同的等级，随着课税数量增大而随之提高的税率。累进税率充分体现了量能负担的税收原则，能正确处理税收负担的纵向公平问题。但累进税率的计算和征收手续比较复杂。

按税率累进依据的性质，累进税率可分为额累和率累。

额累是指按征税对象数额的绝对额分级累进。按照累进方式不同，额累分为全额累进税率和超额累进税率。全额累进税率是指征税对象的全部数额都按照与之相应等级的税率计税，一定征税对象的数额只适用一个等级的税率。超额累进税率是指征税对象的不同级距部分，分别按照各级距的适用税率计税，各级税额之和为应纳税额。

全额累进税率与超额累进税率相比，具有不同的特点。在名义税率相同的情况下，全额累进税率的累进程度高、税负重，超额累进税率的累进程度低、税负轻。在所得额级距的临界点附近，全额累进税率会出现税负增加超过所得额增加的不合理现象；超额累进税率则不存在这个问题。在计算上，全额累进税率计算简便，超额累进税率计算复杂。

为了简化超额累进税率计算税款，实际工作中通常采用速算扣除法，其计算公式为

超额累进税率计算的应纳税额＝全额累进税率计算的应纳税额－速算扣除数

本级速算扣除数＝全额累进税率计算的税额－超额累进税率计算的税额

或

本级速算扣除数＝上一级最高所得额×（本级税率－上一级税率）＋上一级速算扣除数

率累是指按与课税对象有关的某一比率分级累进。按照累进方式不同，率累分为全率累进税率和超率累进税率。通常使用超率累进税率，即以征税对象数额的相对率为累进依据，分别规定若干征税级距和差别税率，相对率每超过一个级距的，对超过的部分就按高一级的税率计算征税。

(3) 定额税率

定额税率（fixed tax rate）也称固定税额，是按征税对象的一定计量单位直接规定一个固定的应纳税额。征税对象的计量单位主要有吨、升、平方米、辆等。定额税率的基本特点是税率与征税对象的价值量脱离了联系，不受征税对象价值量变化的影响。它适合于对价格稳定或质量等级和品种规格较为单一的征税对象征收。

定额税率在具体运用上有单一定额税率、差别定额税额和幅度定额税率。

4. 纳税环节

纳税环节（tax payment stage）是指商品在整个流转过程中按照税法规定应当缴纳税款的阶段。商品从生产到最终消费往往要经过许多流转环节，每一种税应当在哪个环节缴纳，

税法都有明确的规定。按照纳税环节的多少，可分为一次课征制、两次课征制和多次课征制。

5. 纳税期限

纳税期限（tax calendar）是指纳税义务发生后，纳税人依法缴纳税款的期限。纳税期限是税收强制性、固定性在时间上的体现。纳税期限可分为纳税计算期和税款缴库期两类。

纳税计算期是指纳税人多长时间计缴一次税款，反映了计税的频率。纳税计算期的形式主要有按期纳税、按次纳税和按年计征、分期预缴3种。

税款缴库期是指纳税人在多长期限内将税款缴入国库，它是纳税人实际缴纳税款的期限。税款缴库期不仅关系到纳税义务的实际履行，而且也关系到国家能否获取稳定、及时的财政收入。

此外，纳税期限与纳税义务的发生时间是不同的。前者是一定的期间，而后者则是指一个时间点；并且，只有在纳税义务发生以后，才会有纳税期限的问题。

6. 纳税地点

纳税地点（tax payment place）是指纳税人依据税法规定向征税机关申报纳税的具体地点。税法上规定的纳税地点主要有机构所在地、经济活动发生地、财产所在地、报关地等。

7. 减税免税

减税免税是对某些纳税人或征税对象的鼓励或照顾措施。减税（tax reduction）是对应纳税额少征一部分税款；而免税（tax exemption）是对应纳税额全部免于征收。减税免税的最大优点就在于把税法的普遍性与特殊性、统一性与灵活性结合起来，可以对不同类型的纳税人和征税对象实行不同层次的减免，有利于全面地、因地制宜地贯彻国家社会经济政策。

减税免税可以分为税基式减免、税率式减免和税额式减免3种形式。

税基式减免是通过直接缩小计税依据的方式实现减税免税，具体包括起征点、免征额、项目扣除及跨期结转等。

想一想：起征点与免征额有何区别和联系？新闻媒体上经常探讨我国个人所得税的"起征点"偏低，这里"起征点"的概念是否准确？

税率式减免即通过直接降低税率的方式实现减税免税，具体包括重新确定税率、选用其他税率、零税率等。

税额式减免即通过直接减少应纳税额的方式实现减税免税，具体包括全部免征、减半征收、核定减免率及另定减征额等。

1.3　纳税人的权利和义务

在税收法律关系中，征税主体和纳税主体双方法律地位是平等的，但是双方的权利与义务并不对等，这是因为权利主体双方是行政管理者与被管理者的关系，与一般民事法律关系中主体双方权利与义务平等有所不同。

作为纳税主体，纳税人应该熟悉自己有哪些权利，充分享受法律、法规赋予自己的权利；同时，必须依法履行纳税义务。

根据《中华人民共和国税收征收管理法》（以下简称《税收征收管理法》）及其实施细则和相关税收法律、行政法规的规定，国家税务总局发布了《关于纳税人权利与义务的公告》。

1.3.1 纳税人的权利

（1）知情权

纳税人、扣缴义务人有权向税务机关了解国家税收法律、行政法规的规定及与纳税程序有关的情况。

（2）保密权

纳税人、扣缴义务人有权要求税务机关为其商业秘密及个人隐私保密。纳税人的技术信息、经营信息和纳税人、主要投资人及经营者不愿公开的个人事项，被要求严格保密；而纳税人的税收违法行为信息则不属于保密范围。

（3）税收监督权

纳税人对税务机关或税务人员违反税收法律、行政法规的行为，可以进行检举和控告。同时，对其他纳税人的税收违法行为也有权进行检举。

（4）纳税申报方式选择权

纳税人、扣缴义务人可以直接到办税服务厅办理纳税申报或者报送代扣代缴、代收代缴税款报告表，也可以按照规定采取邮寄、数据电文或者其他方式办理上述申报、报送事项。但采取邮寄或数据电文方式办理上述申报、报送事项的，须经主管税务机关批准。

（5）申请延期申报权

纳税人、扣缴义务人如不能按期办理纳税申报或者报送代扣代缴、代收代缴税款报告表，应当在规定的期限内向税务机关提出书面延期申请，经核准，可在核准的期限内办理。经核准延期办理申报、报送事项的，应当在税法规定的纳税期内按照上期实际缴纳的税额或者税务机关核定的税额预缴税款，并在核准的延期内办理税款结算。

（6）申请延期缴纳税款权

纳税人因有特殊困难，不能按期缴纳税款的，经省、自治区、直辖市税务局批准，可以延期缴纳税款，但最长不得超过3个月。在批准的延长期限内，不加收滞纳金。

（7）申请退还多缴税款权

纳税人超过应纳税额缴纳的税款，税务机关发现后，将自发现之日起10日内办理退还手续；纳税人自结算缴纳税款之日起3年内发现的，可以向税务机关要求退还多缴的税款并加算银行同期存款利息。

（8）依法享受税收优惠权

纳税人可以依照法律、行政法规的规定书面申请减税、免税。减税、免税的申请须经法律、行政法规规定的审查批准机关审批。减税、免税期满，应当自期满次日起恢复纳税。减税、免税条件发生变化的，应当自发生变化之日起15日内向税务机关报告；不再符合减税、免税条件的，应当依法履行纳税义务。

纳税人享受的税收优惠需要备案的，应当按照税收法律、行政法规和有关政策规定，及时办理事前或事后备案。

（9）委托税务代理权

纳税人有权就以下事项委托税务代理人代为办理：办理、变更或者注销税务登记、除增值税专用发票外的发票领购手续、纳税申报或扣缴税款报告、税款缴纳和申请退税、制作涉税文书、审查纳税情况、建账建制、办理财务、税务咨询、申请税务行政复议、提起税务行政诉讼，以及国家税务总局规定的其他业务。

（10）陈述与申辩权

纳税人、扣缴义务人对税务机关做出的决定，享有陈述权、申辩权。这一权利体现了征、纳税主体双方的法律平等地位。

（11）拒绝检查权

税务人员在对纳税人进行税务检查时，应当出示税务检查证和税务检查通知书，并有责任为被检查人保守秘密。未出示税务检查证和税务检查通知书的，被检查人有权拒绝检查。

（12）税收法律救济权

纳税人、扣缴义务人对税务机关做出的决定，依法享有申请行政复议、提起行政诉讼、请求国家赔偿等权利。

纳税人、扣缴义务人、纳税担保人同税务机关在纳税上发生争议，或对税务机关的处罚决定、强制执行措施、税收保全措施不服的，可以按照规定的期限、程序，向上级税务机关申请复议或向人民法院提起行政诉讼。

税务机关滥用职权违法采取税收保全措施、强制执行措施，或者采取税收保全措施、强制执行措施不当，使纳税人、扣缴义务人或者纳税担保人的合法权益遭受损失的，纳税人有权要求税务机关承担赔偿责任。

想一想：负税人是不是税务行政复议的当事人？

（13）依法要求听证的权利

税务机关对纳税人做出的罚款数额达到一定金额（公民罚款 2 000 元以上、对法人或其他组织罚款 10 000 元以上）的税务行政处罚，纳税人依法享有要求税务机关举行听证的权利。对应当进行听证的案件，税务机关不组织听证，行政处罚决定不能成立。

（14）索取有关税收凭证的权利

税务机关征收税款时，必须给纳税人开具完税凭证。扣缴义务人代扣、代收税款时，纳税人要求扣缴义务人开具代扣、代收税款凭证时，扣缴义务人应当开具。

税务机关扣押商品、货物或者其他财产时，必须开付收据；查封商品、货物或者其他财产时，必须开付清单。

1.3.2 纳税人的义务

（1）依法进行税务登记的义务

纳税人应当自领取营业执照之日起 30 日内，持有关证件，向税务机关申报办理税务登记。税务登记主要包括领取营业执照后的设立登记，税务登记内容发生变化后的变更登记，依法申请停业、复业登记，依法终止纳税义务的注销登记等。

纳税人应当按照规定使用税务登记证件，不得转借、涂改、损毁、买卖或者伪造税务登记证件。

(2) 依法设置账簿、保管账簿和有关资料，以及依法开具、使用、取得和保管发票的义务

纳税人应当按照有关法律、行政法规和国务院财政、税务主管部门的规定设置账簿，根据合法、有效凭证记账，进行核算；从事生产、经营的，必须按照国务院财政、税务主管部门规定的保管期限保管账簿、记账凭证、完税凭证及其他有关资料；账簿、记账凭证、完税凭证及其他有关资料不得伪造、变造或者擅自损毁。

此外，纳税人在购销商品、提供或者接受经营服务及从事其他经营活动中，应当依法开具、使用、取得和保管发票。

(3) 财务会计制度和会计核算软件备案的义务

纳税人的财务、会计制度或者财务、会计处理办法和会计核算软件，应当报送税务机关备案。纳税人的财务、会计制度或者财务、会计处理办法与国务院或者国务院财政、税务主管部门有关税收的规定相抵触的，应依照国务院或者国务院财政、税务主管部门有关税收的规定计算应纳税款、代扣代缴和代收代缴税款。

(4) 按照规定安装、使用税控装置的义务

纳税人应当按照规定安装、使用税控装置，不得损毁或者擅自改动税控装置。如未按规定安装、使用税控装置，或者损毁或擅自改动税控装置的，税务机关将责令纳税人限期改正，并可根据情节轻重处以规定数额内的罚款。

(5) 按时、如实申报的义务

纳税人必须依照法律、行政法规规定或者税务机关依照法律、行政法规的规定确定的申报期限、申报内容如实办理纳税申报，报送纳税申报表、财务会计报表，以及税务机关根据实际需要要求纳税人报送的其他纳税资料。

扣缴义务人必须依照法律、行政法规规定或者税务机关依照法律、行政法规的规定确定的申报期限、申报内容，如实报送代扣代缴、代收代缴税款报告表，以及税务机关根据实际需要要求报送的其他有关资料。

纳税人即使在纳税期内没有应纳税款，也应当按照规定办理纳税申报。享受减税、免税待遇的，在减税、免税期间应当按照规定办理纳税申报。

(6) 按时缴纳税款的义务

纳税人应当按照法律、行政法规的规定或者税务机关依照法律、行政法规的规定确定的期限，缴纳或者解缴税款。

未按照规定期限缴纳或者解缴税款的，税务机关除责令限期缴纳外，从滞纳税款之日起，按日加收滞纳税款万分之五的滞纳金。

(7) 代扣、代收税款的义务

如果按照法律、行政法规规定负有代扣代缴、代收代缴税款义务的，扣缴义务人必须依照法律、行政法规的规定，履行代扣、代收税款的义务。扣缴义务人依法履行代扣、代收税款义务时，纳税人不得拒绝。纳税人拒绝的，扣缴义务人应当及时报告税务机关处理。

(8) 接受依法检查的义务

纳税人应主动配合税务部门按法定程序进行税务检查，如实地向税务机关反映自己的生产经营情况和执行财务会计制度情况，并按有关规定提供报表和资料，不得隐瞒和弄虚作假，不能阻挠、刁难税务机关及其工作人员的检查和监督。

(9) 及时提供信息的义务

纳税人除通过税务登记和纳税申报向税务部门提供与纳税有关的信息外，还应及时提供其他信息，如纳税人有歇业、经营规模扩大、遭受各种灾害等特殊情况的，应及时向税务机关说明，以便税务部门依法处理。

(10) 报告其他涉税信息的义务

其他涉税信息主要包括两大类：一是影响纳税人收入、成本和利润水平的重大涉税信息，如关联业务往来信息；二是影响纳税人税款缴纳能力的重大涉税信息，如银行账户开立、企业合并、分立、处置大额财产等信息。

1.3.3 纳税人的法律责任

纳税人的法律责任，是指纳税主体因违反税法所应当承担的法律后果。税法规定的法律责任形式主要有3种：一是经济责任，包括补缴税款、加收滞纳金等；二是行政责任，包括吊销税务登记证、罚款、税收保全及强制执行等；三是刑事责任，对违反税法情节严重构成犯罪的行为，要依法承担刑事责任。

① 纳税人有下列行为之一的，由税务机关责令限期改正，可以处2 000元以下的罚款；情节严重的，处2 000元以上、10 000元以下的罚款：
- 未按照规定的期限申报办理税务登记、变更或者注销登记；
- 未按照规定设置、保管账簿或者保管记账凭证和有关资料；
- 未按照规定将财务、会计制度，或者财务、会计处理办法和会计核算软件报送税务机关备查；
- 未按照规定将其全部银行账号向税务机关报告；
- 未按照规定安装、使用税控装置，或者损毁、擅自改动税控装置。

② 纳税人未按照规定使用税务登记证件，或者转借、涂改、损毁、买卖、伪造税务登记证件的，处2 000元以上、10 000元以下的罚款；情节严重的，处10 000元以上、50 000元以下的罚款。

③ 纳税人未按规定的期限办理纳税申报和报送纳税资料的，由税务机关责令限期改正，可以处2 000元以下的罚款；情节严重的，可以处2 000元以上、10 000元以下的罚款。

④ 逃税的法律责任。纳税人采取欺骗、隐瞒手段进行虚假纳税申报或者不申报，逃避缴纳税款的，由税务机关追缴其不缴或者少缴的税款，并处不缴或者少缴的税款50%以上3倍以下的罚款；涉嫌犯罪的，移送司法机关依法处理。

⑤ 虚假申报的法律责任。纳税人编造虚假计税依据的，由税务机关责令限期改正，并处50 000元以下的罚款。

⑥ 逃避追缴欠税的法律责任。纳税人欠缴应纳税款，采取转移或者隐匿财产的手段，妨碍税务机关追缴欠缴税款的，由税务机关追缴欠缴的税款、滞纳金，并处欠缴税款50%

以上、5倍以下的罚款；构成犯罪的，依法追究刑事责任。

⑦ 骗取出口退税的法律责任。以假报出口或者其他欺骗手段，骗取国家出口退税款的，由税务机关追缴其骗取的退税款，并处骗取税款1倍以上、5倍以下的罚款；构成犯罪的，依法追究刑事责任。

⑧ 抗税的法律责任。抗税是指以暴力、威胁等方式拒不缴纳税款的行为。纳税人抗税的，除由税务机关追缴其拒缴的税款、滞纳金外，依法追究刑事责任。情节轻微，未构成犯罪的，由税务机关追缴其拒缴的税款、滞纳金，并处拒缴税款1倍以上、5倍以下的罚款。

⑨ 纳税人在规定期限内不缴或者少缴应纳税款，经税务机关责令限期缴纳，逾期仍未缴纳的，税务机关除按规定采取强制执行措施追缴其不缴或者少缴的税款外，可以处不缴或者少缴税款的50%以上、5倍以下的罚款。

⑩ 从事生产、经营的纳税人有税收违法行为，拒不接受税务机关处理的，税务机关可以收缴其发票或者停止向其发售发票。

⑪ 违反发票管理法规的法律责任。纳税人未按规定印制发票或生产发票防伪专用品的，未按规定领购、开具、取得、保管发票的，未按规定接受税务机关检查的，税务机关对有上述行为之一的纳税人，责令其限期改正，没收非法所得，并可处10 000元以下罚款。有上述所列两种以上行为的，可以分别处罚。

违反发票管理法规，导致其他单位或者个人未缴、少缴或者骗取税款的，由税务机关没收非法所得，可以并处未缴、少缴或者骗取的税款1倍以下的罚款。

纳税人有违反《增值税专用发票使用规定》行为的，应按照《中华人民共和国发票管理办法》及《税收征收管理法》有关处罚规定办理；构成犯罪的，依法追究刑事责任。

1.4 企业纳税的基本程序

纳税程序是纳税人履行纳税义务应遵循的法定步骤、规程及其先后顺序。纳税程序既是纳税人正确履行纳税义务的基本步骤，也是税务机关实施税收征收管理的一般规则。我国企业纳税的基本程序主要包括税务登记，账簿、凭证管理，纳税申报，税款缴纳，税务检查等基本环节。

1.4.1 税务登记

税务登记是税务机关对纳税人的生产、经营活动进行登记并据此对纳税人实施管理的一种法定制度。办理税务登记是为了建立正常的征纳秩序，是税务机关依法征税的前提和基础，也是纳税人履行纳税义务的第一步。办理税务登记必须遵循普遍登记、特定主管、属地管辖、及时准确、不重复登记等原则。

税务登记包括开业登记，变更登记，注销登记和停业、复业登记。

根据国务院部署，从2015年10月1日起，企业、农民专业合作社实行营业执照、税务登记证和组织机构代码证"三证合一"的登记制度改革。

从 2016 年 10 月 1 日起，我国正式实施"五证合一、一照一码"的登记制度。在"三证合一"登记制度改革的基础上，再整合社会保险登记证和统计登记证；全面实行"一套材料、一表登记、一窗受理"的工作模式，申请人办理企业注册登记时只需填写"一张表格"，向"一个窗口"提交"一套材料"。登记部门直接核发加载统一社会信用代码的营业执照，相关信息在全国企业信用信息公示系统公示，并归集至全国信用信息共享平台。

从 2016 年 12 月 1 日起，全国正式实施个体工商户营业执照和税务登记证"两证整合"登记制度。将个体工商户登记时依次申请，分别由工商行政管理部门核发营业执照、税务部门核发税务登记证，改为一次申请、由工商行政管理部门核发一个营业执照，通过个体工商户"两证整合"，公民只需填写"一张表"，向"一个窗口"提交"一套材料"即可办理个体工商户工商及税务登记。

1. 开业税务登记

纳税人领取由工商行政管理部门核发加载法人和其他组织统一社会信用代码的营业执照后，无须再次进行税务登记。对于工商登记已采集信息的，税务机关不再重复采集；其他必要涉税基础信息，可在企业办理有关涉税事宜时，及时采集，陆续补齐。

企业办理涉税事宜时，在完成补充信息采集后，凭加载社会信用代码的营业执照可代替税务登记证使用。

从事生产、经营的纳税人未办理工商营业执照但经有关部门批准设立的，应当自有关部门批准设立之日起 30 日内申报办理税务登记。

未取得营业执照或其他核准执业证件的纳税人，除国家机关和个人外，应当自纳税义务发生之日起 30 日内，持有关证件向所在地的主管税务机关申报办理税务登记。

非居民企业在中国境内承包工程作业或提供劳务的，应当自项目合同或协议签订之日起 30 日内，向项目所在地主管税务机关办理税务登记手续。

境外注册居民企业应当自收到居民身份认定书之日起 30 日内向主管税务机关申报办理税务登记。

2. 变更税务登记

纳税人办理税务登记后，如发生下列情形之一，应当办理变更税务登记：发生改变名称、改变法定代表人、改变经济性质或经济类型、改变住所和经营地点（不涉及主管税务机关变动的）、改变生产经营或经营方式、增减注册资金（资本）、改变隶属关系、改变生产经营期限、改变或增减银行账号、改变生产经营权属及改变其他税务登记内容的，由企业直接向税务机关申报变更，税务机关及时更新税务系统中的企业信息。

3. 注销税务登记

纳税人发生解散、破产、撤销及其他情形，依法终止纳税义务的，对于已实行"五证合一、一照一码"登记模式的纳税人办理注销登记，可先向国税、地税任何一方主管税务机关申报清税，填写"清税申报表"。清税完毕后由受理税务机关根据国税、地税清税结果向纳税人统一出具"清税证明"，并将信息共享到交换平台。纳税人被工商行政管理机关吊销营业执照的，应当自营业执照被吊销之日起 15 日内，向原税务登记机关申报办理注销税务登记。

非境内注册居民企业经国家税务总局确认终止居民身份的，应当自收到主管税务机关书面通知之日起 15 日内，向主管税务机关申报办理注销税务登记。

4. 停业、复业登记

实行定期定额征收方式的纳税人，在营业执照核准的经营期限内需要停业的，应当向税务机关提出停业登记，说明停业的理由、时间，停业前的纳税情况和发票的领、用、存情况，并如实填写申请停业登记表，结清税款，交回税务登记证件、发票领购簿和发票，经税务机关核实后可办理停业登记。

纳税人应当于恢复生产、经营前，向税务机关提出复业申请，经确认后，办理复业登记，领回或启用税务登记证件和发票领购簿及其领购的发票，纳入正常管理。

1.4.2 账簿、凭证管理

账簿是纳税人用来连续地登记各种经济业务的账册或簿籍。凭证是记录经济业务、明确经济责任的书面证明，也是记账和查账的重要依据。从财务会计的角度讲，账簿、凭证主要用于核算企业的经济效益，反映企业的经济成果。从税收的角度讲，账簿、凭证是纳税人记载、核算应纳税额，填报纳税申报表的主要数据来源，是纳税人正确履行纳税义务的基础环节。

1. 账簿、凭证管理概述

（1）账簿、凭证的设置

从事生产、经营的纳税人应当自领取营业执照或者发生纳税义务之日起 15 日内设置账簿。账簿是指总账、明细账、日记账及其他辅助性账簿。总账、日记账应当采用订本式。

扣缴义务人应当自税收法律、行政法规规定的扣缴义务发生之日起 10 日内，按照所代扣、代收的税种，分别设置代扣代缴、代收代缴税款账簿。

生产、经营规模小且确无建账能力的纳税人，可以聘请注册会计师或者经税务机关认可的财会人员代为建账和办理账务；聘请上述财会人员有实际困难的，经县以上税务机关批准，可以按照税务机关的规定，建立收支凭证粘贴簿、进货销货登记簿或者使用税控装置。

（2）备案制度

从事生产经营的纳税人应当自领取税务登记证件之日起 15 日内，将其财务、会计制度和具体的财务、会计处理办法报送主管税务机关备案。

纳税人、扣缴义务人采用计算机记账的，应当在使用前将其记账软件、程序和使用说明书及有关资料报送主管税务机关备案。

（3）账簿、凭证的保管

纳税人的账簿、记账凭证、报表、完税凭证、发票、出口凭证及其他有关涉税资料，除另有规定者外，应当保存 10 年。

2. 发票管理

税务机关是发票的主管机关，负责发票的印制、领购、开具、取得、保管、缴销的管理和监督。

依法办理税务登记的单位和个人，在领取税务登记证后，向主管税务机关申请领购发票。单位、个人在购销商品、提供或者接受经营服务及从事其他经营活动中，应当按照规定开具、使用、取得发票。纳税人应当按照规定安装、使用税控装置，不得损毁或者擅自改动税控装置。

1.4.3 纳税申报

纳税申报是指纳税人、扣缴义务人为了履行纳税义务，按照规定的期限和内容，就涉税事项向税务机关出具书面报告的一种法定手续。

1. 纳税申报的方式

纳税人、扣缴义务人的纳税申报方式主要有3种：直接申报、邮寄申报和数据电文申报。

纳税人采取电子方式办理纳税申报的，应当按照税务机关规定的期限和要求保存有关资料，并定期书面报送主管税务机关。

除上述方式外，实行定期定额缴纳税款的纳税人，可以实行简易申报、简并征期等申报方式。

2. 纳税申报的内容

纳税申报的内容主要体现在各税种的纳税申报表和代扣代缴报告表、代收代缴税款报告表中，主要包括：税种、税目，应纳税项目或者应代扣代缴、代收代缴税款项目，计税依据，扣除项目及标准，适用税率或者单位税额，应退税项目及税额，应减免税项目及税额，应纳税额或者应代扣代缴、代收代缴税额，税款所属期限，延期缴纳税款，欠税，滞纳金等。

纳税人办理纳税申报时，应根据不同情况随纳税申报表提供下列有关资料和证件：财务会计报表及其说明材料，与纳税有关的合同、协议书及凭证，税控装置的电子报税资料，外出经营活动税收管理证明和异地完税凭证，代扣代缴、代收代缴税款的合法凭证及税务机关规定的其他有关证件、资料。

税法对各税种的申报期限都有明确的规定，纳税人和扣缴义务人都必须按照法定的期限办理纳税申报。如果纳税申报期限最后一日是公休或法定节假日时，可以顺延申报。

1.4.4 税款缴纳

纳税人、扣缴义务人应该按照税法规定的期限，缴纳或者解缴税款。纳税人未按照规定期限缴纳税款的，扣缴义务人未按照规定期限解缴税款的，税务机关除责令限期缴纳外，从滞纳税款之日起，按日加收滞纳税款万分之五的滞纳金。

税款缴纳的方式主要有以下4种，纳税人应当按照主管税务机关确定的方式缴纳税款。

（1）自核自缴

生产经营规模较大、财务制度健全、会计核算准确、一贯依法纳税的企业，经主管税务机关批准，企业依照税法规定，自行计算应纳税款，自行填写、审核纳税申报表，自行填写税收缴款书，到开户银行解缴应纳税款，并按规定向主管税务机关办理纳税申报、报送纳税资料和财务会计报表。

（2）申报核实缴纳

生产经营正常，财务制度基本健全，账册、凭证完整，会计核算较准确的企业依照税法规定计算应纳税款，自行填写纳税申报表，按照规定向主管税务机关办理纳税申报，并报送纳税资料和财务会计报表。经主管税务机关审核，填开税收缴款书，纳税人按规定期限到开户银行缴纳税款。

（3）申报查定缴纳

财务制度不够健全、账簿、凭证不完备的固定业户，应当如实向主管税务机关办理纳税申报并提供其生产能力、原材料、能源消耗情况及生产经营情况的说明等，经主管税务机关审查测定或实地查验后，填开税收缴款书或者完税证，纳税人按规定期限到开户银行或者税务机关缴纳税款。

（4）定额申报缴纳

生产经营规模较小，确无建账能力或者账证不健全、不能提供准确纳税资料的固定业户，按照税务机关核定的营业（销售）额和征收率，按规定期限向主管税务机关申报缴纳税款。

想一想：某企业5月份应纳税款为8万元，应于6月15日申报缴纳，该企业因特殊原因，报经省税务局批准，同意延期至6月30日前缴纳，但该企业实际拖延到7月25日才缴纳，如何计算滞纳金？

1.4.5 税务检查

1. 税务检查概述

税务检查是税务机关根据税法的规定，对纳税人、扣缴义务人履行纳税义务和扣缴义务的情况进行检查和处理工作的总称。税务机关的检查权限有：查账权、场地检查权、责成提供资料权、询问权、查验权和存款查核权等。

纳税人、扣缴义务人对税务机关的各类税务检查活动，应当积极配合，协助开展工作，主动提供账证和资料。检查结束要协助检查人员核实问题，对税务机关检查后做出的处理决定，应当立即执行，按规定限期补缴税款、滞纳金和罚款，进行账务调整，以免今后发生类似问题。

2. 纳税审查

纳税审查即企业的纳税自查。企业按照税法所规定的纳税期限计算应纳税额，在缴纳之前，企业税务会计或聘请注册税务师对纳税期内企业的生产经营情况、会计处理情况及税款的计算情况进行审查。

纳税人、扣缴义务人应当建立自查制度，结合财务核算过程和生产经营的实际情况，对照税收法律、法规检查有无漏报应税收入、多列支出、虚增抵扣税额、漏报或错报代扣（收）税项目、错用税率或计算错误等情况，自行补缴少缴或未缴税款，同时检查纳税申报的合理性，以避免税务风险。

纳税审查的基本方法有顺查法和逆查法、详查法和抽查法、核对法和查询法、比较分析法和控制计算法。

纳税审查的内容包括会计报表的审查、会计账簿的审查及会计凭证的审查。

本 章 小 结

本章主要介绍了税收的基本理论、纳税人的权利和义务及企业纳税的基本程序，这是学习税务会计的基础。

习 题

一、思考与讨论题

1. 什么是税收？税收有哪些特征？各个特征之间的关系如何？
2. 什么是税制要素？税制要素主要有哪些？
3. 简述纳税人的权利和义务。
4. 简述企业纳税的基本程序。
5. 对纳税人不进行纳税申报、不缴或少缴税款的行为如何处罚？

二、单项选择题

1. 下列不属于税收特征的是（　　）。
   A. 强制性　　　　　B. 目的性　　　　　C. 无偿性　　　　　D. 固定性
2. 定额税率的一个重要特点是（　　）。
   A. 与课税对象的数量无关　　　　　　B. 与课税对象的数额成正比
   C. 不受课税对象价值量变化的影响　　D. 分税目确定，便于发挥调节作用
3. 构成税收实体法的基础要素是（　　）。
   A. 税源　　　　　　B. 税目　　　　　　C. 计税依据　　　　D. 征税对象
4. 下列关于税款征收方式的陈述，不正确的是（　　）。
   A. 定期定额征收一般适用于无完整考核依据的小型纳税单位
   B. 查定征收一般适用于财务会计制度健全的纳税单位
   C. 委托代征税款一般适用于小额、零散税源的征收
   D. 查验征收一般适用于经营品种比较单一、经营地点、时间和商品来源不固定的纳税单位
5. 税务行政复议的申请人可以在知道税务机关做出具体行政行为之日起（　　）日内提出行政复议申请。
   A. 15　　　　　　　B. 30　　　　　　　C. 45　　　　　　　D. 60

6. 下列关于纳税申报的事项中,说法正确的是( )。
   A. 纳税人必须根据法律、行政法规规定或税务机关相关规定确定的申报期限、申报内容,如实办理纳税申报,报送纳税申报表、财务会计报表、未来盈利预测报告书等资料
   B. 纳税人不能实行简易申报、简并征期等申报纳税方式
   C. 纳税人当期没有发生纳税义务的,可以不必办理纳税申报
   D. 纳税人采用电子方式办理纳税申报的,还应当定期书面报送主管税务机关

三、多项选择题

1. 我国现行税法中的纳税期限,主要形式为( )。
   A. 按期纳税　　　　　　　　B. 按次纳税
   C. 按月纳税　　　　　　　　D. 按年计征、分期预缴
2. 根据《税收征收管理法》的规定,下列各项中税务机关有权核定其应纳税额的有( )。
   A. 依照法律、行政法规的规定可以不设置账簿的
   B. 依照法律、行政法规的规定应当设置但未设置账簿的
   C. 擅自销毁账簿或者拒不提供纳税资料的
   D. 发生纳税义务,未按照规定的期限办理纳税申报的
3. 纳税人需要办理变更税务登记的情形有( )。
   A. 改变名称
   B. 改变经济性质
   C. 改变生产、经营范围或经营方式
   D. 改变开户银行和账号
4. 根据《税收征收管理法》的规定,下列属于税收强制执行措施的有( )。
   A. 书面通知纳税人开户银行或者其他金融机构冻结纳税人的金额相当于应纳税款的存款
   B. 扣押、查封、拍卖纳税人价值相当于应纳税款的商品、货物或者其他财产,以拍卖所得抵缴税款
   C. 书面通知纳税人开户银行或者其他金融机构从其存款中扣缴税款
   D. 扣押、查封纳税人的价值相当于应纳税款的商品、货物或其他财产
5. 以下有关纳税人权利表述正确的有( )。
   A. 纳税人超过应纳税额缴纳税款,纳税人自结算税款之日起5年内发现,可以向税务机关要求退还多缴纳的税款并加算银行同期存款利息
   B. 纳税人有申请延期申报和延期缴纳税款的权利
   C. 纳税人有权要求税务机关对自己的生产经营和财务状况有关资料等保守秘密
   D. 纳税人有权根据自己的意愿,拒绝税务机关要求其执行代扣代缴税款的义务
6. 税务行政复议的申请人是指认为税务机关具体行政行为侵犯其合法权益,依法向税务机关申请复议的( )。
   A. 纳税义务人　　　　　　　B. 扣缴义务人
   C. 纳税担保人　　　　　　　D. 主管税务机关

四、判断题

1. 税务机关向纳税人解答有关税法的问题时，可向纳税人收取一定数额的咨询费。（ ）
2. 纳税人可以从税法中查出自身的具体纳税期限。（ ）
3. 税务行政复议因当事人申请而产生，故当事人提出申请是税务行政复议的重要条件之一。（ ）
4. 纳税人在免税期间不需要纳税，因而不需要进行税额计算和纳税申报。（ ）
5. 根据我国《税收征收管理法》的规定，税务机关是发票的主管机关，负责发票的印制、领购、开具、保管、缴销管理和监督。（ ）
6. 企业银行账号发生变化的，应自发生变化的10日内，向主管税务机关书面报告。（ ）

五、案例分析

1. 网购已经走进了寻常百姓的生活，不少网店用刷单的手法吸引客户，这些店主却遇到麻烦了：一些税务机关针对相关交易要求网店补税。店主追问："刷单产生的是不真实交易，也要缴税？"

   企业少计利润、少缴税款不新鲜，是税务稽查打击的重点，但现实中有不少企业出于某种原因故意多计利润、多缴税款，试查找企业虚增利润的案例，并针对这些行为，分析税务机关该如何处理？

2. 某家具厂是小规模纳税人。20×1年4月16日下午，该厂厂长到主管税务机关递交了一份当日上午丢失一本普通发票的报告，并在该市报纸上公开声明作废。对此，主管税务机关未发表任何意见，也未做任何处理。20×1年12月初，主管税务机关在对另一纳税单位进行检查时，发现有一张购货发票是该厂开出的，对照发票号码，证实是该厂声明作废的。经主管税务机关反复核对证实，该厂20×1年4—10月，做的多笔生意都是用"丢失发票"开出的，开出的总金额为100 000元，均未申报缴纳增值税。

   请依据《中华人民共和国税收征收管理法》等有关法规，分析该厂的上述行为属于什么行为？应如何处理？并请指出主管税务机关的做法有无错误？如有错误，错在哪里？对纳税人怎样处理才是正确的？

3. 艾某自20×1年12月起从事摩托车修理，已申请取得个体营业执照和税务登记证，但一直未申报纳税。

   20×2年3月，某县税务局稽查队根据举报对其进行稽查。稽查人员根据《中华人民共和国税收征收管理法》的规定核定其应纳税额，在无根据的情况下直接核定其1—3月修理收入（含税）为50 000元，应纳增值税3 000元，城建税及教育费附加240元，并于4月14日下达了《限期缴纳税款通知书》，艾某在限期内未缴纳。4月18日，稽查队根据《中华人民共和国税收征收管理法》第46条和第49条的规定，对艾某下达了税务处罚决定书，罚款3 240元，艾某拒绝签收，在无其他现场证人的情况下，送达人邀请其他税务人员在送达回证上签字后，将处罚决定书留置艾某处。5月28日，艾某逾期仍未缴纳上述税款和罚款，税务局遂申请法院强制执行。20×2年6月1日，艾某缴纳税款及罚款计6 480元。艾某在缴款后，不服稽查队作出的征税和罚款处理，向该县税务局申请复议，县税务局已受理。

   根据上述资料，分析税务稽查人员在税务稽查过程中有何不当之处？

4. 石某于20×1年办了一家公司，当年就被认定为增值税一般纳税人。20×1—20×2年，他采用"大头小尾"的手段开出了56份增值税专用发票，其"存根联"（与"记账联"相同）累计销售额为420万元，其"抵扣联"（与"发票联"相同）的累计销售额却高达3 600万元。两年中，他共向税务机关申报缴纳了12万元的增值税，于20×2年年底将所有账簿、凭证全部销毁，从此再也没向税务机关缴过税。

20×5年7月，市税务局稽查队在对涉税案件进行稽查时，发现了其不法行为。于是，他们一鼓作气，把此事查了个水落石出。20×5年8月18日，税务局稽查队派人送达了税务处罚决定书，追缴其所逃增值税税款540.60万元。同时还下达了一份《税务行政处罚事项告知书》：第一，对违反发票管理，开具大头小尾发票的行为处1万元的罚款；第二，对擅自销毁账簿、凭证的行为处1万元的罚款，并拟将案件移交给司法机关进行处理。

根据上述资料回答下列问题：

（1）税务机关对石某是否可以追征税款？

（2）税务机关对石某开具大头小尾发票和擅自销毁账簿、凭证的行为能否给予行政处罚？

（3）石某的行为是否构成逃避缴纳税款罪？市税务局稽查队将其逃税案件向司法机关移送是否合法？

5. 某纳税人6月份应纳税款为100万元，企业"应付职工薪酬"账户贷方提取金额120万元，"应付账款"账户余额280万元，"货币资金"账户余额260万元。

请分析：

（1）企业于6月30日申请延期缴纳税款，应当提交哪些资料？

（2）根据所提供的资料，该企业是否符合申请延期缴纳税款的条件？

（3）假定7月20日税务机关做出不予批准的决定，且企业于7月20日当天缴纳此项税款。该企业是否需要缴纳滞纳金？缴纳多少？

第 2 章

税务会计概述

【学习要求】
1. 解释基本概念：税务会计、税务会计要素。
2. 掌握税务会计的基本理论。
3. 熟悉税务会计与财务会计的关系。

2.1 税务会计的概念

企业日常会计核算的目的是通过财务会计报告向决策者和有关方面提供有用的财务信息。为了满足各方对财务会计信息的需要，财务会计在对会计要素的确认、计量、记录、报告过程中，必须以企业会计准则为行为规范。但是，几乎所有的会计要素都会影响企业的应纳税额。因此，为了规范企业和国家之间的税收分配关系，企业还必须按税法的规定重新确认、计量会计要素，所以税法又是会计行为的另一个规范。这样，会计行为同时受企业会计准则和税法两种行为规范的制约，而当企业会计准则与税法的规定不一致时，就需要税务会计进行相应的调整。

税务会计（tax accounting）是在财务会计的形成发展过程中逐步产生和发展起来的一个会计分支，目前税务会计早已从财务会计中独立出来，形成了一套独立的税务会计体系，它与财务会计、管理会计一起成为现代会计的三大支柱。

2.1.1 税务会计及其特点

1. 税务会计的定义

税务会计应当按照税法规定，正确计算和缴纳税款。税务会计主要面临着两个方面的问题：一是如何按照企业会计准则对企业涉税业务进行重新确认和记录；二是如何在会计收益的基础上调整、计算应税收益，进而确定应纳税额。税务会计实质上是融税法和会计核算于一体的特殊专业会计。税务会计已融于会计核算的全过程，它包括所得税会计、流转税会计、资源税会计、财产税会计、行为税会计等。它们共同形成一个和税种结构基本配套的会计体系。

由于税务会计的会计环境不同，税务会计的具体表现不同，因此如何表述税务会计也众说纷纭。

武田昌辅认为，税务会计是为计算法人税法中的应税所得而设立的会计，它不是制度会计，是以企业会计为依据，按税法的要求对既定的盈利进行加工、修正的会计[①]。

卓敏枝、卢联生、庄傅成认为，税务会计，乃是一门以法令规定为准绳，以会计技术为工具，平时负责汇集企业各项交易活动、股东可抵扣税额与未分配盈余计算之合法凭证，并加以整理、记录、分类、汇总，进而在年度终了加以结算、编表、申报、纳税的社会（人文）科学[②]。

陈建昭认为，税务会计为一种国内性会计，非为国际共通性会计。税务会计即在企业会计理论结构上，以重叠之形态，再注入其特有之计算方法或会计理论，以达成课税为目的之完整体系[③]。

盖地认为，税务会计是以国家现行税收法规为准绳，运用会计学的理论和方法，连续、系统、全面地对税款的形成、调整、计算和缴纳，即企业涉税事项，进行确认、计量、记录和报告的一门专业会计[④]。

李海波等人认为，税务会计是以税收法律、法规和企业会计准则为依据，以货币为计量单位，运用会计学的基本理论和方法，对纳税单位的纳税活动所引起的资金运动进行反映和监督，维护国家和纳税人的合法权益的专业会计[⑤]。

不论如何表述，税务会计的定义中一般包括下列内容。

① 税务会计在现代会计中的地位。当政府对税务会计的影响较大，税法对会计准则、会计方法等规定较为详细时，税务会计通常融合在财务会计之中；当政府对税务会计仅作原则性的规定，会计准则、会计方法等由民间组织制定时，税务会计可能独立成为一门学科。

② 税务会计的性质。当企业缴纳的税款成为其经济利益的绝对扣除时，企业从自身的利益出发，不仅要求税务会计提供资金缴纳和核算的信息，而且要求税务会计对纳税活动的全过程进行管理，包括事前筹划、事中核算、事后分析等。

③ 税务会计的目的。税务会计是站在企业的角度研究纳税活动，使企业合理负担赋税。但税务会计也要顾及国家的利益，保证国家能够及时足额地取得税收收入。因此，税务会计有保证企业利益和国家利益两个目的。

④ 税务会计的依据。纳税活动的特点决定了税务会计在选择会计方法、会计期间、会计政策等时，受税法的约束，应依照税法的有关规定进行。

⑤ 税务会计的方法体系。税务会计是一个综合体，对财务会计、管理会计、税收学、

---

① 武田昌辅. 新编税务会计通论. 东京：森山书店，1985.
② 卓敏枝，卢联生，庄傅成. 税务会计. 台北：三民书局，1998.
③ 陈建昭. 税务会计. 台北：文笙书局，1994.
④ 盖地. 税务会计. 北京：北京师范大学出版社，2007.
⑤ 李海波，刘学华，王京梁，等. 新编税务会计. 3版. 上海：立信会计出版社，2007.

法学等兼收并蓄，成为一门新的边缘性学科。

综上所述，在我国目前的会计环境下，税务会计可以表述为：税务会计是现代企业会计的一个重要组成部分，是以税法为准绳，服从于纳税目的，融合其他相关学科的理论和方法，对企业纳税活动的全过程进行筹划、核算、分析、控制的一种管理活动。

2. 税务会计的特点

作为融税收制度和会计核算于一体的特殊专业会计，税务会计主要具有下列特点。

(1) 法律性

税务会计具有直接受制于税法规定的特点，这是税务会计区别于其他专业会计的主要标志。企业不论采用何种记账基础进行核算，都必须遵守税法的有关规定，将税法作为税务会计核算的一个重要依据。对整个纳税过程，税务会计必须如实地进行反映、核算、监督；企业会计准则与税法规定不一致时，应按税法的规定进行调整。《中华人民共和国企业所得税法》（以下简称《企业所得税法》）第21条规定：在计算应纳税所得额时，企业财务、会计处理办法与税收法律、行政法规的规定不一致的，应当依照税收法律、行政法规的规定计算。

(2) 相对独立性

税务会计主要是对企业生产经营活动中涉税部分的核算和反映，其核算基础也是依据会计学的理论和方法。但和其他会计比较，税务会计有其相对的独立性和特殊性。税务会计运用会计特有的专门方法仅对与纳税活动有关的经济业务进行核算，包括计算税款、填制报税单、办理纳税手续、记录税款的缴纳及退补税款、编制纳税报表等。税务会计要服务于纳税目标，既维护纳税主体的合法权益，同时又保证征税主体的利益。

(3) 差异互调性

税务会计的法律性和相对独立性，决定了税务会计的处理结果和财务会计是存在差异的。由于二者在收入确认、存货计价、计提折旧、准备金支出等方面存在一定的差异，造成了会计收益和计税依据也存在一定的差异，但二者之间的差异可以根据产生差异的原因相互调节。税务会计中需要调整核算的税种主要是所得税和流转税，其他税种的差异较少。一般情况下，对由于企业会计准则与税法规定不一致造成差异的项目，只调整应纳税所得额，不需要调整其账户记录，即所谓的账外调整。

2.1.2 税务会计与财务会计的关系

1. 税务会计与财务会计的联系

税务会计在产生之前，融合于财务会计之中，因此与财务会计有着密切的联系。

税务会计的理论形成借助于财务会计的理论。税法对税务会计在收益计量、成本费用的计算、折旧分摊、会计期间等方面的约束都是依据财务会计的概念和方法提出来的。

税务会计的实务处理很大程度借助于财务会计的核算方法体系来完成。由于财务会计对企业生产经营的全过程进行核算，并提供了完整的核算信息，从"成本-效益"原则出发，税务会计完全可以利用这些信息，实现税务会计的目的，即利用财务会计的信息并依照税法的要求，计算应纳税额，编制纳税申报表，进行纳税筹划等。从这点看，在企业中税务会计工作与财务会计工作仍然融合在一起。

2. 税务会计与财务会计的区别

由于税务会计与财务会计的目标不同、法律依据不同，其区别还是比较显著的，主要表现在下列各方面。

（1）目标不同

财务会计以会计准则为依据，反映企业的财务状况、经营成果和现金流量，以满足会计信息使用者的需要；而税务会计以税收法律制度为准绳，在企业纳税申报的过程中，向利害关系人提供税务活动的信息。

（2）核算范围不同

财务会计要反映企业以货币计量的全部经济活动，包括资金运动的全过程；而税务会计仅对企业的纳税活动进行反映，核算和监督与纳税活动有关的经济事项，即与计税有关的资金运动。

（3）原则不同

会计准则与税法存在不少差异，二者的主要差异体现在收益确认的时间和费用扣减的项目及比例上。财务会计为了正确地核算各期的损益，强调权责发生制；由于税收理论上有"负担能力原则"和"最少征收费用原则"，税务会计在采用权责发生制的同时，也采用收付实现制，这样在纳税年度既定的前提下，税款的征收及其税务会计的核算必然与财务会计的核算不同。

此外，会计准则还规定了相关性、可比性、实质重于形式等原则，税法尽管可能采用相应的原则，但是会有不同的理解。

税务会计与财务会计的联系与区别说明，二者在具体实务处理方面具有一致性，但税务会计不是财务会计中的特殊业务会计。

想一想：税务会计与管理会计、税收会计的关系如何？

2.1.3 税务会计的职能

税务会计作为一门专业会计，具有会计的一般职能：核算反映职能和监督管理职能。但是，其核算反映职能和监督管理职能的内涵及发挥的作用是与财务会计有所区别的。此外，税务会计还具有纳税筹划职能。

（1）核算反映职能

税务会计的基本职能是反映纳税人应纳税款的形成、申报、缴纳。税务会计要依据税收法律制度和企业会计准则对纳税人的纳税义务及其缴纳情况进行记录、计算、汇总，并编制纳税申报表，全面、真实、准确、系统地记录和核算企业生产经营过程中的税务活动，包括应纳税款的形成、计算、缴纳、退补等过程。与财务会计的核算反映职能不同的是，该过程的起点和终点始终贯穿着以税法为依据的纳税活动，不仅为国家组织税收提供可靠的依据，还可以促进企业加强经营管理，改善税收环境，提高企业的经济效益。

（2）监督管理职能

税务会计的监督管理职能不是行政监督，而是价值的监督，即在税务会计核算反映的功能中，对应纳税款的形成、计算、解缴进行价值监督。通过税务会计对企业纳税活动的监督和控制，可以保证国家税收法令的贯彻实施，有利于发挥税收杠杆调节经济的作用。

(3) 纳税筹划职能

税务会计的纳税筹划职能并非单独存在，而是贯穿于核算反映职能和监督管理职能之中，是市场经济条件下企业维护自身合法权益的内在要求。税务会计通过核算和反映企业纳税活动的全过程，监督管理企业的经济行为，可以帮助企业管理者对企业的税务活动进行科学的预测和决策。企业的经营决策者通过对税务会计提供的信息进行分析，主动实施符合国家税收优惠政策的经济行为，规避较高的税负，以实现税后利润的最大化。

2.1.4 税务会计的模式

由于各国社会经济环境不同，税法对会计的影响不同，税务会计模式也不同。税务会计模式主要有英美模式、法德模式和混合模式。

1. 英美模式

英美模式是典型的财税分离模式，允许财务会计与税务会计的差异存在。英美模式属于投资者导向的会计模式，强调财务会计要保护投资者的利益，其财务会计遵循公认会计原则，不受税法约束，所提供的会计信息更加公允、真实。税务会计的处理方法符合纳税目的的要求，当会计准则与税法规定产生矛盾时，财务会计按照会计准则进行会计处理，税务会计在财务会计核算资料的基础上依据税法进行调整。

英美模式的表现形式是制定会计准则并以此规范财务会计的处理方法；税法作为税务会计调整的依据。

2. 法德模式

法德模式是典型的财税合一模式。在法德模式下，会计准则的制定与税法的制定一致，财务会计实务处理严格按税法的规定进行，由此确定的会计收益与纳税收益完全一致，不需要做任何调整，直接以会计收益作为计算应纳税额的依据。法德模式属于政府（税收）导向的会计模式，这种会计模式强调会计要为国家调控宏观经济服务，所以其财务会计受税法约束，强调为政府税收服务。

这种模式的表现形式是制定统一的企业会计准则，在企业会计准则中融入税法的规定，通过企业会计准则规范会计行为。

3. 混合模式

混合模式兼有英美模式和法德模式的特点，在会计实务中，有的倾向于英美模式，有的倾向于法德模式。其中，日本属于企业导向的会计模式，这种会计模式强调财务会计为企业管理服务，其会计准则制定的宗旨就是要促进企业会计方法的统一，并希望以此吸引国外资金，促进企业管理水平提高，公平税负。但会计准则只是商法、证券交易法和税法的补充，日本的财务报告体系在商法的要求下面向债权人，在证券交易法的要求下面向投资者，在税法的要求下面向税务机关，所以企业应税收益与会计收益必须一致。这也就使得日本的税务会计表现为是依据税法，对商法和证券交易法规范的财务会计进行调整的会计。

税务会计模式虽然因特定的社会环境不同而存在差异，但是随着国际经济交往的日益频繁，各国会计模式都会自觉或不自觉地吸收其他国家会计模式的优点。从当前的会计发展趋势看，各国会计模式中的会计规范、会计核算方法、会计报告手段及会计目标等已经正在向国际惯例融通。各种会计模式之间的相互影响和横向融通，已成为不断发展和完善各国会计模式的动因之一。

想一想：我国现行的税务会计模式是哪一种？你认为我国采用哪种税务会计模式比较合适？

2.2 税务会计的基本理论

税务会计受到税法和企业会计准则的双重影响，作为一个单独的会计学科，它也有自己独特的理论框架。

2.2.1 税务会计的目标

税务会计的基本目标是在遵守税法和企业会计准则、履行法定纳税义务的前提下，努力提高纳税人的经济利益，维护企业的正当权益。

(1) 依法纳税，认真履行纳税人的权利与义务，保证财政收入的及时与稳定

依法纳税是每个纳税人应尽的责任和义务。税务会计的运作是以国家税法为依据的，只有依法纳税才能保证国家财政收入的及时与稳定。这就要求每个纳税人在财务会计所提供资料的基础上，依据税法规定正确进行有关税款的计算、申报、缴纳，以保证财政收入的及时与稳定。

(2) 正确纳税，协调好税法与财务会计的关系，保证财政收入的真实性

足额、准确地缴纳税款是每个纳税人必须履行的义务，但是否能正确纳税，不仅取决于纳税人对税收法规的正确理解，而且取决于税务会计的正确核算。税款的正确核算除了要求税务会计能够提供计算税款的依据等因素外，更重要的是能够区分其与财务会计的不同，协调好税法与财务会计的关系，正确地进行纳税调整，这样才能保证财政收入的真实性。

(3) 科学纳税，合法、公平地进行税收筹划，保证企业税收负担的优化

优化企业税收负担是每个纳税人应有的权利。在市场经济条件下，没有一个政府不愿意多收税；不论税款多么合理，它总是纳税人收入的扣除，因此没有一个纳税人愿意多缴税。在税收法规既定的前提下实现企业的税收负担优化，就成为纳税人的必然选择。

2.2.2 税务会计要素

从影响税务会计的会计环境分析，凡是能够用货币表现的纳税事项都是税务会计的核算内容，构成税务会计的对象。税务会计要素是对税务会计对象的进一步分类，其分类既要服

从于税务会计目标，又受税务会计环境的影响。税务会计要素一般分为计税依据、应税收入、扣除项目、应税所得、应纳税额等。

1. **计税依据**

计税依据是指税法中规定的计算应纳税额的根据，在税收理论中称为税基。纳税人各税种的应纳税额是根据各税种的计税依据与其税率相乘来计算的。税种不同，其计税依据也不同，计税依据主要有销售额、销售数量、所得额等。

2. **应税收入**

（1）应税收入与会计收入的区别

应税收入是企业由于销售商品、提供劳务等应税行为所取得的收入，即税法所认定的收入。应税收入有时与会计收入一致，有时不一致。其区别体现在下列两个方面。

① 应税收入与应税行为联系紧密。如果某项收入是纳税人从事应税行为取得的，则应税收入与会计收入一致；如果某项收入是纳税人从事免税行为或非应税行为取得的，则该项收入仅构成会计收入，但不作为应税收入。例如，出口商品免交增值税，纳税人出口商品所获得的收入是会计收入，但不是应税收入。

② 应税收入与税种密切相关。一项收入对某一税种来说是应税收入，而对另一税种来说就不是应税收入。例如，油田销售开采的原油取得的收入对于资源税来说是应税收入，而对消费税来说就不是应税收入。

（2）应税收入的确认、计量

由于应税收入与会计收入之间的联系，应税收入的确认、计量基本上采用财务会计的确认标准。但税法从组织财政收入的角度出发，侧重于收入的社会价值的实现，税法通常将应税收入确认为"有偿"和"视同有偿"。应税收入确认、计量的情况主要有以下几种。

① 在销售时点确认应税收入，即在销售商品、提供劳务时，并满足会计收入确认标准时确认应税收入。大部分应税收入都可以在销售时点确认。

② 赊销和分期收款销售货物时，按合同约定的收款日期确认、计量应税收入。由于赊销和分期收款销售的收款风险较大，依据稳健性原则，可以在合同约定的收款日期确认。

③ 对于长期工程，可以按照完工进度法或完成合同法等方法确认应税收入的实现。

3. **扣除项目**

扣除项目是指企业为取得应税收入而付出的相关成本、费用，即税法准予在计税时扣除的成本、费用、税金、损失等项目。

扣除项目与会计费用相比，最大的特点是：会计法规只规定会计费用的范围和内容，而税法不仅要规定扣除项目的范围和内容，而且还规定扣除项目的标准，如《企业所得税法》对广告费、公益性捐赠等都规定了扣除标准。此外，税法还明确地规定有些会计费用不能列为扣除项目，如违反法律的罚款。

虽然二者有不同的地方，但绝大部分是相同的，因此可以采用会计费用的确认标准，并在此基础上进行调整，确认、计量扣除项目。

① 按扣除项目与应税收入的因果关系予以确认，如销售成本与本期实现的应税销售收入配比确认扣除项目。

② 按比例分摊确认，如固定资产使用的受益期可以持续若干个会计期间，其折旧可以按照税法规定的方法和期限进行分摊。

③ 对特定项目不得扣除，或超过扣除标准的部分不得扣除。

4. 应税所得

财务会计与税务会计中"所得"的含义有所不同。财务会计中的"所得"就是账面利润或会计利润；税务会计中的"所得"即指应税所得，或称应纳税所得额，它是企业本期实现的应税收入与扣除项目之间的差额。

应税所得不是一个独立的要素，其计量依赖于应税收入和扣除项目的确认、计量，税法对构成应税所得的应税收入和扣除项目的确认、计量进行了具体规定。应税所得与会计利润之间有着密切的联系，应税收入和扣除项目的确认、计量应该以会计收入和费用的确认、计量标准为基础，并在会计利润的基础上，按照税法规定的标准进行调整，从而确认应税所得。

5. 应纳税额

应纳税额是计税依据与其适用税率之乘积。应纳税额是税务会计特有的一个会计要素。影响应纳税额的因素有计税依据、适用税率和减免税规定。

此外，退免税、退补税、滞纳金、罚款、罚金也可以作为税务会计的会计要素，但不是主要会计要素。

税务会计要素之间的关系可以用下列两个会计等式表示。

$$应纳税额 = 计税依据 \times 适用税率$$
$$应税所得 = 应税收入 - 扣除项目费用$$

前一个公式适用于所有的税种，后一个公式仅适用于所得税。

2.2.3 税务会计的基本假设

税务会计的基本假设是会计环境中客观存在的、通过大量的观察、分析，抽象出来的基本前提和制约条件。税务会计以财务会计为基础，财务会计中的基本假设有些也适用于税务会计，如会计分期、货币计量等。但由于税务会计有自己的特点，其基本假设也应有其特殊性。

税务会计的基本假设有：税务会计主体、持续经营、纳税会计期间、货币计量及时间价值。

（1）税务会计主体

税务会计主体是指按照税法规定直接负有纳税义务的特定单位或组织。税务会计主体必须是能够独立承担纳税义务，依据税法规定进行纳税登记的经济实体。

税务会计主体假设界定了税务会计的服务对象。税务会计主体一般情况下与财务会计主体是相同的，主要是指单位法人，不包括自然人。然而如果控股公司是由母、子公司企业法人组成的，在编制合并会计报表时，将它视为一个经济意义上的会计主体；而按照《企业所得税法》规定，母、子公司分别是独立的纳税主体、税务会计主体，此时税务会计主体与财务会计主体是不同的。

（2）持续经营

持续经营是指税务会计主体在可以预见的未来不会破产或被清算，其生产经营活动将正常、持续地进行下去。这是企业税务会计记录信息真实可靠、会计处理方法持续稳定的重要前提。

只有在这种假设下，税务会计才能对不同情况下影响税务活动的收入和费用，分别按照权责发生制原则或收付实现制原则确认，并决定各种具体税务会计方法的应用取舍。

但税法有一些特殊规定，不以持续经营为前提。例如，非居民企业的应税所得，当纳税人有纳税能力时就征税，不考虑持续经营。再如，企业终止经营清算时，应纳税所得额的计算与持续经营假设相反。

(3) 纳税会计期间

纳税会计期间是指纳税年度。会计分期是指将税务会计主体持续进行的有关纳税事项的经济活动，人为地划分为若干个一定的期限，以保证税务会计目标的实现。由于有了期间的概念，便产生了本期与非本期的差异，因此产生了收付实现制与权责发生制的区别，从而使收入和费用的确认及计算尺度有了时间的标准，这就是税务会计与财务会计之间的会计信息调整得以进行的理论基础。

纳税会计期间不等同于纳税期限，税法规定的纳税期限可以短到1天。我国现行的纳税年度主要采取公历制，即公历1月1日起至12月31日止。但是，对于特殊情况也做了特殊的规定，如纳税人进行清算时，以清算期间作为一个纳税年度；纳税人在某一纳税年度的中间开业，或者由于改组、合并、破产关闭等原因，使该纳税年度的实际经营期不足12个月的，以其实际经营期作为一个纳税年度。

(4) 货币计量及时间价值

货币计量是指纳税主体的税务活动必须采用一般等价物——货币，作为统一的计量单位进行记录，并反映和监督企业的税务活动。由于货币资金在其运作过程中会产生增值，即使不进行运作，由于时间的推移，货币也会产生时间价值，递延确认收入或加速确认费用可以产生巨大的财务优势。如果这种财务优势的利益循环发生，实际获得的利益远远大于短期内使用资金的利益。

因此，纳税人在选择会计政策、会计处理方法时，往往建立在货币资金时间价值这一前提基础上，尽可能从赋税最轻、纳税最迟的角度出发。同时税法也将货币资金时间价值放在首位，对加速确认费用、推迟确认收入的会计处理方法进行了限制。所以，货币计量及时间价值作为税务会计假设是企业税务活动不可缺少的，是企业进行税收筹划的内在原因之一。

2.3 税务会计的会计处理

税务会计的基本职能是对纳税人应纳税款的形成、申报、缴纳进行反映和监督。税务会计的主要任务有以下几项。

① 办理企业应纳税款的缴纳、查对、复核等事项。
② 办理有关的免税申请及退税冲账等事项。
③ 办理税务登记及变更等有关事项。
④ 编制有关的税务报表及相关分析报告。
⑤ 办理其他与税务活动有关的事项。

为了准确地反映纳税人各时期各种税的计算缴纳情况，统一、规范涉税事项的会计处理是非常重要的。

2.3.1 税务会计账户的设置

税务会计不要求在财务会计之外另设一套账。在财务会计中，凡涉及应税收入、计税成本费用、应交税款、减免税、退补税、税收滞纳金、罚款、罚金核算的账户，都属于税务会计账户。其中"应交税费""税金及附加""所得税费用""递延所得税资产""递延所得税负债"等账户，是专门用于税金核算的账户，可以看作税务会计特有的会计账户。

企业设置"应交税费"总账，核算企业按照税法规定计算应交纳的各种税费，包括增值税、消费税、企业所得税、资源税、土地增值税、城市维护建设税、房产税、土地使用税、车船税、教育费附加、矿产资源补偿费等。企业代扣代交的个人所得税等，也通过"应交税费"账户核算。企业不需要预计应交纳的税金，如印花税、耕地占用税等，不在"应交税费"账户核算。

"应交税费"属于负债类账户，专门用于反映企业各种税金的应交、已交和未交情况。其贷方反映企业应交的各种税金；借方反映企业已经缴纳的各种税金；余额一般在贷方，表示企业期末已经计提的应交而未交的税金数额；如果为借方余额，则表示企业多交或尚未抵扣的税金。企业一般在"应交税费"账户下设置按各税种设置的明细账户，如"应交增值税""应交消费税""应交所得税""应交城市维护建设税""应交房产税""应交土地使用税""应交车船税""应交资源税""应交土地增值税""应交进口关税""应交出口关税""应交烟叶税""应交个人所得税""应交教育费附加"等。

想一想：哪些税种的核算需要通过"税金及附加"账户？为什么？其他税种在哪些账户核算？

2.3.2 涉税事项的会计处理方法

1. 计提应纳税额的会计处理方法

按照各税种与企业财务的关系，企业在计提各税种应纳税额时，其会计处理方法有下列几种情况。

① 增值税。作为价外税，一般纳税人购进货物支付货款和税款时，会计分录为

借：原材料等
　　应交税费——应交增值税（进项税额）
　贷：银行存款等

企业销售货物或提供应税劳务时的会计分录为

借：银行存款等
　贷：主营业务收入

应交税费——应交增值税（销项税额）

增值税一般纳税人以当期销项税额抵扣当期进项税额后的余额，作为应纳税额。

增值税小规模纳税人销售货物、提供应税劳务税，计算应交增值税时的会计分录为

　　借：银行存款等
　　　　贷：主营业务收入
　　　　　　应交税费——应交增值税

② 消费税、城市维护建设税、出口关税、房产税、车船税等税种，其应纳税额记入"税金及附加"账户。在计提应纳税额时的会计分录为

　　借：税金及附加
　　　　贷：应交税费——应交消费税等

③ 企业所得税，作为企业的一项费用支出，在计算企业应缴纳的企业所得税时的会计分录为

　　借：所得税费用
　　　　贷：应交税费——应交所得税

④ 购置车船、不动产应纳的车辆购置税、契税，进口货物应纳的消费税、关税等，应计入货物或不动产的成本，在计算应纳税额时的会计分录为

　　借：材料采购或固定资产
　　　　贷：应交税费——应交消费税等

或

　　　　贷：银行存款

2. 缴纳应纳税额的会计处理方法

凡通过"应交税费"账户核算应纳税额的各税种，其缴纳的会计处理都是相同的，即

　　借：应交税费——应交××税
　　　　贷：银行存款

按规定可以不通过"应交税费"账户核算的印花税等税种，直接记入"固定资产"等账户，在缴纳税金时的会计分录为

　　借：固定资产等
　　　　贷：银行存款

3. 支付滞纳金、罚款的会计处理方法

企业支付的税收滞纳金、罚款等不得列入成本费用，而应计入营业外支出。按规定支付滞纳金和罚款时的会计分录为

　　借：营业外支出
　　　　贷：银行存款

有关各税种的具体核算办法和其他税务会计账户，将在以后各章介绍。

本章小结

本章是以税务会计的基本理论为主要内容进行阐述的，着重阐述了在基本理论上税务会计与财务会计的区别。在职能、目标、基本假设等方面税务会计与财务会计有着明显的区别，而产生这种区别的主要原因就是税务会计以国家的税收法律、法规、规章为准绳，而财务会计是以企业会计准则为依据的。正是这种区别使税务会计得以独立出来，并与财务会计处于同等重要的地位。

习 题

一、思考与讨论题

1. 什么是税务会计？税务会计的特点有哪些？
2. 试述税务会计与财务会计的区别和联系。
3. 简述税务会计要素及各要素间的关系。
4. 试分析税务会计的核算内容。
5. 税务会计核算主要涉及哪些账户？简述税务会计的基本会计处理方法。

二、单项选择题

1. 税务会计的核算对象是（   ）。
   A. 企业以货币计量的经济事项
   B. 税务机关组织征收的各项收入的征收、减免、欠缴、入库等税收资金运动的全过程
   C. 因纳税而引起的税款的形成、计算、缴纳、补退等经济活动的资金运动
   D. 国家预算资金运动过程
2. 以下关于税务会计主体的表述中，正确的是（   ）。
   A. 税务会计主体与财务会计主体相同
   B. 财务会计主体都是税务会计主体
   C. 税务会计主体一定是财务会计主体
   D. 税务会计主体不一定是财务会计主体
3. 下列不属于税务会计特点的是（   ）。
   A. 法律性　　　　　B. 相对独立性　　　　C. 差异互调性　　　　D. 固定性
4. 下列税种中，在会计核算上可以不通过"应交税费"账户的是（   ）。
   A. 资源税　　　　　B. 印花税　　　　　　C. 增值税　　　　　　D. 车船税
5. 下列税种中，不应当在"税金及附加"账户核算的是（   ）。

A. 房产税　　　　　B. 增值税　　　　　C. 资源税　　　　　D. 土地使用税
6. 下列各项中，不是税务会计要素的有（　　）。
　　A. 应税收入　　　B. 应纳税所得额　　C. 应纳税额　　　　D. 会计利润

三、多项选择题

1. 税务会计的职能是（　　）。
　　A. 核算反映职能　　　　　　　　　B. 监督管理职能
　　C. 纳税筹划职能　　　　　　　　　D. 组织收入职能
2. 税务会计的特点包括（　　）。
　　A. 相对独立性　　　　　　　　　　B. 稳定性
　　C. 法律性　　　　　　　　　　　　D. 差异互调性
3. "税金及附加"账户核算企业经营活动中发生的相关税费，主要包括（　　）。
　　A. 消费税　　　　　　　　　　　　B. 教育费附加
　　C. 增值税　　　　　　　　　　　　D. 资源税
4. 根据税法对会计影响的程度不同，税务会计主要有（　　）。
　　A. 英美模式　　　B. 法德模式　　　C. 混合模式　　　D. 综合模式
5. 下列各项中属于税务会计核算内容的是（　　）。
　　A. 纳税申报　　　B. 税收减免　　　C. 经营收入　　　D. 成本费用
6. 下列关于税务会计与财务会计区别的论述，正确的有（　　）。
　　A. 会计主体不同　B. 目标不同　　　C. 核算范围不同　D. 核算依据不同

四、判断题

1. 税务会计是对企业生产经营活动中涉税部分的核算和反映，所以其核算范围不包括生产经营收入、成本费用及资产计价的核算。（　　）
2. 税务会计具有直接受制于税法的特点，这是税务会计区别于其他专业会计的重要标志。（　　）
3. 由于税法与企业会计准则之间存在差异，造成税前会计利润与应纳税所得额之间的差异，但两者之间的差异可以根据差异产生的原因相互调节。（　　）
4. 税务会计可以帮助企业管理者对企业的涉税活动进行科学的预测和决策。（　　）
5. 税务会计的监督管理职能和其他专业会计的监督管理职能是一样的。（　　）
6. 英美模式与法德模式相比，前者更能够发挥财务会计的作用。（　　）

第 3 章

增值税会计

【学习要求】
1. 解释基本概念：生产型增值税、收入型增值税、消费型增值税、销项税额、进项税额、进项税额转出、混合销售、兼营行为。
2. 掌握增值税一般纳税人与小规模纳税人的划分标准及认定。
3. 掌握增值税会计的账户设置。
4. 掌握增值税一般纳税人增值税进项税额、进项税额转出、销项税额的计算及会计处理方法。
5. 掌握增值税结转及缴纳的会计处理方法。

3.1 增值税概述

增值税（value-added tax）是对商品流转的增值额，即商品在生产、流通各环节的附加值征收的一种流转税。按对外购固定资产的处理方式不同，增值税可以划分为生产型增值税、收入型增值税和消费型增值税。

增值税以商品流转的增值额为征税对象，只对商品销售额中未征过税的部分课征。增值税主要具有以下特点。

① 克服重复征税，具有中性税收的特征。税收的中性原则要求税收保持中立，尽量减少对经济的干预，以免影响纳税人的经济决策。增值税以增值额作为征税对象，对销售额中由以前各环节创造、已征税的转移价值额不再征税，从而有效地排除了重复征税的因素。

② 逐环节征税，逐环节扣税，最终消费者是全部税款的承担者。增值税在计算征收时实行税款抵扣制度，即在对某个应税商品的每个流转环节逐一征税的同时，还需要按照税法的规定在每个环节对纳税人外购项目的已纳税额逐一进行抵扣。增值税税负具有逐环节向前

推移的特点，增值税的纳税人是各环节的生产经营者，但负税人是最终消费者。

③ 税基广阔，具有征收的普遍性和连续性。增值税作为一种税收收入，无论是从横向看还是从纵向看，都有着广阔的税基。从生产经营的横向看，无论是工业、农业、商业还是服务业，只要有增值额就要纳税；从生产经营的纵向看，增值税的征税范围可以从商品的生产开始，一直延伸到商品的批发和零售等经济活动的各个环节，每经过一个环节，只要有增值额就征税。可见，增值税具有征收的普遍性、连续性。

1979年，我国在部分城市选择重复征税严重的机器机械和农业机具等行业进行增值税试点；1994年，初步建立了增值税制度；2009年，我国推行增值税转型改革，即由生产型增值税转为消费型增值税；从2012年开始，我国逐步开展营业税改征增值税试点；自2016年5月1日起，我国全面开展营业税改征增值税试点。

3.1.1 增值税的纳税人

增值税的纳税人是指在中华人民共和国境内销售货物、劳务、服务、无形资产或者不动产以及进口货物的单位和个人。单位，是指企业、行政单位、事业单位、军事单位、社会团体及其他单位；个人，是指个体工商户和其他个人。单位以承包、承租、挂靠方式经营的，承包人以发包人名义对外经营并由发包人承担相关法律责任的，以该发包人为纳税人；否则，以承包人为纳税人。

中华人民共和国境外的单位或者个人在境内发生应税行为，在境内未设有经营机构的，以其境内代理人为扣缴义务人；在境内没有代理人的，以购买方为扣缴义务人。

由于我国实行增值税专用发票抵扣税款的制度，因此要求纳税人会计核算健全，能够正确核算销项税额、进项税额和应纳税额。为了加强对增值税的征收管理和对某些经营规模小的纳税人简化计税办法，参照国际惯例，我国将增值税纳税人按其经营规模及会计核算健全与否划分为小规模纳税人和一般纳税人。

1. 小规模纳税人

小规模纳税人是指年应税销售额在规定标准以下，并且会计核算不健全，不能按规定报送有关税务资料的增值税纳税人。

增值税小规模纳税人的认定标准为年应征增值税销售额500万元及以下。

年应税销售额超过小规模纳税人标准的其他个人按小规模纳税人纳税；非企业性单位、不经常发生应税行为的企业可选择按小规模纳税人纳税。

2. 一般纳税人

年应税销售额超过500万元的企业和企业性单位为增值税一般纳税人。年应税销售额，是指纳税人在连续不超过12个月或4个季度的经营期内累计应征增值税销售额，包括纳税申报销售额、稽查查补销售额、纳税评估调整销售额。

年应税销售额未超过500万元的纳税人，会计核算健全、能够提供准确税务资料的，可以向主管税务机关办理一般纳税人资格登记，成为一般纳税人。会计核算健全，是指能够按照国家统一的会计制度规定设置账簿，根据合法、有效凭证核算。

增值税一般纳税人和小规模纳税人，在税款计算方法、适用税率（征收率）及征收管理办法上都有所不同。

3.1.2 增值税的征税范围

增值税的征税范围包括在中华人民共和国境内销售或者进口货物、提供劳务、销售服务、销售无形资产和销售不动产。

1. 征税范围的一般规定

1)征税范围

(1)销售或者进口货物

销售货物,是指有偿转让货物的所有权。进口货物是指将货物从境外移送到境内的行为。凡申报进入我国海关境内的货物,均应缴纳增值税。货物是指有形动产,包括电力、热力、气体。

(2)提供劳务

提供劳务,是指有偿提供加工、修理修配劳务。加工是指受托加工货物,即委托方提供原料及主要材料,受托方按照委托方的要求制造货物并收取加工费的业务;修理修配是指受托方对损伤和丧失功能的货物进行修复,使其恢复原状和功能的业务。

(3)销售服务

服务包括交通运输服务、邮政服务、电信服务、建筑服务、金融服务、现代服务、生活服务。具体征税范围如下。

① 交通运输服务。交通运输服务,是指利用运输工具将货物或者旅客送达目的地,使其空间位置得到转移的业务活动。交通运输服务包括陆路运输服务、水路运输服务、航空运输服务和管道运输服务。

② 邮政服务。邮政服务,是指中国邮政集团公司及其所属邮政企业提供邮件寄递、邮政汇兑和机要通信等邮政基本服务的业务活动。邮政服务包括邮政普遍服务、邮政特殊服务和其他邮政服务。

③ 电信服务。电信服务,是指利用有线、无线的电磁系统或者光电系统等各种通信网络资源,提供语音通话服务,传送、发射、接收或者应用图像、短信等电子数据和信息的业务活动。电信服务包括基础电信服务和增值电信服务。

④ 建筑服务。建筑服务,是指各类建筑物、构筑物及其附属设施的建造、修缮、装饰,线路、管道、设备、设施等的安装以及其他工程作业的业务活动。建筑服务包括工程服务、安装服务、修缮服务、装饰服务和其他建筑服务。

⑤ 金融服务。金融服务,是指经营金融保险的业务活动。金融服务包括贷款服务、直接收费金融服务、保险服务和金融商品转让服务。

⑥ 现代服务。现代服务,是指围绕制造业、文化产业、现代物流产业等提供技术性、知识性服务的业务活动。现代服务包括研发和技术服务、信息技术服务、文化创意服务、物流辅助服务、租赁服务、鉴证咨询服务、广播影视服务、商务辅助服务和其他现代服务。

⑦ 生活服务。生活服务,是指为满足城乡居民日常生活需求提供的各类服务活动。生活服务包括文化体育服务、教育医疗服务、旅游娱乐服务、餐饮住宿服务、居民日常服务和其他生活服务。

想一想：修理、修缮及维护保养的应税项目有何不同？

（4）销售无形资产

销售无形资产，是指转让无形资产所有权或者使用权的业务活动。无形资产，是指不具实物形态，但能带来经济利益的资产，包括技术、商标、著作权、商誉、自然资源使用权和其他权益性无形资产。

（5）销售不动产

销售不动产，是指转让不动产所有权的业务活动。不动产，是指不能移动或者移动后会引起性质、形状改变的财产，包括建筑物、构筑物等。

2）有偿的含义

有偿，是指销售货物、劳务、服务、无形资产和不动产时取得货币、货物或者其他经济利益。但属于下列非经营活动的情形除外。

① 行政单位收取的同时满足以下条件的政府性基金或者行政事业性收费。
- 由国务院或者财政部批准设立的政府性基金，由国务院或者省级人民政府及其财政、价格主管部门批准设立的行政事业性收费；
- 收取时开具省级以上（含省级）财政部门监（印）制的财政票据；
- 所收款项全额上缴财政。

② 单位或者个体工商户聘用的员工为本单位或者雇主提供取得工资的服务。

③ 单位或者个体工商户为聘用的员工提供服务。

④ 财政部和税务总局规定的其他情形。

3）境内的规定

应税行为发生在中华人民共和国境内，具体是指：

① 销售货物的起运地或者所在地在境内；

② 提供的劳务发生在境内；

③ 在境内销售服务、无形资产或者不动产；
- 服务（租赁不动产除外）或者无形资产（自然资源使用权除外）的销售方或者购买方在境内；
- 所销售或者租赁的不动产在境内；
- 所销售自然资源使用权的自然资源在境内；
- 财政部和税务总局规定的其他情形。

下列情形不属于在境内销售服务或者无形资产。

① 境外单位或者个人向境内单位或者个人销售完全在境外发生的服务。

② 境外单位或者个人向境内单位或者个人销售完全在境外使用的无形资产。

③ 境外单位或者个人向境内单位或者个人出租完全在境外使用的有形动产。

④ 财政部和税务总局规定的其他情形。

2. 征税范围的特殊项目

① 货物期货（包括商品期货和贵金属期货）。

② 对供电企业进行电力调压并按电量向电厂收取的并网服务费。

③ 二手车经销业务。
④ 经营罚没物品取得的收入未上缴财政的部分。
⑤ 航空运输企业已售票但未提供航空运输服务取得的逾期票证收入。
⑥ 药品生产企业销售自产创新药的销售额为向购买方收取的全部价款和价外费用。
⑦ 单用途卡售卡方因发行或者销售单用途卡并办理相关资金收付结算业务取得的手续费、结算费、服务费、管理费等收入，应按照规定缴纳增值税。

3. 视同销售行为

（1）视同销售货物

单位或者个体工商户的下列行为，视同销售货物征收增值税。

① 将货物交付其他单位或者个人代销。
② 销售代销货物。
③ 设有两个以上机构并实行统一核算的纳税人，将货物从一个机构移送到其他机构用于销售，但相关机构设在同一县（市）的除外。
④ 将自产、委托加工的货物用于集体福利或个人消费。
⑤ 将自产、委托加工或购买的货物作为投资，提供给其他单位或个体工商户。
⑥ 将自产、委托加工或购买的货物分配给股东或投资者。
⑦ 将自产、委托加工或购买的货物无偿赠送给其他单位或者个人。

（2）视同销售服务、无形资产或者不动产

① 单位或者个体工商户向其他单位或者个人无偿提供服务，但用于公益事业或者以社会公众为对象的除外。
② 单位或者个人向其他单位或者个人无偿转让无形资产或者不动产，但用于公益事业或者以社会公众为对象的除外。
③ 财政部和税务总局规定的其他情形。

4. **混合销售行为与兼营行为**

（1）混合销售行为

混合销售行为是指一项销售行为既涉及服务又涉及货物。在混合销售行为中，所涉及的服务和货物之间有直接关联或互为从属关系。

从事货物的生产、批发或者零售的单位和个体工商户的混合销售行为，按照销售货物缴纳增值税；其他单位和个体工商户的混合销售行为，按照销售服务缴纳增值税。

上述从事货物的生产、批发或者零售的单位和个体工商户，包括以从事货物的生产、批发或者零售为主，并兼营销售服务的单位和个体工商户。

（2）兼营行为

兼营行为是指纳税人发生的应税行为，既包括销售货物、劳务、服务，又包括转让不动产、无形资产，但各类应税行为的发生互相独立。

纳税人兼营销售货物、劳务、服务、无形资产或者不动产，适用不同税率或者征收率的，应当分别核算适用不同税率或者征收率的销售额。

5. **不征收增值税的特殊项目**

① 纳税人取得的中央财政补贴。
② 根据国家指令无偿提供的铁路运输服务、航空运输服务。

③ 存款利息。

④ 被保险人获得的保险赔付。

⑤ 药品生产企业销售自产创新药，其提供给患者后续免费使用的相同创新药，不属于增值税视同销售范围。

⑥ 房地产主管部门或者其指定机构、公积金管理中心、开发企业及物业管理单位代收的住宅专项维修资金。

⑦ 融资性售后回租业务中，承租方出售资产的行为。

⑧ 在资产重组过程中，通过合并、分立、出售、置换等方式，将全部或者部分实物资产以及与其相关联的债权、负债和劳动力一并转让给其他单位和个人，不征收增值税。

3.1.3 增值税的税率和征收率

我国增值税的计征比例分为税率和征收率，税率适用于一般纳税人，征收率主要适用于小规模纳税人。

1. 税率

增值税一般纳税人的适用税率为 13%、9%、6% 和零税率。

（1）基本税率 13%

① 销售或者进口除 9% 税率适用范围外的货物。

② 提供加工、修理修配劳务。

③ 提供有形动产租赁服务。

（2）低税率 9%

① 销售或者进口下列货物。

- 粮食等农产品、食用植物油、食用盐。
- 自来水、暖气、冷气、热水、煤气、石油液化气、天然气、二甲醚、沼气、居民用煤炭制品。
- 图书、报纸、杂志、音像制品、电子出版物。
- 饲料、化肥、农药、农机、农膜。
- 国务院规定的其他货物。

② 提供交通运输、邮政、建筑服务，销售不动产。

③ 提供基础电信、不动产租赁服务，转让土地使用权。

（3）低税率 6%

① 提供金融服务和生活服务。

② 提供增值电信服务、现代服务（租赁服务除外），转让土地使用权以外的其他无形资产的应税行为。

（4）零税率

纳税人出口货物，境内单位和个人跨境销售国务院规定范围内的服务、无形资产，税率为零。

2. 征收率

小规模纳税人和一般纳税人发生适用简易计税方法计税的应税行为适用征收率。现行增值税设计了 3% 和 5% 两档征收率。

下列情形适用 5% 的征收率。

① 小规模纳税人销售不动产。

② 小规模纳税人出租不动产。

③ 一般纳税人选择简易计税方法计税的不动产销售。

④ 一般纳税人选择简易计税方法计税的不动产经营租赁。

⑤ 一般纳税人提供人力资源外包服务，选择适用简易计税方法的。

⑥ 纳税人提供劳务派遣服务选择差额纳税的。

⑦ 个人出租住房按照 5% 的征收率，减按 1.5% 计算应纳税额。

3. 兼营行为的税率选择

纳税人兼营销售货物、劳务、服务、无形资产或者不动产，适用不同税率或者征收率的，应当分别核算适用不同税率或者征收率的销售额；未分别核算的，从高适用税率或者征收率：

① 兼有不同税率的应税销售行为，从高适用税率；

② 兼有不同征收率的应税销售行为，从高适用征收率；

③ 兼有不同税率和征收率的应税销售行为，从高适用税率。

3.1.4 增值税的优惠政策

1. 增值税的免税项目

增值税的免税是对应税销售行为在本纳税环节的应纳增值税税额全部免除，但对以前环节已缴纳的税额不予退还，因此不能完全免除货物的增值税税负。

(1)《中华人民共和国增值税暂行条例》规定的免税项目

① 农业生产者销售的自产农业产品。

② 避孕药品和用具。

③ 古旧图书。

④ 直接用于科学研究、科学试验和教学的进口仪器、设备。

⑤ 外国政府、国际组织无偿援助的进口物资和设备。

⑥ 由残疾人的组织直接进口供残疾人专用的物品。

⑦ 销售的自己使用过的物品。

(2) "营改增" 规定的免税项目

① 托儿所、幼儿园提供的保育和教育服务。

② 养老机构提供的养老服务。

③ 残疾人福利机构提供的育养服务。

④ 婚姻介绍服务。

⑤ 殡葬服务。

⑥ 残疾人员本人为社会提供的服务。

⑦ 医疗机构提供的医疗服务。

⑧ 从事学历教育的学校提供的教育服务。

⑨ 学生勤工俭学提供的服务。
⑩ 农业机耕、排灌、病虫害防治、植物保护、农牧保险及相关技术培训业务，家禽、牲畜、水生动物的配种和疾病防治。
⑪ 纪念馆、博物馆、文化馆、文物保护单位管理机构、美术馆、展览馆、书画院、图书馆在自己的场所提供文化体育服务取得的第一道门票收入。
⑫ 寺院、宫观、清真寺和教堂举办文化、宗教活动的门票收入。
⑬ 行政单位之外的其他单位收取的符合规定条件的政府性基金和行政事业性收费。
⑭ 个人转让著作权。
⑮ 个人销售自建自用住房。
⑯ 纳税人提供的直接或者间接国际货物运输代理服务。
⑰ 被撤销金融机构以货物、不动产、无形资产、有价证券、票据等财产清偿债务。
⑱ 保险公司开办的一年期以上人身保险产品取得的保费收入。
⑲ 国家商品储备管理单位及其直属企业承担商品储备任务，从中央或者地方财政取得的利息补贴收入和价差补贴收入。
⑳ 纳税人提供技术转让、技术开发和与之相关的技术咨询、技术服务。
㉑ 政府举办的从事学历教育的高等、中等和初等学校（不含下属单位），举办进修班、培训班取得的全部归该学校所有的收入。
㉒ 家政服务企业由员工制家政服务员提供家政服务取得的收入。
㉓ 福利彩票、体育彩票的发行收入。

2. 增值税的起征点

增值税的起征点，其适用范围仅限于个人，不适用于登记为一般纳税人的个体工商户。增值税起征点的幅度规定如下。

① 按期纳税的，为月销售额 5 000～20 000 元。
② 按次纳税的，为每次（日）销售额 300～500 元。

起征点的调整由财政部和税务总局规定。省、自治区、直辖市财政厅（局）和税务局应当在规定的幅度内，根据实际情况确定本地区适用的起征点，并报财政部和税务总局备案。

3. 即征即退、先征后退（返）

即征即退是指按税法规定应缴纳的税款，由税务机关在征税时部分或全部退还纳税人的一种税收优惠。

① 对增值税一般纳税人销售其自行开发生产的软件产品，按13%的税率征收增值税后，对其增值税实际税负超过3%的部分即征即退。增值税一般纳税人将进口软件产品进行本地化改造后对外销售，其销售的软件产品可享受上述规定的增值税即征即退政策。本地化改造是指对进口软件产品进行重新设计、改进、转换等，单纯对进口软件产品进行汉字化处理不包括在内。

② 一般纳税人提供管道运输服务，对其增值税实际税负超过3%的部分实行增值税即征即退政策。

③ 经人民银行、银保监会或者商务部批准从事融资租赁业务的试点纳税人中的一般纳税人，提供有形动产融资租赁服务和有形动产融资性售后回租服务，对其增值税实际税负超过3%的部分实行增值税即征即退政策。上述所称增值税实际税负，是指纳税人当期提供应

税服务实际缴纳的增值税额占纳税人当期提供应税服务取得的全部价款和价外费用的比例。

④ 对安置残疾人的单位和个体工商户,实行由税务机关按纳税人安置残疾人的人数,限额即征即退增值税的办法。

先征后退是由税务部门先足额征收增值税,并由税务部门定期退还已征的全部或部分增值税;而先征后返是指税务机关正常将增值税征收入库,然后由财政机关按税收政策规定审核并返还企业所缴入库的增值税,返税机关为财政机关,如对数控机床产品实行增值税先征后返。

4. 增值税的出口货物退(免)税

出口退税是指对货物在出口前实际负担的税收负担,按规定的退税率计算后予以退还;出口免税是指对货物在出口环节免征有关税金。

(1)增值税出口退(免)税的适用范围

对出口的凡属于已征或应征增值税的货物,除国家明确规定不予退(免)税的货物,以及出口企业从小规模纳税人购进并持普通发票的部分货物外,都是出口货物退(免)税的货物范围。可以退(免)税的出口货物一般应具备以下4个条件:

① 必须是属于增值税征税范围的货物;
② 必须是报关离境的货物;
③ 必须是在财务上做销售处理的货物;
④ 必须是出口收汇并已核销的货物。

(2)出口货物退(免)税的基本政策

根据出口企业的不同形式和出口货物的不同种类,我国的出口货物税收政策分为以下3种形式。

① 出口免税并退税。出口免税是指对货物在出口环节不征收增值税;出口退税是指对货物在出口前实际承担的税收负担,按规定的退税率计算后予以退还。除单独规定外,出口货物的退税率为其适用征税率。适用不同退税率的货物、劳务及应税服务,应分开报关、核算并申报退(免)税,否则从低适用退税率。

② 出口免税但不退税。出口免税但不退税,是指适用该政策的出口货物因在前一道生产、销售或进口环节是免税的,因此出口时该货物本身并不含税,也无须退税。

③ 出口不免税也不退税。出口不免税是指对国家限制或禁止出口的某些货物,出口环节视同内销环节,照常征税;出口不退税是指对这些货物出口不退还出口前其所承担的税款。

3.1.5 增值税专用发票的使用和管理

增值税纳税人发生应税销售行为,应使用增值税发票管理新系统开具增值税专用发票、增值税普通发票、机动车销售统一发票或者增值税电子普通发票。由于增值税实行凭专用发票进行税款抵扣的制度,因此增值税专用发票不仅具有商事凭证的作用,而且是销货方销项税额和购货方进行税款抵扣的凭证。

1. 增值税专用发票的基本内容

增值税专用发票是根据增值税征收管理需要而设计的。由于增值税专用发票的特殊作用,决定了增值税专用发票的基本内容与普通发票的基本内容有所不同。增值税专用发票主要包括以下几方面的内容。

① 购货单位名称、纳税人识别号、开户银行及账号。
② 商品、劳务和服务等名称、计量单位、数量、单价、金额。
③ 销货方单位名称、纳税人识别号、开户银行及账号。
④ 字轨号码。
⑤ 开票单位的财务专用章或发票专用章。

增值税专用发票由基本联次或者基本联次附加其他联次构成,基本联次为三联:发票联、抵扣联和记账联。

发票联,作为购买方核算采购成本和增值税进项税额的记账凭证。

抵扣联,作为购买方报送主管税务机关认证和留存备查的凭证。

记账联,作为销售方核算销售收入和增值税销项税额的记账凭证。

其他联次用途,由一般纳税人自行确定。

2. 增值税专用发票领购使用的范围

纳税人有下列情形之一者,不得领购、使用增值税专用发票。
① 会计核算不健全。
② 不能提供有关增值税税务资料。
③ 有违规行为,经税务机关责令限期改正而仍未改正。
④ 销售的货物全部属于免税项目。

3. 增值税专用发票开具的范围

纳税人发生应税销售行为,应当向索取增值税专用发票的购买方开具增值税专用发票,并在增值税专用发票上分别注明销售额和销项税额。

属于下列情形之一的,不得开具增值税专用发票。
① 应税销售行为的购买方为消费者个人的。
② 发生应税销售行为适用免税规定的。
③ 销售报关出口的货物,在境外销售劳务。
④ 将货物用于集体福利或个人消费。
⑤ 商业企业零售的烟、酒、食品、服装、鞋帽(不包括劳保专用部分)、化妆品等消费品。

向小规模纳税人销售应税项目,可以不开具增值税专用发票。

3.2 增值税的计算与申报

增值税的计税方法,主要包括购进扣税法和简易计税法。其中:
- 一般纳税人发生应税销售行为适用购进扣税法。
- 小规模纳税人发生应税销售行为适用简易计税法;一般纳税人发生财政部和税务总局规定的特定的应税销售行为,也可以选择适用简易计税法。
- 境外单位或者个人在境内发生应税销售行为,在境内未设有经营机构的,扣缴义务人按照下列公式计算应扣缴税额:

$$应扣缴税额 = [购买方支付的价款/(1+税率)] \times 税率$$

3.2.1 一般纳税人应纳税额的计算

增值税一般纳税人采用购进扣税法计算应纳增值税额。一般纳税人发生应税销售行为，应纳税额为当期销项税额抵扣当期进项税额后的余额。应纳税额的计算公式为

$$应纳税额＝当期销项税额－当期进项税额$$

1. 销项税额的计算

销项税额是指纳税人发生应税销售行为，按照销售额和规定的税率计算并收取的增值税额。

$$当期销项税额＝销售额×税率$$

销售额是指纳税人发生应税销售行为收取的全部价款和价外费用，但是不包括收取的销项税额，因为增值税为价外税。销售额以人民币计算，纳税人以人民币以外的货币结算销售额的，应当折合成人民币计算。其销售额的人民币折合率可以选择销售额发生的当天或者当月1日的人民币汇率中间价。纳税人应事先确定采用何种折合率，确定后12个月内不得变更。

价外费用包括价外收取的手续费、补贴、基金、集资费、返还利润、奖励费、违约金、滞纳金、延期付款利息、赔偿金、代收款项、代垫款项、包装费、包装物租金、储备费、优质费及其他各种性质的价外收费，但下列项目不包括在内。

① 受托加工应征消费税的消费品所代收代缴的消费税。

② 以委托方名义开具发票代委托方收取的款项。

③ 同时符合以下条件代为收取的政府性基金或者行政事业性收费：由国务院或者财政部批准设立的政府性基金，由国务院或者省级人民政府及其财政、价格主管部门批准设立的行政事业性收费；收取时开具省级以上财政部门印制的财政票据；所收款项全额上缴财政。

④ 销售货物的同时代办保险等而向购买方收取的保险费，以及向购买方收取的代购买方缴纳的车辆购置税、车辆牌照费。

凡随同发生应税销售行为收取的价外费用，无论其会计制度如何核算，均应并入销售额计算应纳税额。根据国家税务总局规定，对增值税一般纳税人收取的价外费用和逾期包装物押金，应视为含税收入。

(1) 含税销售额的换算

实际工作中，常常会出现一般纳税人发生应税销售行为，采用销售额和销项税额合并定价收取的方法，这样就会形成含税销售额。采用销售额和销项税额合并定价方法的，应按下列公式将含税的销售额换算为不含税的销售额后再计算应纳税额。

$$销售额＝含税销售额／（1＋增值税税率）$$

(2) 销售额的核定

纳税人发生应税销售行为的价格明显偏低并无正当理由的，或者发生视同销售行为无销售额的，由主管税务机关按下列顺序确定销售额。

① 按纳税人最近时期同类应税销售行为的平均销售价格确定。

② 按其他纳税人最近时期同类应税销售行为的平均销售价格确定。

③ 按组成计税价格确定。组成计税价格的公式为

组成计税价格＝成本×(1＋成本利润率)

属于应征消费税的货物，其组成计税价格中应加计消费税额。公式中的"成本利润率"由国家税务总局确定。

（3）特殊销售方式销售额的计算

对于折扣销售、以旧换新、以物易物等特殊销售行为销售额的计算，在 3.6 节中介绍。

（4）按差额确定销售额

为了避免重复征税、解决纳税人税收负担增加的问题，"营改增"政策保留了原营业税的差额征税政策。

① 金融商品转让，按照卖出价扣除买入价后的余额为销售额。

② 经纪代理服务，以取得的全部价款和价外费用，扣除向委托方收取并代为支付的政府性基金或者行政事业性收费后的余额为销售额。向委托方收取的政府性基金或者行政事业性收费，不得开具增值税专用发票。

③ 融资租赁和融资性售后回租业务。

- 经人民银行、银保监会或者商务部批准从事融资租赁业务的试点纳税人，提供融资租赁服务，以取得的全部价款和价外费用，扣除支付的借款利息（包括外汇借款和人民币借款利息）、发行债券利息和车辆购置税后的余额为销售额。

- 经人民银行、银保监会或者商务部批准从事融资租赁业务的试点纳税人，提供融资性售后回租服务，以取得的全部价款和价外费用（不含本金），扣除对外支付的借款利息（包括外汇借款和人民币借款利息）、发行债券利息后的余额作为销售额。

④ 航空运输企业的销售额，不包括代收的机场建设费和代售其他航空运输企业客票而代收转付的价款。

⑤ 试点纳税人中的一般纳税人提供客运场站服务，以其取得的全部价款和价外费用，扣除支付给承运方运费后的余额为销售额。

⑥ 试点纳税人提供旅游服务，可以选择以取得的全部价款和价外费用，扣除向旅游服务购买方收取并支付给其他单位或者个人的住宿费、餐饮费、交通费、签证费、门票费和支付给其他接团旅游企业的旅游费用后的余额为销售额。

选择上述办法计算销售额的试点纳税人，向旅游服务购买方收取并支付的上述费用，不得开具增值税专用发票，可以开具普通发票。

⑦ 试点纳税人提供建筑服务适用简易计税方法的，以取得的全部价款和价外费用扣除支付的分包款后的余额为销售额。

⑧ 房地产开发企业中的一般纳税人销售其开发的房地产项目（选择简易计税方法的房地产老项目除外），以取得的全部价款和价外费用，扣除受让土地时向政府部门支付的土地价款后的余额为销售额。

试点纳税人按照上述②～⑧的规定从全部价款和价外费用中扣除的价款，应当取得符合法律、行政法规和国家税务总局规定的有效凭证，否则不得扣除。

纳税人取得的上述凭证属于增值税扣税凭证的，其进项税额不得从销项税额中抵扣。

2. **进项税额的计算**

进项税额是纳税人购进货物、劳务、服务、无形资产或不动产所支付或者负担的增值税额。

(1) 准予抵扣的进项税额

准予从销项税额中抵扣的进项税额，限于下列增值税扣税凭证上注明的增值税税额和按规定的扣除率计算的进项税额。

① 从销售方取得的增值税专用发票（含税控机动车销售统一发票）上注明的增值税额。

② 从海关取得的海关进口增值税专用缴款书上注明的增值税额。

③ 购进农产品，除取得增值税专用发票或者海关进口增值税专用缴款书外，按照农产品收购发票或者销售发票上注明的农产品买价和9%的扣除率计算的进项税额，国务院另有规定的除外。进项税额的计算公式为

$$进项税额＝买价\times 扣除率$$

买价，包括纳税人购进农产品在农产品收购发票或销售发票上注明的价款和按规定缴纳的烟叶税。

购进农产品，按照《农产品增值税进项税额核定扣除试点实施办法》抵扣进项税额的除外。

想一想：购进农产品属准予抵扣进项税额的特例，它的特殊性在哪儿？

④ 自境外单位或者个人购进劳务、服务、无形资产或者境内的不动产，从税务机关或者扣缴义务人取得的代扣代缴税款的完税凭证上注明的增值税额。

纳税人凭完税凭证抵扣进项税额的，应当具备书面合同、付款证明和境外单位的对账单或者发票。资料不全的，其进项税额不得从销项税额中抵扣。

⑤ 纳税人购进国内旅客运输服务，允许抵扣进项税额。此项抵扣限于与本单位建立了合法用工关系的雇员因生产经营之需，所发生的国内旅客运输费用。

纳税人未取得增值税专用发票的，暂按照以下规定确定进项税额。

- 取得增值税电子普通发票的，为发票上注明的税额。
- 取得注明旅客身份信息的航空运输电子客票行程单的，按照下列公式计算进项税额。

$$航空旅客运输进项税额＝[（票价＋燃油附加费）/（1＋9\%）]\times 9\%$$

- 取得注明旅客身份信息的铁路车票的，按照下列公式计算进项税额。

$$铁路旅客运输进项税额＝[票面金额/（1＋9\%）]\times 9\%$$

- 取得注明旅客身份信息的公路、水路等其他客票的，按照下列公式计算进项税额。

$$公路、水路等其他旅客运输进项税额＝[票面金额/（1＋3\%）]\times 3\%$$

(2) 不准抵扣的进项税额

目前，增值税扣税凭证主要有：增值税专用发票、海关进口增值税专用缴款书、农产品收购发票、农产品销售发票和完税凭证。纳税人购进货物、劳务、服务、无形资产、不动产，取得的增值税扣税凭证不符合法律、行政法规或者国务院税务主管部门有关规定的，其进项税额不得从销项税额中抵扣。

下列项目的进项税额不得从销项税额中抵扣。

① 用于简易计税方法计税项目、免征增值税项目、集体福利或者个人消费的购进货物、

劳务、服务、无形资产和不动产。其中涉及的固定资产、无形资产、不动产，仅指专用于上述项目的固定资产、无形资产（不包括其他权益性无形资产）、不动产。

② 非正常损失的购进货物，以及相关的劳务和交通运输服务。

③ 非正常损失的在产品、产成品所耗用的购进货物（不包括固定资产）、劳务和交通运输服务。

④ 非正常损失的不动产，以及该不动产所耗用的购进货物、设计服务和建筑服务。

⑤ 非正常损失的不动产在建工程所耗用的购进货物、设计服务和建筑服务。纳税人新建、改建、扩建、修缮、装饰不动产，均属于不动产在建工程。

⑥ 购进的贷款服务、餐饮服务、居民日常服务和娱乐服务。

⑦ 财政部和税务总局规定的其他情形。

适用一般计税方法的纳税人，兼营简易计税方法计税项目、免征增值税项目而无法划分不得抵扣的进项税额，按照下列公式计算不得抵扣的进项税额：

不得抵扣的进项税额＝当期无法划分的全部进项税额×（当期简易计税方法计税项目销售额＋免征增值税项目销售额）／（当期全部销售额＋当期全部营业额）

主管税务机关可以按照上述公式依据年度数据对不得抵扣的进项税额进行清算。

一般纳税人已抵扣进项税额的固定资产、无形资产或者不动产，事后改变用途的，专用于简易计税方法计税项目、免征增值税项目、集体福利或者个人消费的，按照下列公式计算不得抵扣的进项税额：

不得抵扣的进项税额＝固定资产、无形资产或者不动产净值×适用税率

固定资产、无形资产或者不动产净值，是指纳税人根据财务会计制度计提折旧或摊销后的余额。

3. 增值税应纳税额的计算

一般纳税人发生应税销售行为，其当期销项税额抵扣当期进项税额后的余额为应纳税额。"当期"是指税务机关依照税法规定对纳税人确定的纳税期限。

如果抵扣进项税额的购进货物、劳务、服务、无形资产、不动产事后改变用途，用于免税项目、集体福利或者个人消费，或者购进货物发生非正常损失、在产品或产成品发生非正常损失，其所承担的进项税额不应该抵扣，应将该项购进货物、劳务、服务、无形资产或不动产的进项税额从当期发生的进项税额中扣减。

如果出现当期进项税额大于当期销项税额，则不足抵扣的部分可以结转下一个纳税期继续抵扣，应纳税额的计算公式为

应纳税额＝当期销项税额－（当期进项税额－当期转出的进项税额）－上期留抵的进项税额

【例 3-1】某公司是增值税一般纳税人，购入原材料和其产品的增值税税率均为 13%，其增值税以一个月为纳税期限，3 月份发生的主要经济业务如下。

① 2 日，交上月的增值税 53 726 元。

② 3 日，外购一批低值易耗品，增值税专用发票上注明的金额为 20 000 元，增值税为

2 600元；支付运输费用，取得增值税专用发票上注明的运费800元。

③ 8日，外购速冻食品发给职工，增值税专用发票上注明的金额为52 000元，增值税为6 760元。

④ 10日，盘点库存产品，发现盘亏2箱，账面价值共计16 000元。该月生产成本中外购项目金额占全部生产成本的60%，这批产品的综合扣除率为12%。

⑤ 12日，将一批产品投资给长江公司，其账面价值共计40 000元，市场售价为44 000元。

⑥ 15日，销售产品不含税销售额为250 000元，因购买数量较大给予20%的商业折扣，折扣额与销售额在同一张发票上注明，货款已收到。

⑦ 18日，购入原材料50吨，每吨不含税价为2 500元，材料已入库，收到增值税专用发票。

⑧ 21日，将5箱产品发给职工，每箱成本为40 000元，不含税售价为60 000元。

⑨ 25日，15日销售的产品发生部分退货，不含税货款为50 000元，收到购货方转来的进货退出证明单。

试计算该公司3月份应纳的增值税。

$$当期销项税额 = 44\ 000 \times 13\% + 250\ 000 \times (1 - 20\%) \times 13\% +$$
$$5 \times 60\ 000 \times 13\% - 50\ 000 \times 13\%$$
$$= 64\ 220\ (元)$$
$$当期进项税额 = 2\ 600 + 800 \times 9\% + 2\ 500 \times 50 \times 13\% = 18\ 922\ (元)$$
$$进项税额转出 = 16\ 000 \times 60\% \times 12\% = 1\ 152\ (元)$$
$$当期应纳增值税 = 64\ 220 - (18\ 922 - 1\ 152) = 46\ 450\ (元)$$

3.2.2 小规模纳税人应纳税额的计算

小规模纳税人发生应税销售行为，实行简易办法计算应纳增值税。按照增值税计税销售额（即不含增值税的销售额）和规定的征收率计算应纳税额，并不得抵扣进项税额。小规模纳税人应纳税额的计算公式为

$$应纳税额 = 销售额 \times 征收率$$

【例3-2】某文具店为小规模纳税人，以零售办公用品为主要业务，2季度发生下列业务。
① 购入本册一批，价值4 800元，以支票支付。
② 购入复印纸一批，价值3 000元，已支付款项。
③ 销售办公用品价值5 150元，收到支票。
④ 销售账册价值6 180元，收到现金。
请计算文具店本季度应纳增值税。

$$本季度应纳增值税 = [(5\ 150 + 6\ 180)/(1 + 3\%)] \times 3\% = 330\ (元)$$

3.2.3 进口货物应纳税额的计算

不论是一般纳税人进口货物还是小规模纳税人进口货物,均按进口货物的组成计税价格和规定的税率计算应纳增值税,不能抵扣任何进项税额。其计算公式为

$$组成计税价格 = 关税完税价格 + 关税 + 消费税税额$$
$$应纳税额 = 组成计税价格 \times 税率$$

进口货物的完税价格是以海关审定的成交价格为基础的到岸价格。

【例 3-3】 某外贸进出口企业,某月进口卷烟一批,到岸价格是 80 万元,在海关应缴纳的关税为 40 万元,应纳消费税为 39 万元,计算该批货物应纳的进口环节增值税。

$$组成计税价格 = 80 + 40 + 39 = 159(万元)$$
$$应纳增值税 = 159 \times 13\% = 20.67(万元)$$

想一想:增值税一般纳税人与小规模纳税人在增值税应纳税额的计算上有哪些异同?

3.2.4 增值税的申报与缴纳

1. 纳税义务发生时间

(1) 发生应税销售行为的纳税义务发生时间

纳税人发生应税销售行为的纳税义务发生时间,为收讫销售款项或者取得索取销售款项凭据的当天;先开具发票的,为开具发票的当天。

按销售结算方式的不同,有以下具体规定。

① 采取直接收款方式销售货物的,不论货物是否发出,纳税义务发生时间均为收到销售款或取得索取销售款凭据的当天。

② 采取托收承付和委托银行收款方式销售货物的,纳税义务发生时间为发出货物并办妥托收手续的当天。

③ 采取赊销和分期收款方式销售货物的,纳税义务发生时间为书面合同约定的收款日期的当天;无书面合同的或者书面合同没有约定收款日期的,纳税义务发生时间为货物发出的当天。

④ 采取预收货款方式销售货物的,纳税义务发生时间为货物发出的当天,但销售生产工期超过 12 个月的大型机械设备、船舶、飞机等货物,纳税义务发生时间为收到预收款或者书面合同约定的收款日期的当天。

⑤ 委托其他纳税人代销货物的,纳税义务发生时间为收到代销单位的代销清单或者收到全部或者部分货款的当天;未收到代销清单及货款的,纳税义务发生时间为发出代销货物

满 180 天的当天。

⑥ 销售劳务，为提供劳务同时收讫销售款或取得索取销售款凭据的当天。

⑦ 提供建筑服务、租赁服务采取预收款方式的，其纳税义务发生时间为收到预收款的当天。

⑧ 从事金融商品转让的，其纳税义务发生时间为金融商品所有权转移的当天。

⑨ 纳税人发生视同销售行为的，其纳税义务发生时间为货物移送的当天，服务、无形资产转让完成的当天或者不动产权属变更的当天。

(2) 进口货物的纳税义务发生时间

纳税人进口货物，其纳税义务发生时间为报关进口的当天。

(3) 增值税扣缴义务发生时间

增值税扣缴义务发生时间为纳税人增值税纳税义务发生的当天。

2. 纳税期限

增值税的纳税期限分别为 1 日、3 日、5 日、10 日、15 日、1 个月或者 1 个季度。以 1 个季度为纳税期限的规定适用于小规模纳税人、银行、财务公司、信托投资公司、信用社，以及财政部和税务总局规定的其他纳税人。纳税人的具体纳税期限，由主管税务机关根据纳税人应纳税额的大小分别核定；不能按照固定期限纳税的，可以按次纳税。

纳税人以 1 个月或者 1 个季度为一个纳税期的，自期满之日起 15 日内申报纳税；以 1 日、3 日、5 日、10 日或者 15 日为一个纳税期的，自期满之日起 5 日内预缴税款，于次月 1 日起 15 日内申报纳税并结清上月应纳税款。

扣缴义务人解缴税款的期限，依照上述规定执行。

纳税人进口货物，应当自海关填发海关进口增值税专用缴款书之日起 15 日内缴纳税款。

3. 纳税地点

① 固定业户应当向其机构所在地的主管税务机关申报纳税。总机构和分支机构不在同一县（市）的，应当分别向各自所在地的主管税务机关申报纳税；经国务院财政、税务主管部门或者其授权的财政、税务机关批准，可以由总机构汇总向总机构所在地的主管税务机关申报纳税。

② 固定业户到外县（市）销售货物或者应税劳务，应当向其机构所在地的主管税务机关报告外出经营事项，并向其机构所在地的主管税务机关申报纳税；未报告的，应当向销售地或者劳务发生地的主管税务机关申报纳税；未向销售地或者劳务发生地的主管税务机关申报纳税的，由其机构所在地的主管税务机关补征税款。

③ 非固定业户销售货物或者劳务，应当向销售地或者劳务发生地的主管税务机关申报纳税；未申报纳税的，由其机构所在地或者居住地的主管税务机关补征税款。

④ 其他个人提供建筑服务，销售或者租赁不动产，转让自然资源使用权，应向建筑服务发生地、不动产所在地、自然资源所在地主管税务机关申报纳税。

⑤ 进口货物，应当向报关地海关申报纳税。

⑥ 扣缴义务人应当向其机构所在地或者居住地的主管税务机关申报缴纳其扣缴的税款。

3.3 增值税会计核算的基础

我国现行的增值税将纳税人划分为一般纳税人和小规模纳税人。由于两类纳税人核算办法不同，因此二者在账户设置、申报表的使用方面都有所区别；但是同为价外税，两类纳税人在账户设置上都要体现价外税的性质。

3.3.1 一般纳税人会计账户的设置

为了准确地反映增值税的计算和缴纳，增值税一般纳税人应当在"应交税费"科目下设置"应交增值税""未交增值税""预交增值税""待抵扣进项税额""待认证进项税额""待转销项税额""增值税留抵税额""简易计税""转让金融商品应交增值税""代扣代缴增值税"等明细科目。

（1）"应交增值税"明细科目

增值税一般纳税人应在"应交增值税"明细账内设置"进项税额""销项税额抵减""已交税金""减免税款""出口抵减内销产品应纳税额""转出未交增值税""销项税额""出口退税""进项税额转出""转出多交增值税"等专栏。

①"进项税额"专栏，记录一般纳税人购进货物、劳务、服务、无形资产或不动产而支付或负担的、准予从当期销项税额中抵扣的增值税额。若发生退回、中止或者折让等应冲减进项税额的，用红字登记。

②"销项税额抵减"专栏，记录一般纳税人按照现行增值税制度规定因扣减销售额而减少的销项税额。

③"已交税金"专栏，记录一般纳税人当月已交纳的应交增值税额。

④"减免税款"专栏，记录一般纳税人按现行增值税制度规定准予减免的增值税额。

⑤"出口抵减内销产品应纳税额"专栏，记录实行"免、抵、退"办法的一般纳税人按规定计算的出口货物的进项税额抵减内销产品的应纳税额。

⑥"转出未交增值税"专栏，记录一般纳税人月度终了转出当月应交未交的增值税额。

⑦"销项税额"专栏，记录一般纳税人销售货物、劳务、服务、无形资产或不动产应收取的增值税额。若发生退回、中止或者折让等应冲减已确认的销项税额，用红字登记。

⑧"出口退税"专栏，记录一般纳税人出口货物、劳务、服务、无形资产按规定退回的增值税额。

⑨"进项税额转出"专栏，记录一般纳税人购进货物、劳务、服务、无形资产或不动产等发生非正常损失及其他原因而不应从销项税额中抵扣、按规定转出的进项税额。

⑩"转出多交增值税"专栏，记录一般纳税人月度终了转出当月多交的增值税额。

期末，将当期多交的税额转出后，如果"应交税费——应交增值税"明细账户仍有借方余额时，为可留抵下期扣除的税款。

增值税一般纳税人"应交税费——应交增值税"账户用丁字账表示如表3-1所示。

表 3-1　应交税费——应交增值税

借方	贷方
① 进项税额 ② 销项税额抵减 ③ 已交税金 ④ 减免税款 ⑤ 出口抵减内销产品应纳税额 ⑥ 转出未交增值税	⑦ 销项税额 ⑧ 出口退税 ⑨ 进项税额转出 ⑩ 转出多交增值税
余额：尚未抵扣的税额	

(2)"未交增值税"明细科目

核算一般纳税人月度终了从"应交增值税"或"预交增值税"明细科目转入当月应交未交、多交或预缴的增值税额，以及当月交纳以前期间未交的增值税额。

(3)"预交增值税"明细科目

核算一般纳税人转让不动产、提供不动产经营租赁服务、提供建筑服务、采用预收款方式销售自行开发的房地产项目等，以及其他按现行增值税制度规定应预缴的增值税额。

(4)"待抵扣进项税额"明细科目

核算一般纳税人已取得增值税扣税凭证并经税务机关认证，按照现行增值税制度规定准予以后期间从销项税额中抵扣的进项税额。包括：一般纳税人自 2016 年 5 月 1 日后取得并按固定资产核算的不动产或者自 2016 年 5 月 1 日后取得的不动产在建工程，按现行增值税制度规定准予以后期间从销项税额中抵扣的进项税额；实行纳税辅导期管理的一般纳税人取得的尚未交叉稽核比对的增值税扣税凭证上注明或计算的进项税额。

(5)"待认证进项税额"明细科目

核算一般纳税人由于未经税务机关认证而不得从当期销项税额中抵扣的进项税额。包括：一般纳税人已取得增值税扣税凭证、按照现行增值税制度规定准予从销项税额中抵扣，但尚未经税务机关认证的进项税额；一般纳税人已申请稽核但尚未取得稽核相符结果的海关缴款书进项税额。

(6)"待转销项税额"明细科目

核算一般纳税人销售货物、劳务、服务、无形资产或不动产，已确认相关收入（或利得）但尚未发生增值税纳税义务而需于以后期间确认为销项税额的增值税额。

(7)"增值税留抵税额"明细科目

核算兼有销售服务、无形资产或者不动产的原增值税一般纳税人，截止到纳入"营改增"试点之日前的增值税期末留抵税额按照现行增值税制度规定不得从销售服务、无形资产或不动产的销项税额中抵扣的增值税留抵税额。

(8)"简易计税"明细科目

核算一般纳税人采用简易计税方法发生的增值税计提、扣减、预缴、缴纳等业务。

(9)"转让金融商品应交增值税"明细科目

核算增值税纳税人转让金融商品发生的增值税额。

(10)"代扣代交增值税"明细科目

核算纳税人购进在境内未设经营机构的境外单位或个人在境内的应税行为代扣代缴的增值税。

3.3.2 小规模纳税人会计账户的设置

增值税小规模纳税人采用简易办法计算征收增值税。由于不得抵扣进项税额，只需要设置"应交税费——应交增值税"二级账户，无须再设置专栏。

小规模纳税人"应交税费——应交增值税"账户的借方发生额，反映企业已缴纳的增值税；贷方发生额反映应缴纳的增值税。期末借方余额反映企业多交的增值税；贷方余额反映企业应交未交的增值税。

小规模纳税人"应交税费——应交增值税"账户，可以采用三栏式明细账，如表3-2所示。

表3-2 应交税费——应交增值税

年		凭证号	摘要	借方	贷方	借或贷	余额
月	日						

3.3.3 增值税会计核算的主要内容

应纳税额的计算往往是在相应的会计处理过程中完成的，包括凭证的填制、账簿的登记与结转、报表的编制及资料的归档等。

增值税会计的内容可概括为以下几方面。

① 按照增值税法规定的计税方法确认计税依据，计算应缴（补、退）税额。

② 根据增值税专用凭证及其他有关凭证编制记账凭证，在增值税专用账户及相关账户中进行登记与结转。

③ 根据应纳税额的计算结果进行纳税申报，填制纳税申报表及税款缴款书，在规定的期限内，通过开户银行结转税款，完成纳税手续。

④ 将纳税申报资料及完税凭证归入会计档案妥善保管，以备纳税检查与纳税分析。

3.4 增值税进项税额的核算

一般纳税人购进货物、劳务、服务、无形资产或者不动产，其支付或负担的增值税主要是凭法定扣税凭证直接抵扣，还可以凭普通发票计算扣税。

属于准予抵扣的进项税额在购进当期就应依据法定扣税凭证上注明的税金或计算扣税的税金，记入"应交税费——应交增值税（进项税额）"账户，将不含税价款记入"材料采购""原材料""固定资产""包装物及低值易耗品""委托加工物资""库存商品"等账户，将与价款结算有关的金额记入"银行存款""应付账款""应付票据"等账户。

对于不得抵扣的进项税额,将增值税额并入外购货物、无形资产或不动产的成本之中。

进项税额的会计核算主要包括按价、税合一记账的情况(不得抵扣进项税额的核算)和按价、税分别记账的情况。

3.4.1 按价、税合一记账的情况

增值税一般纳税人发生的外购业务,如果属于不得抵扣进项税额的情况,纳税人所支付的增值税额不能在"应交税费——应交增值税(进项税额)"账户中核算,而是将支付的增值税额计入外购货物、无形资产或者不动产的成本之中,即发生外购业务时,按应支付的总金额借记"原材料""应付职工薪酬"等账户,贷记"银行存款"等账户。

【例3-4】某一般纳税人企业,1月份发生以下业务:从小规模纳税人处购进一批原材料,价值70 000元,未取得增值税专用发票;从一般纳税人处购进一批原材料用于生产免税药品,增值税专用发票上注明的价款为90 000元,增值税为11 700元。款项均以银行存款支付。试进行相关的会计处理。

企业1月份发生的外购业务均属于不得抵扣进项税额的情况,会计处理为

借:原材料　　　　　　　　　　　　　　　　　　　　　70 000
　　贷:银行存款　　　　　　　　　　　　　　　　　　　　　70 000
借:原材料　　　　　　　　　　　　　　　　　　　　　101 700
　　贷:银行存款　　　　　　　　　　　　　　　　　　　　　101 700

想一想:企业购进货物时暂不能认定用途的,如何进行税务处理?如果这部分购入货物以后用于不得抵扣进项税额项目,如何处理?

3.4.2 按价、税分别记账的情况

根据税法规定,目前准予抵扣销项税额的扣税凭证,其所列明的税额(或计算出来的税额),不列入外购货物或应税劳务和应税行为的成本之中,而应记入当期"应交税费——应交增值税(进项税额)"账户,即在财务上要按价、税分别记账,这是增值税作为价外税的最直接体现。

按价、税分别记账的情况主要分为以下几种情况。

1. 取得资产或接受劳务等业务的会计处理

一般纳税人购进货物、劳务、服务、无形资产,按应计入相关成本费用或资产的金额,借记"在途物资"或"原材料""库存商品""生产成本""无形资产""固定资产""管理费用"等账户,按当月已认证的可抵扣增值税额,借记"应交税费——应交增值税(进项税额)"账户,按当月未认证的可抵扣增值税额,借记"应交税费——待认证进项税额"账户,

按应付或实际支付的金额，贷记"应付账款""应付票据""银行存款"等账户。

【例 3-5】 甲公司 4 月份外购钢材一批，已收到增值税专用发票，发票上注明价款为 20 万元，税金为 2.6 万元，款项已付，钢材已验收入库。同月购入一台设备，取得的增值税专用发票上注明价款为 30 万元，税金为 3.9 万元，设备已运抵公司。则甲公司的会计处理如下。

```
借：原材料                                           200 000
    应交税费——应交增值税（进项税额）                  26 000
  贷：银行存款                                         226 000
借：固定资产                                         300 000
    应交税费——应交增值税（进项税额）                  39 000
  贷：银行存款                                         339 000
```

想一想：如果第一，货款已付，钢材尚未验收入库；第二，钢材先验收入库，货款未付。企业应该如何处理？

【例 3-6】 乙公司 5 月份发出材料 40 000 元，委托机械厂加工一批工具，同月收回加工完毕的工具，取得机械厂开具的增值税专用发票上注明的加工费为 15 000 元、增值税额为 1 950 元，款项已支付。乙公司支付加工费的会计处理为

```
借：委托加工物资                                      15 000
    应交税费——应交增值税（进项税额）                   1 950
  贷：银行存款                                          16 950
```

2. 按扣除率计算进项税额的会计处理

增值税一般纳税人购进农产品，除取得增值税专用发票或者海关进口增值税专用缴款书外，按照农产品收购发票或者销售发票上注明的农产品买价和扣除率计算的进项税额，借记"应交税费——应交增值税（进项税额）"账户；按扣除进项税额后的买价，借记"材料采购""原材料"等账户；按应付或实际支付的价款，贷记"应付账款""银行存款"等账户。

【例 3-7】 某罐头厂向果农收购一批水果，买价为 10 000 元，产品已验收入库，价款已支付。

纳税人购进用于生产或者委托加工 13% 税率货物的农产品，按照 10% 的扣除率计算进项税额。纳税人购进农产品，在购入当期，应遵从农产品抵扣的一般规定，按照 9% 计算抵扣进项税额。如果购进农产品用于生产或者委托加工 13% 税率的货物，则在生产领用当期，再加计抵扣 1 个百分点。

购入水果时，会计处理为

借：原材料　　　　　　　　　　　　　　　　　　　　　　　9 100
　　应交税费——应交增值税（进项税额）　　　　　　　　　900
　　贷：银行存款　　　　　　　　　　　　　　　　　　　　　10 000

领用水果生产加工罐头时，会计处理为

借：生产成本　　　　　　　　　　　　　　　　　　　　　　9 000
　　应交税费——应交增值税（进项税额）　　　　　　　　　100
　　贷：原材料　　　　　　　　　　　　　　　　　　　　　　9 100

想一想：增值税一般纳税人购进的农产品如果发生用途转变，其允许抵扣的进项税额如何计算转出？

3. 接受投资、捐赠转入物资进项税额的会计处理

企业接受投资、捐赠转入的物资，按照取得的增值税专用发票上注明的增值税额，借记"应交税费——应交增值税（进项税额）"账户；按照双方确认的价值，借记"原材料""固定资产"等账户；按确定的出资额贷记"实收资本"账户；受赠者按规定的入账价值贷记"营业外收入——捐赠利得"账户。

【例3-8】 A企业用原材料对甲公司投资，双方协议以材料的评估价226万元为投资额，原材料入库并取得A企业开具的增值税专用发票，发票上注明价款为200万元、增值税额为26万元。则甲公司的会计处理为

借：原材料　　　　　　　　　　　　　　　　　　　　　　2 000 000
　　应交税费——应交增值税（进项税额）　　　　　　　　260 000
　　贷：实收资本——A企业　　　　　　　　　　　　　　　2 260 000

想一想：例3-8中，如果双方协议的投资额为220万元，甲公司该如何进行会计处理？

【例3-9】 某商场接受某毛纺厂赠送的一批棉纺织品，收到毛纺厂开具的增值税专用发票上注明的价款为88 900元，增值税为11 557元，货物入库并认证发票；商场支付运费3 700元、装卸费1 200元，均取得增值税专用发票。

可以抵扣的进项税额＝11 557＋3 700×9％＋1 200×6％＝11 962（元）

商场的会计处理为

借：库存商品　　　　　　　　　　　　　　　　　　　　　　93 800

应交税费——应交增值税（进项税额）		11 962
贷：营业外收入		100 457
银行存款		5 305

4. 进口货物进项税额的会计处理

企业进口货物，按照海关提供的进口增值税专用缴款书上注明的增值税额，借记"应交税费——应交增值税（进项税额）"账户；按照进口货物应计入采购成本的金额，借记"材料采购""原材料""固定资产"等账户；按照应付或账户实际支付的价款，贷记"应付账款""银行存款"等账户。

【例3-10】甲公司8月15日进口一批食品，海关提供的进口增值税专用缴款书上注明价格为200 000元，关税为20 000元，增值税为28 600元，另外支付运费，取得增值税专用发票上注明的运费为1 500元。以上货款、运费均已支付，食品已验收入库。

$$食品的采购成本 = 200\ 000 + 20\ 000 + 1\ 500 = 221\ 500（元）$$

甲公司进口食品的会计处理为

借：库存商品		221 500
应交税费——应交增值税（进项税额）		28 735
贷：银行存款		250 235

5. 购进货物发生退货、折让进项税额的会计处理

企业购进货物发生退货时，购货方应区别下列两种情况进行具体处理。

① 购货方未付货款且未做账务处理。这种情况下，购货方只需将"发票联"和"抵扣联"退还给销货方。

② 购货方已付货款，或者货款未付但已做账务处理。这种情况下，"发票联"及"抵扣联"无法退还，购货方必须取得当地主管税务机关开具的证明单送交销货方，作为销货方开具红字增值税专用发票的合法依据。购货方根据销货方转来的红字"发票联""抵扣联"扣减当期的进项税额。

购货折让的会计处理方法与退货基本相同。

【例3-11】承例3-5。5月份因存在质量问题退回部分钢材，取得当地主管税务机关开具的"进货退出及索取折让证明单"送交销货方，退回价款10 000元，增值税款1 300元，已收到对方开具的红字增值税专用发票。其会计处理如下。

借：银行存款		11 300
应交税费——应交增值税（进项税额）		1 300
贷：原材料		10 000

6. 外购货物发生非正常损失的会计处理

企业购入货物验收入库时，可能会发现短缺或毁损，无论何种原因，其损失额包括货物

的价款及其进项税额。由于原因不同,损失的承担者也不同,损失货物所含进项税额的会计处理也不同。

若货物短缺属于运输途中的合理损耗,其进项税额可以予以抵扣;若货物短缺属于非合理损耗,其进项税额不得抵扣,该部分损耗在未查明原因之前,通过"待处理财产损溢"处理,待查明原因后再转入相应账户。

【例3-12】甲公司8月份购进包装物3 000个,每个不含税单价为6元,9月份实际验收入库2 800个。该包装物的定额损耗率为5%,包装物已验收入库,已取得增值税专用发票且货款已付。

全部进项税额=3 000×6×13%=2 340(元)
非正常损失部分的价值=(3 000-2 800-3 000×5%)×6=300(元)
不得抵扣的进项税额=300×13%=39(元)

会计处理为

借:待处理财产损溢　　　　　　　　　　　　　　　339
　　包装物及低值易耗品　　　　　　　　　　　　17 700
　　应交税费——应交增值税(进项税额)　　　　　2 301
　贷:银行存款　　　　　　　　　　　　　　　　20 340

想一想:例3-12中为什么既有按价、税合一记账的会计处理又有按价、税分别记账的会计处理?

3.5　增值税进项税额转出的核算

企业购进货物、劳务、服务的主要目的是生产产品,企业支付的增值税已记入"进项税额"专栏,则企业在生产过程中,一般按正常的生产经营业务进行会计核算。在生产过程中,企业一旦将外购的货物、劳务、服务等改变用途,就会涉及增值税的会计核算。

1. 购进货物、劳务和服务转变用途的会计处理

企业将外购货物、劳务、服务改变用途用于其他方面,其进项税额不能从销项税额中抵扣。由于这些货物的进项税额在其购进时已从当期销项税额中抵扣,因此应将其从进项税额中转出,在结转成本的同时将相应的增值税额从"进项税额"专栏中转出,借记"应付职工薪酬""主营业务成本"等科目,贷记"应交税费——应交增值税(进项税额转出)""应交税费——待抵扣进项税额"或"应交税费——待认证进项税额"科目。

【例3-13】某企业2月1日购进16台计算机,取得增值税专用发票上注明的价款为

72 000元，增值税额为9 360元。计算机已入库，货款已支付。2月21日企业将其中的4台计算机作为奖励发给职工。

计算机入库时，企业的会计处理为

借：固定资产　　　　　　　　　　　　　　　　　　　　　　72 000
　　应交税费——应交增值税（进项税额）　　　　　　　　　　9 360
　　贷：银行存款　　　　　　　　　　　　　　　　　　　　　81 360

企业将4台计算机发给职工时，会计处理为

借：应付职工薪酬　　　　　　　　　　　　　　　　　　　　20 340
　　贷：固定资产　　　　　　　　　　　　　　　　　　　　18 000
　　　　应交税费——应交增值税（进项税额转出）　　　　　　2 340

【例3-14】某制药厂9月份药品销售收入为700 000元（不含税），其中免税药品销售额为50 000元，当月购入原料取得增值税专用发票上注明的税额为68 000元，支付包装物加工费36 924元，增值税专用发票上注明税金为4 800元。

不予抵扣进项税额＝(68 000＋4 800)×(50 000/700 000)＝5 200（元）

用于免税药品进项税额转出的会计处理为

借：主营业务成本　　　　　　　　　　　　　　　　　　　　5 200
　　贷：应交税费——应交增值税（进项税额转出）　　　　　　5 200

2. 非正常损失的在产品、产成品所耗用货物的会计处理

当发生非正常损失时，首先计算出在产品、产成品中耗用货物、劳务或者交通运输服务的购进额和进项税额，然后按非正常损失的在产品、产成品实际成本与负担的进项税额的合计数，借记"待处理财产损溢"账户；按实际损失的在产品、产成品成本，贷记"生产成本""库存商品"等账户；按计算的应转出的进项税额，贷记"应交税费——应交增值税（进项税额转出）"账户。

【例3-15】甲公司5月份由于保管不善发生仓库被盗，经清查发现丢失免税农产品价值9 100元，产成品价值80 000元，已知公司当期总生产成本为400 000元，其中耗用外购材料、低值易耗品等总计为300 000元。

损失免税农产品应转出的进项税额＝[9 100/(1－9%)]×9%＝900（元）
损失产成品所耗用外购货物的进项税额＝80 000×(300 000/400 000)×13%
　　　　　　　　　　　　　　　　　＝7 800（元）

会计处理为

借：待处理财产损溢　　　　　　　　　　　　　　　　　　　97 800
　　贷：库存商品　　　　　　　　　　　　　　　　　　　　80 000
　　　　原材料　　　　　　　　　　　　　　　　　　　　　9 100

　　　　应交税费——应交增值税（进项税额转出）　　　　　　　　　　　　　　　 8 700

3.6　增值税销项税额的核算

　　在销售阶段，销售价格中不再含税，如果定价时含税，应还原为不含税价格作为销售收入，贷记"主营业务收入"等账户；纳税人收取的增值税作为销项税额，贷记"应交税费——应交增值税（销项税额）"账户。
　　根据增值税暂行条例及有关规定，应区别不同情况对销项税额做相应的会计处理。

3.6.1　一般销售方式下销项税额的核算

　　企业销售货物、劳务、服务、无形资产或不动产，应当按应收或已收的金额，借记"应收账款""应收票据""银行存款"等账户，按取得的收入金额，贷记"主营业务收入""其他业务收入""固定资产清理""工程结算"等账户，按现行增值税制度规定计算的销项税额，贷记"应交税费——应交增值税（销项税额）"账户。发生销售退回的，应根据按规定开具的红字增值税专用发票做相反的会计分录。
　　（1）直接收款销售方式
　　企业采取直接收款方式销售货物，不论货物是否发出，均以收到销售款或者取得索取销售款凭据的当天确认纳税义务发生时间。

　　【例 3-16】甲公司 3 月 12 日销售一批产品，开具的增值税专用发票上注明价款为 880 000 元，增值税额为 114 400 元，当即收到支票。会计处理如下。
　　　　借：银行存款　　　　　　　　　　　　　　　　　　　　　994 400
　　　　　　贷：主营业务收入　　　　　　　　　　　　　　　　　　　880 000
　　　　　　　　应交税费——应交增值税（销项税额）　　　　　　　 114 400

　　想一想：
　　（1）例 3-16 中，如果甲公司将这批产品以不含税价 400 000 元销售给关联企业，如何进行处理？
　　（2）如果甲公司在产品销售时收取一年的保修维护费 30 000 元，如何计算保修维护费的销项税额？

　　（2）托收承付和委托收款销售方式
　　企业采取托收承付和委托银行收款方式销售货物，其纳税义务的发生时间为发出货物并办妥托收手续的当天。采取这种方式，企业按合同向购货方发货，然后凭运单、发票账单向银行办理托收。银行受理后，即可认为取得了收款的权利，应确认纳税义务。

（3）赊销和分期收款销售方式

采取赊销和分期收款方式销售货物，纳税义务发生时间是书面合同约定的收款日期的当天；无书面合同或者书面合同没有约定收款日期的，纳税义务发生时间是货物发出的当天。

【例3-17】甲公司2月10日销售一台设备给乙公司，价款为120万元，增值税税率为13%，该设备的生产成本为90万元。合同规定，乙公司从4月1日起平均分3个月给付货款。现已知前两期货款乙公司已如期支付，而第三期货款乙公司因出现账务困难未能支付。

甲公司2月10日发出设备，会计处理为

借：发出商品　　　　　　　　　　　　　　　　　　　　　900 000
　　贷：库存商品　　　　　　　　　　　　　　　　　　　　900 000

甲公司4月1日确认收入并结转成本，会计处理为

借：银行存款　　　　　　　　　　　　　　　　　　　　　452 000
　　贷：主营业务收入　　　　　　　　　　　　　　　　　　400 000
　　　　应交税费——应交增值税（销项税额）　　　　　　　 52 000
借：主营业务成本　　　　　　　　　　　　　　　　　　　300 000
　　贷：发出商品　　　　　　　　　　　　　　　　　　　　300 000

甲公司5月1日的会计处理同4月1日。

6月1日，尽管乙公司未能支付货款，但按税法的规定甲公司要确认收入并结转成本，会计处理为

借：应收账款——乙公司　　　　　　　　　　　　　　　　452 000
　　贷：主营业务收入　　　　　　　　　　　　　　　　　　400 000
　　　　应交税费——应交增值税（销项税额）　　　　　　　 52 000

（4）预收货款销售方式

企业采取预收货款方式销售货物，其纳税义务发生时间一般为货物发出的当天。

【例3-18】乙公司以预收货款方式销售产品一批，7月份收到预收货款80 000元，10月6日发出产品，该产品实际成本为68 000元，不含税销售额为90 000元，增值税为11 700元，当日收到对方补付的货款。

7月份收到预收货款，乙公司会计处理为

借：银行存款　　　　　　　　　　　　　　　　　　　　　 80 000
　　贷：预收账款　　　　　　　　　　　　　　　　　　　　 80 000

10月6日发出产品，补收货款，乙公司会计处理为

借：预收账款　　　　　　　　　　　　　　　　　　　　　 80 000

银行存款	21 700
贷：主营业务收入	90 000
应交税费——应交增值税（销项税额）	11 700

结转成本，乙公司会计处理为

借：主营业务成本	68 000
贷：库存商品	68 000

3.6.2 视同销售行为销项税额的核算

视同销售是税法上的概念，是相对销售行为而言的，指那些不符合"销售"概念但仍需核算纳税的应税销售行为。企业发生税法上视同销售的行为，应当按照企业会计准则的相关规定进行相应的会计处理，并按照现行增值税制度规定计算销项税额，借记"应付职工薪酬""利润分配"等账户，贷记"应交税费——应交增值税（销项税额）"账户。

想一想：纳税人发生增值税规定的视同销售行为，按照会计准则的规定是否确认会计收入？

1. 将货物交付他人代销

将货物交付他人代销，是指纳税人以支付手续费等经济利益为条件，委托他人代销货物而将自己的货物交付受托人的行为。

纳税人（委托方）将货物发送他人（受托方）代销时，并不发生纳税义务；在纳税人收到受托方定期送交的代销清单当天，发生增值税纳税义务并开具专用发票，确认收入实现。

代销方式有两种：视同买断和收取手续费代销，二者处理方式有所不同。

（1）视同买断方式

视同买断的代销，是指委托方按协议价款收取代销商品的货款，代销商品的实际售价可由受托方自己决定，实际售价与协议价之间的差额归受托方所有。

【例 3-19】 甲公司委托乙商场代销微波炉 200 台，该商品成本为 800 元/台，双方协议价格 1 000 元/台（不含税）。乙商场当月售出其中的 150 台，每台售价 1 100 元，并于月末将代销清单交甲公司。甲公司收到代销清单时开具专用发票，注明价款为 150 000 元，税金为 24 000 元，货款及税款已收到。

甲公司将产品交付乙商场，会计处理为

借：发出商品	160 000
贷：库存商品	160 000

月末收到代销清单，会计处理为

```
借：应收账款                                              169 500
    贷：主营业务收入                                      150 000
        应交税费——应交增值税（销项税额）                  19 500
```

结转成本，会计处理为

```
借：主营业务成本                                          120 000
    贷：发出商品                                          120 000
```

收到乙商场交来的货款，会计处理为

```
借：银行存款                                              169 500
    贷：应收账款                                          169 500
```

想一想：例 3-19 中，如果月末甲公司没有收到代销清单，那么甲公司何时确认收入、计算销项税额？

(2) 收取手续费方式

收取手续费的代销，即受托方按协议规定的价格销售代销商品，不得自行改变售价，委托方按协议规定的比例向受托方支付代销手续费。

【例 3-20】 承例 3-19，假定代销合同规定，乙商场以每台 1 000 元的价格代销微波炉，不得自行提价，甲公司按售价的 10% 支付乙代销手续费。

甲公司月末收到代销清单时的会计处理为

```
借：应收账款                                              169 500
    贷：主营业务收入                                      150 000
        应交税费——应交增值税（销项税额）                  19 500
借：销售费用——代销手续费                                   15 000
    贷：应收账款                                           15 000
```

甲公司收到乙商场交来的货款，会计处理为

```
借：银行存款                                              154 500
    贷：应收账款                                          154 500
```

2. 销售代销商品

受托代销是商品流通企业接受其他单位的委托，代为销售商品的一种销售方式。受托方销售代销货物时，在收讫销售额或取得销售凭证当天发生增值税纳税义务，并将货款及税款交付委托方。

(1) 视同买断方式

【例3-21】业务同例3-19。

乙商场收到代销商品时的会计处理为

| 借：受托代销商品 | 200 000 |
| 　　贷：代销商品款 | 200 000 |

乙商场实际销售时的会计处理为

借：银行存款	186 450
贷：主营业务收入	165 000
应交税费——应交增值税（销项税额）	21 450
借：主营业务成本	150 000
贷：受托代销商品	150 000

乙商场收到甲公司开来增值税专用发票并付款时的会计处理为

借：代销商品款	150 000
应交税费——应交增值税（进项税额）	19 500
贷：应付账款	169 500
借：应付账款	169 500
贷：银行存款	169 500

(2) 收取手续费方式

【例3-22】业务同例3-20。

乙商场收到代销货物时的会计处理为

| 借：受托代销商品 | 200 000 |
| 　　贷：代销商品款 | 200 000 |

乙商场实际销售时的会计处理为

借：银行存款	169 500
贷：应付账款	150 000
应交税费——应交增值税（销项税额）	19 500

乙商场收到甲公司开来增值税专用发票时的会计处理为

借：应交税费——应交增值税（进项税额）	19 500
贷：应付账款	19 500
借：代销商品款	150 000
贷：受托代销商品	150 000

乙商场交付代销款并计算代销手续费时的会计处理为

| 借：应付账款 | 169 500 |

        贷：银行存款   154 500
            其他业务收入   14 150.94
            应交税费——应交增值税（销项税额）   849.06

3. 货物在两个机构之间移送

不在同一县（市）但实行统一核算的总分机构之间、分支机构之间货物移送用于销售，这种情况视同销售。货物虽未离开统一核算的总公司，但税法规定移送货物的一方在货物移送当天要开具增值税专用发票，计算销项税额，异地接受方符合条件可作进项税额抵扣。

【例3-23】北京某计算机公司在西安设有一个销售分公司，9月份北京总公司向西安分公司发出50台计算机，每台不含税价格为7 000元，并开具增值税专用发票，其会计处理为

        借：应收账款   395 500
        贷：主营业务收入   350 000
            应交税费——应交增值税（销项税额）   45 500

4. 将自产、委托加工或购进的货物用于捐赠

将货物用于捐赠，虽然没有经济利益流入企业，但税法规定在货物移送当天发生纳税义务，并可以开具增值税专用发票。

【例3-24】某食品加工企业10月份将自产的方便面200箱赠送给灾区，方便面每箱成本为50元，每箱不含税售价为70元。

        借：营业外支出   11 820
        贷：库存商品   10 000
            应交税费——应交增值税（销项税额）   1 820

5. 将自产、委托加工或购进的货物用于投资和分配

企业将自产、委托加工或购买的货物对外投资和分配给股东或投资者，是货物所有权向外部的转让，这种移送方式虽然没有货币结算，但实际上相当于将货物出售后取得销售收入，用货币资产再投资和分配利润给股东。因此，这一视同销售行为会计上做销售处理，计算销售收入，其纳税义务发生时间为货物移送的当天。

【例3-25】某化工公司将自产的洗涤用品作为股利分配给投资者，这批洗涤用品的账面成本为50 000元，不含税售价为52 000元。其会计处理为

        借：应付股利   58 760
        贷：主营业务收入   52 000
            应交税费——应交增值税（销项税额）   6 760

借：主营业务成本	50 000	
贷：库存商品		50 000

6. 将自产、委托加工的货物用于集体福利和个人消费

企业以其生产的产品作为非货币性福利提供给职工的，应当按照该产品的公允价值和相关税费，计算应计入成本费用的职工薪酬金额，并确认为主营业务收入，其销售成本的结转和相关税费的处理，与正常商品销售相同。

【例3-26】乙公司为一家家电生产企业，共有职工300名，其中生产工人240人，生产车间技术人员、管理人员40人，企业管理人员20人。2月份公司以其生产成本为500元的加湿器作为春节福利发放给公司每名职工。该型号加湿器的售价为每台700元。

按加湿器的市场售价计提应付职工薪酬，计入成本费用，会计处理为

借：生产成本	189 840	
制造费用	31 640	
管理费用	15 820	
贷：应付职工薪酬——非货币性福利		237 300

发放加湿器，确认收入的会计处理为

借：应付职工薪酬——非货币性福利	237 300	
贷：主营业务收入		210 000
应交税费——应交增值税（销项税额）		27 300
借：主营业务成本	150 000	
贷：库存商品		150 000

7. 无偿转让不动产

企业向其他单位或者个人无偿转让不动产（用于公益事业或者以社会公众为对象的除外），企业并未获得任何经济利益，且不属于企业的日常经营活动，与无偿将货物赠送其他单位或个人性质相同，会计上不确认收入。

【例3-27】甲公司将一栋自用的办公楼无偿转让给乙公司，办公楼的原值为900万元，累计折旧720万元，无净残值。已知市场上转让同类办公楼的不含税价为850万元。则无偿转让办公楼应视同销售

$$增值税销项税额 = 850 \times 9\% = 76.5（万元）$$

相应的会计处理为

借：固定资产清理	1 800 000	
累计折旧	7 200 000	
贷：固定资产——办公楼		9 000 000
借：营业外支出	2 565 000	

贷：固定资产清理　　　　　　　　　　　　　　　　　　　　　1 800 000
　　　　　应交税费——应交增值税（销项税额）　　　　　　　　　　　765 000

3.6.3 特殊销售行为销项税额的核算

1. 折扣方式销售货物的核算

折扣方式销售在会计中分为两种：商业折扣和现金折扣。

（1）商业折扣

商业折扣销售在税法上称为折扣销售，是指销货方在发生应税销售行为时，因购买方购货数量较大等原因而给予购买方价格优惠。由于折扣是在实现销售时同时发生的，会计上对折扣部分不确认收入，而税法强调销售额和折扣额同在一张发票上注明的，可按折扣后的余额计算销项税额；如果将折扣额另开发票，不论财务上如何处理，均不得从销售额中扣减折扣额。

【例3-28】甲公司9月份销售A产品800件，不含税售价为650元/件，因购买数量较大，给予10%的商业折扣，折扣额与销售额在同一张发票上注明，货款尚未收到。甲公司的会计处理为

　　　借：应收账款　　　　　　　　　　　　　　　　　　　　　　528 840
　　　　　贷：主营业务收入　　　　　　　　　　　　　　　　　　468 000
　　　　　　　应交税费——应交增值税（销项税额）　　　　　　　 60 840

想一想：例3-28中，如果折扣部分另开红字发票，甲公司如何确认会计收入、如何计算增值税销项税额？

（2）现金折扣

现金折扣销售方式在税法上称为销售折扣，是指销售方在应税销售行为发生后，为了鼓励购货方及早偿还货款而协议许诺给予购货方的一种折扣优待（如10天内付款，价格折扣2%；20天内付款，折扣1%；30天内则全价付款）。销售折扣发生在销货之后，是一种融资性质的理财费用。因此，税法规定，销售折扣不得从销售额中扣减。

税法采用"总价法"核算，在销售业务发生时，以未扣减现金折扣的销售价格确认销售收入、计算销项税额；在发生现金折扣后，则通过"财务费用"核算企业因现金折扣而减少的收入，不调整已入账的销售收入和销项税额。

【例3-29】承例3-28，如果甲公司为对方规定的现金折扣条件为"2/10，n/30"；甲公司在10日内收到货款，则甲公司的会计处理为

　　　借：银行存款　　　　　　　　　　　　　　　　　　　　　　519 480
　　　　　财务费用　　　　　　　　　　　　　　　　　　　　　　 9 360

贷：应收账款　　　　　　　　　　　　　　　　　　　　　　　　528 840

想一想：按照《企业会计准则第14号——收入》（财会〔2017〕22号），企业在销售商品时给予客户的现金折扣，应采用净价法按照可变对价的相关规定进行会计处理。这将对税务处理有哪些影响？

2. 销售退回与折让的核算

销售退回与折让都是在货物销售后，出现品种、质量等原因给予购货方退货，或未予退货而给予购货方的价格折让。由于这种退货或折让是货物本身品种、质量引起的销售额减少，因此在手续完备的情况下，税法规定允许从销售额中扣减退货额或折让额，这与会计制度对退货、折让的处理一致。

【例3-30】承例3-28，甲公司9月份销售的A产品因质量原因经双方协商同意由甲公司给予购货方10%的折让，甲公司10月份收到购货方转来的证明单，所列折让价款为46 800元，折让税额为6 084元，甲公司根据证明单开出红字增值税专用发票，货款当即汇出。甲公司的会计处理如下。

　　借：主营业务收入　　　　　　　　　　　　　　　　　　　　　　46 800
　　　贷：银行存款　　　　　　　　　　　　　　　　　　　　　　　　52 884
　　　　　应交税费——应交增值税（销项税额）　　　　　　　　　　　 6 084

3. 非货币性资产交换的核算

非货币性资产交换是指交易双方主要以存货、固定资产、无形资产和长期股权投资等非货币性资产进行的交换。该交换不涉及或只涉及少量的货币性资产。

企业发生非货币性资产交换行为，应对涉及增值税的应税行为，按税法规定确认相应的销项税额或进项税额。

【例3-31】甲公司（一般纳税人）用生产的产品20台（每台产品销售价格为3 000元），换取乙公司同等价款的生产材料一批，双方都开具了增值税专用发票。甲公司的会计处理为

　　借：原材料　　　　　　　　　　　　　　　　　　　　　　　　　60 000
　　　　应交税费——应交增值税（进项税额）　　　　　　　　　　　　7 800
　　　贷：主营业务收入　　　　　　　　　　　　　　　　　　　　　60 000
　　　　　应交税费——应交增值税（销项税额）　　　　　　　　　　　7 800

4. 以旧换新方式销售货物的核算

以旧换新是指纳税人在销售货物时，有偿向购买方回收旧货物的行为。税法规定，纳税

人采取以旧换新方式销售货物的（金银首饰除外），应按新货物的同期销售价格确定销售额，不得扣减旧货物的收购价格。

【例 3-32】某商场对某品牌彩电采取以旧换新的方式销售，旧货折价每台 600 元，新彩电售价 2 825 元，当月采用此方法销售彩电 200 台。该商场的会计处理为

借：库存现金 445 000
　　原材料 120 000
　贷：主营业务收入 500 000
　　　应交税费——应交增值税（销项税额） 65 000

5. 包装物销项税额的核算

包装物是指企业在生产经营活动中为包装本企业产品而储备的各种包装容器，如桶、箱、瓶、坛、袋等。包装物按其具体用途可分为 4 类：生产过程中用于包装产品作为产品组成部分的包装物；随同产品出售不单独计价的包装物；随同产品出售单独计价的包装物；出租或出借给购买单位的包装物。包装物具有一定的周转性，因此企业在经营过程中，会对某些包装物收取一定的押金。

（1）随同产品销售的包装物

随同产品销售且不单独计价的包装物，其收入随同所销售的产品一起记入"主营业务收入"账户；随同产品销售但单独计价的包装物，其收入记入"其他业务收入"账户，同时应按规定计算缴纳增值税。

【例 3-33】某酒厂 7 月份销售散装白酒 20 t，收取价款 240 000 元，收取随同产品出售但单独计价包装物价款 40 000 元，收取增值税额 36 400 元。该酒厂的会计处理为

借：银行存款 316 400
　贷：主营业务收入 240 000
　　　其他业务收入 40 000
　　　应交税费——应交增值税（销项税额） 36 400

（2）出租的包装物

企业在销售货物的同时收取的包装物租金，属于应当计入销售额的价外费用，记入"其他业务收入"账户，并计算增值税。

需要注意的是，对增值税一般纳税人收取的价外费用和逾期包装物押金，应视为含税收入，在征税时换算成不含税收入再并入销售额计算增值税。

【例 3-34】甲公司 3 月 1 日销售 A 产品一批，货款为 290 000 元，增值税额为 37 700 元；随同产品出租包装物 1 000 件，收押金 11 300 元；另外收取一个月的租金 452 元。

包装物租金的增值税销项税额＝[452/(1＋13%)]×13%＝52（元）

甲公司的会计处理为

借：银行存款	339 452
贷：主营业务收入	290 000
其他业务收入	400
应交税费——应交增值税（销项税额）	37 752
其他应付款——存入保证金	11 300

（3）包装物押金收入

税法规定，纳税人为销售货物而出租出借包装物收取的押金，单独记账核算的，不并入销售额缴税。但对因逾期未收回包装物不再退还的押金，应按所包装货物的适用税率缴纳增值税。

【例3-35】承例3-34，4月2日，包装物按期退回500件，其余500件逾期未退，按规定没收押金。

甲公司退回500件包装物押金的会计处理为

借：其他应付款——存入保证金	5 650
贷：银行存款	5 650

甲公司没收逾期未退包装物押金的会计处理为

借：其他应付款——存入保证金	5 650
贷：其他业务收入	5 000
应交税费——应交增值税（销项税额）	650

3.6.4　混合销售和兼营行为销项税额的核算

1. 混合销售行为销项税额的核算

从事货物的生产、批发或者零售的单位和个体工商户的混合销售行为，按照销售货物的适用税率计算增值税销项税额；其他单位和个体工商户的混合销售行为，按照销售服务适用税率计算增值税销项税额。

【例3-36】某建材生产企业（一般纳税人）本月销售装饰材料给某工作室，取得收入170 000元，并为该工作室进行室内装饰取得收入40 000元。

该建材生产企业的主营业务是生产装饰材料，为工作室进行的室内装饰业务从属于装饰材料的销售业务，装饰材料的货款和装饰费都是向工作室收取，建材生产企业应按照销售货物适用13%的税率计算增值税销项税额。

增值税销项税额＝（170 000＋40 000）×13%＝27 300（元）

销售装饰材料并进行装饰时

借：银行存款	237 300

贷：主营业务收入		170 000
其他业务收入		40 000
应交税费——应交增值税（销项税额）		27 300

2. 兼营行为的核算

纳税人兼营销售货物、劳务、服务、无形资产或者不动产，适用不同税率或者征收率的，应当分别核算适用不同税率或者征收率的销售额；未分别核算的，从高适用税率或者征收率。

【例 3-37】 某建材生产企业（一般纳税人）本月销售各种建材取得收入 170 000 元，从事室内装饰取得收入 40 000 元。

建材生产企业取得的室内装饰收入，与建材销售业务并无直接的从属关系，属兼营业务，应当分别核算建材的销售额和室内装饰的销售额并计算销项税额。

销售建材时：

借：银行存款		192 100
贷：主营业务收入		170 000
应交税费——应交增值税（销项税额）		22 100

取得室内装饰收入时：

借：银行存款		43 600
贷：其他业务收入		40 000
应交税费——应交增值税（销项税额）		3 600

想一想：例 3-37 中，如果该建材企业对两类业务没有分别记账核算，应如何进行处理？

3.7　增值税减免与缴纳的核算

3.7.1　减免增值税的核算

对于企业减免及返还的增值税，除国务院、财政部、税务总局规定有指定用途的项目以外，都应通过"其他收益"账户核算，作为企业利润总额的组成部分。对直接减免和即征即退的增值税，应并入企业当年利润征收企业所得税；对先征税后返还和先征后退的，应并入企业实际收到退税或返还税款年度的企业利润征收企业所得税。

1. 直接减免增值税的核算

对于当期直接减免的增值税，借记"应交税金——应交增值税（减免税款）"账户，贷记损益类相关账户。

2. 即征即退、先征后退（返）增值税的核算

实行即征即退、先征后退（返）办法进行减免税的企业，不通过"应交税费——应交增值税（减免税款）"账户核算，收到返回的增值税税款时，分不同情况处理。

① 按指定用途返还的，实际收到返还款的当期，借记"银行存款"账户，贷记"实收资本——国家投入资本"等账户。

② 未指定专门用途的，按收到的退税款，借记"银行存款"账户，贷记"其他收益"账户。

3.7.2 缴纳增值税的核算

1. 按月纳税的会计处理

企业增值税的涉税业务发生的进项税额、销项税额，平时均已在"应交税费——应交增值税"账户的有关专栏核算。月末结出借、贷方的合计和余额，计算企业当月应纳的增值税，并自期满之日起 15 日内申报纳税。

$$当月应纳增值税额＝（当期销项税额＋当期进项税额转出＋出口退税）－\\（当期发生的允许抵扣的进项税额＋减免税款＋\\出口抵减内销产品应纳税额＋期初留抵进项税额）$$

如果计算出的应纳税额为正数，即"应交税费——应交增值税"账户为贷方余额，表示本月应交而未交的增值税，应将其通过"转出未交增值税"专栏转入"应交税费——未交增值税"账户的贷方。

若计算出的应纳税额为负数，即"应交税费——应交增值税"账户为借方余额，表示本月尚未抵扣的进项税额，应留在该账户借方，作为下个月的期初留抵进项税额。

2. 按日纳税的会计处理

若主管税务机关核定企业按日缴纳增值税，则企业在月内缴纳的增值税属预缴性质；下月初，在核实上月应交增值税后，应于 15 日前清缴。

当月缴纳当月应交增值税时，按申报缴纳的金额，借记"应交税费——应交增值税（已交税金）"账户，贷记"银行存款"账户。

月末，结出"应交税费——应交增值税"账户借方、贷方合计和余额。

若"应交税费——应交增值税"账户为贷方余额，表示本月应交而未交的增值税额，应转至"应交税费——未交增值税"账户的贷方。

若"应交税费——应交增值税"账户为借方余额，由于当月存在预缴税款的情况，故该借方差额可能是尚未抵扣的进项税额，还可能包含多交的增值税。实务中可以根据下列情况进行会计处理。

① 如果"应交税费——应交增值税"账户的借方余额大于当月"已交税金"专栏合计数，表明本月销项税额小于准予抵扣的进项税额，本月无应交税金，则"已交税金"专栏合

计数为本月多交税额,应将其通过"转出多交增值税"专栏转入"应交税费——未交增值税"账户的借方。结转后"应交增值税"账户的借方余额,为本月尚未抵扣的进项税额。

② 如果"应交税费——应交增值税"账户的借方余额等于当月"已交税金"专栏合计数,表明本月销项税额等于准予抵扣的进项税额,本月无应交税金,也无留抵税额,"已交税金"专栏合计数即为本月多交税额。

③ 如果"应交税费——应交增值税"账户的借方余额小于当月"已交税金"专栏合计数,表明本月已交税金中部分为应交税金,部分为多交税金。"应交增值税"账户的借方余额即为本月多交税金数额,应将其转入"应交税费——未交增值税"账户的借方。

3. 实际缴纳增值税的会计处理

企业在月初缴纳上月应交增值税或补缴以前月份(年度)欠缴的增值税时,借记"应交税费——未交增值税"账户,贷记"银行存款"账户。

【例3-38】承例3-1,请根据所给业务做出正确的账务处理。

① 借:应交税费——未交增值税　　　　　　　　　　53 726
　　贷:银行存款　　　　　　　　　　　　　　　　　　　53 726

② 借:低值易耗品　　　　　　　　　　　　　　　　20 800
　　　应交税费——应交增值税(进项税额)　　　　　2 672
　　贷:银行存款　　　　　　　　　　　　　　　　　　　23 472

③ 借:应付职工薪酬　　　　　　　　　　　　　　　58 760
　　贷:银行存款　　　　　　　　　　　　　　　　　　　58 760

④ 借:待处理财产损溢　　　　　　　　　　　　　　17 152
　　贷:库存商品　　　　　　　　　　　　　　　　　　　16 000
　　　　应交税费——应交增值税(进项税额转出)　　　1 152

⑤ 借:长期股权投资　　　　　　　　　　　　　　　49 720
　　贷:主营业务收入　　　　　　　　　　　　　　　　　44 000
　　　　应交税费——应交增值税(销项税额)　　　　　5 720

⑥ 借:银行存款　　　　　　　　　　　　　　　　　226 000
　　贷:主营业务收入　　　　　　　　　　　　　　　　　200 000
　　　　应交税费——应交增值税(销项税额)　　　　　26 000

⑦ 借:原材料　　　　　　　　　　　　　　　　　　125 000
　　　应交税费——应交增值税(进项税额)　　　　　16 250
　　贷:银行存款　　　　　　　　　　　　　　　　　　　141 250

⑧ 借:应付职工薪酬——非货币性福利　　　　　　　339 000
　　贷:主营业务收入　　　　　　　　　　　　　　　　　300 000
　　　　应交税费——应交增值税(销项税额)　　　　　39 000

⑨ 借:主营业务收入　　　　　　　　　　　　　　　50 000
　　贷:应交税费——应交增值税(销项税额)　　　　　6 500
　　　　银行存款　　　　　　　　　　　　　　　　　　　56 500

月末,"应交税费——应交增值税"账户的贷方余额转入"应交税费——未交增值税"账户的贷方,会计处理为

借:应交税费——应交增值税(转出未交增值税)　　　　　　　　46 450
　　贷:应交税费——未交增值税　　　　　　　　　　　　　　　　46 450

3.8　小规模纳税人应纳增值税的核算

1. 小规模纳税人购进货物、劳务、服务、无形资产或不动产的核算

由于小规模纳税人实行简易办法计算缴纳增值税,其购入货物、劳务、服务、无形资产或不动产时,不论是否取得增值税专用发票,所支付的增值税额都不得抵扣,而应计入有关货物及劳务的成本。在编制会计分录时应按支付的全部价款和增值税,借记"材料采购""原材料""委托加工物资""管理费用"等账户,贷记"银行存款""应付账款"等账户。

2. 小规模纳税人发生应税销售行为的核算

与一般纳税人相同的是,小规模纳税人发生应税销售行为时,按实际收取或应收的款项,借记"银行存款""应收账款"等账户;按实现的不含税销售额,贷记"主营业务收入"或"其他业务收入"等账户;按不含税销售额和规定的征收率计算的增值税额,贷记"应交税费——应交增值税"账户。

需要注意的是,对于视同销售行为的征税规定同样适用小规模纳税人。

3. 小规模纳税人缴纳增值税的核算

小规模纳税人按规定的纳税期限上缴税款时,借记"应交税费——应交增值税"账户,贷记"银行存款"账户。收到退回多缴的增值税时,做相反的会计分录。

【例 3-39】承例 3-2,各笔业务会计分录如下。

① 借:库存商品　　　　　　　　　　　　　　　　　　　　　　4 800
　　贷:银行存款　　　　　　　　　　　　　　　　　　　　　　　4 800
② 借:库存商品　　　　　　　　　　　　　　　　　　　　　　3 000
　　贷:银行存款　　　　　　　　　　　　　　　　　　　　　　　3 000
③ 借:银行存款　　　　　　　　　　　　　　　　　　　　　　5 150
　　贷:主营业务收入　　　　　　　　　　　　　　　　　　　　5 000
　　　　应交税费——应交增值税　　　　　　　　　　　　　　　　150
④ 借:银行存款　　　　　　　　　　　　　　　　　　　　　　6 180
　　贷:主营业务收入　　　　　　　　　　　　　　　　　　　　6 000
　　　　应交税费——应交增值税　　　　　　　　　　　　　　　　180

申报缴纳增值税时的会计处理为

借：应交税费——应交增值税　　　　　　　　　　　　　　330
　　贷：银行存款　　　　　　　　　　　　　　　　　　　　　330

本章小结

> 增值税会计是对增值税一般纳税人和小规模纳税人增值税涉税行为的核算。为了准确地反映增值税的计算和缴纳，增值税一般纳税人应当在"应交税费"科目下设置"应交增值税""未交增值税""预交增值税""待抵扣进项税额""待认证进项税额""待转销项税额""增值税留抵税额""简易计税""转让金融商品应交增值税""代扣代交增值税"等明细科目。
>
> 对于增值税一般纳税人而言，其增值税会计涉及：进项税额的核算、进项税额转出的核算、销项税额的核算及增值税缴纳的核算等。企业在增值税核算的过程中，应当特别注意不得抵扣进项税额、视同销售行为、特殊销售行为等一些特殊情况的核算。

习　题

一、思考与讨论题

1. 简述增值税的3种类型，并分析各种类型增值税的特点。
2. 如何划分增值税一般纳税人和小规模纳税人？增值税两类纳税人应纳税额的计算有何异同？
3. 如何区分混合销售行为和兼营行为？两者的税务处理有何不同？
4. 简述增值税专用发票的主要内容、作用。
5. 外购货物不同用途的增值税涉税处理有何不同？
6. 增值税会计需要设置哪些账户？
7. 简述增值税一般纳税人会计核算的主要内容。
8. 试分析代销货物的委托方和受托方的税务处理和会计处理。

二、单项选择题

1. 在采用按月纳税的情况下，月末"应交税费——应交增值税"账户出现贷方余额，应（　　）。

    A. 不做转出处理　　　　　　　　　　B. 借记"应交税费——未交增值税"
    C. 贷记"应交税费——未交增值税"　　D. 贷记"应交税费——已交增值税"

2. 某食品生产企业为一般纳税人，12月份部分原材料发生非正常损失，其中账面成本为 18 万元的白面是从农民手中购入的，则企业在 12 月份的增值税纳税申报表"进项税额转出"栏中填写的数据应为（　　）。

A. 1.65 万元　　　　B. 1.8 万元　　　　C. 2 万元　　　　D. 2.24 万元

3. 下列项目中不允许扣除进项税额的是（　　）。
   A. 一般纳税人委托修理设备支付的修理劳务费
   B. 商业企业购进用于职工福利的货物
   C. 生产企业销售自产设备时支付的运费
   D. 工业企业购进并验收入库的原材料

4. 在下列问题中属于增值税逃税的有（　　）。
   A. 多计进项税额转出　　　　　　　　B. 少计购买材料时的进项税额
   C. 多计销售产品的销项税额　　　　　D. 非正常损失的进项税额未转出

5. 纳税人缴纳当月应交增值税时，借记（　　）账户，贷记"银行存款"账户。
   A. 应交税费——应交增值税（已交税金）　　B. 应交税费——未交增值税
   C. 应交税费——已交增值税　　　　　　　　D. 应交税费——预交增值税

6. 企业将自产、委托加工或购买的货物无偿赠送他人，应视同销售货物计算增值税，借记"营业外支出"，贷记（　　）科目。
   A. "应交税金——应交增值税（销项税额）"
   B. "应交税金——应交增值税（进项税额转出）"
   C. "应交税金——应交增值税（进项税额）"
   D. "应交税金——应交增值税（转出未交增值税）"

三、多项选择题

1. 某生产企业下列项目中，可以抵扣增值税进项税额的有（　　）。
   A. 外购大型生产设备　　　　　　　　B. 购进生产设备修理用零备件
   C. 购进生产车间改造用建筑材料　　　D. 购进的境外旅客运输服务

2. 一般纳税人将原购进的已按 13% 税率抵扣进项税的货物用于下列各项时，应作进项税额转出处理的有（　　）。
   A. 生产免税项目　　　　　　　　　　B. 生产 9% 税率的产品
   C. 生产专门销给小规模纳税人的货物　D. 职工福利

3. 混合销售行为的基本特征为（　　）。
   A. 既涉及货物销售又涉及服务
   B. 发生在同一项销售行为中
   C. 从一个购买方取得货款
   D. 从不同购买方收取货款

4. 一般纳税人发生的下列项目中，应将其已申报抵扣的进项税额从发生期进项税额中抵减出来的有（　　）。
   A. 在产品、产成品发生非正常损失
   B. 将自制货物分配给股东
   C. 将自产的货物用于个人消费
   D. 将购进货物用于集体福利设施

5. 纳税人销售货物、提供应税劳务和发生应税行为收取的价外费用应并入销售额计算纳税，但价外费用不包括（　　）。
   A. 收取的销项税额
   B. 受托加工应征消费税的消费品所代收代缴的消费税
   C. 以委托方名义开具发票代委托方收取的款项
   D. 延期付款利息
6. 下列各项中，符合增值税专用发票开具时限规定的有（　　）。
   A. 采用预收货款结算方式的，为收到货款的当天
   B. 将货物交付他人代销的，为收到代销清单的当天
   C. 采用赊销方式的，为合同约定的收款日期的当天
   D. 将货物作为投资提供给其他单位的，为投资协议签订的当天

四、判断题

1. 油田开采的原油，除征收资源税外，还应征收增值税。（　　）
2. 对增值税一般纳税人因销售货物收取的价外费用和逾期包装物押金，在征税时，一律视为含税收入，将其换算为不含税收入后并入销售额，据以计算。（　　）
3. 小规模纳税人进口货物，海关按组成计税价格和征收率计算其进口环节增值税。（　　）
4. 购进钢材生产自行车，用于赞助运动会，购买钢材支付的增值税额允许抵扣。（　　）
5. 一般纳税人购买或销售免税货物所发生的运输费用，可以按照增值税专用发票上注明的税额抵扣。（　　）
6. 对于一般纳税人进货退出或折让而不扣减当期进项税额，造成不纳税或少纳税的，都将被认定为逃避缴纳税款行为，并予以处罚。（　　）

五、实务题

1. 某企业为增值税一般纳税人，3月份发生以下业务：从农业生产者手中收购烟叶40吨，每吨收购价3 000元，共计支付收购价款120 000元。企业将收购的烟叶从收购地直接运往异地的某烟丝厂生产加工烟丝，烟丝加工完毕，企业收回烟丝时取得烟丝厂开具的增值税专用发票，注明加工费30 000元、增值税额3 900元，加工的烟丝当地无同类产品市场价格。本月内企业将收回的烟丝批发售出，取得不含税销售额260 000元。另外支付销货运输费用12 000元，取得增值税专用发票。本月水电费用的进项税额为4 850元。

   要求： 核算该企业本月应纳增值税，并做相应的会计处理。

2. 某食品加工厂（增值税一般纳税人）实行按月纳税，9—10月发生如下经营业务。
   ① 9月从农民手中收购其自产的玉米、小麦一批，收购凭证上注明价款50 000元；支付运费320元，取得税值税专用发票。玉米、小麦已验收入库。
   ② 9月销售给小规模纳税人挂面一批，收回货款21 200元。
   ③ 10月该食品加工厂委托某酒厂（增值税一般纳税人）加工粮食白酒，发出玉米一批，其玉米成本为10 000元，双方签订加工合同，加工费为3 300元（不含增值税），其中包括酒厂代垫辅助材料300元（不含税），酒厂没有同类白酒价格。
   ④ 10月收回入库已加工完的白酒，支付酒厂加工费及酒厂代收代缴消费税，取得酒厂

开出的增值税专用发票。

⑤ 10月将收回的白酒一半用于职工食堂，一半按收回价格向外出售，并于月底售完。

⑥ 10月将自产的面粉分给100名下岗职工，每人一袋，每袋作价30元，本月每袋面粉平均售价70元（不含税）。

⑦ 10月销售给小规模纳税人方便面一批，收到货款11 300元。

⑧ 10月支付自来水公司水费，增值税专用发票注明税款500元。

要求：计算食品加工厂9月、10月应缴纳的增值税，并做相应的账务处理。

3. 某家具公司为小规模纳税人，8月份发生下列主要经济业务。

① 1日，购进一批办公用品，取得的增值税专用发票上注明的价款为8 000元，税款为1 040元；支付运费222元，取得普通发票。款项已通过银行转账付讫，办公用品已验收入库。

② 5日，购进一台设备，取得的增值税专用发票上注明的价款为60 000元，税款为7 800元；支付运费5 550元，取得普通发票。款项尚未支付，设备已交付使用。

③ 10日，销售餐桌，收取价款21 115元，货款已收存入银行。这批餐桌的生产成本为16 730元。

④ 15日，收取加工费4 326元，存入银行。

⑤ 20日，将一批椅子用于职工食堂，这批椅子的成本为4 000元，市场销售价格为5 150元。

⑥ 28日，向儿童福利院捐赠一批儿童座椅，这批儿童座椅的市场售价为7 725元，成本为6 000元。

要求：（1）根据上述业务编制相应的会计分录。

（2）计算并结转本月应纳的增值税。

4. 某机械厂主要产品为机床，是增值税一般纳税人，增值税税率为13%，12月份发生下列经济业务。

① 2日，交上月的增值税16 540元。

② 3日，由红旗钢铁厂购入甲材料100 t，每吨2 100元，收到增值税专用发票，增值税税率为13%，材料已入库，货款由银行支付。

③ 6日，生产领用甲材料30 t。

④ 8日，销售A产品10台，每台60 000元，款项已收到。

⑤ 14日，售出10 t甲材料，每吨售价2 500元，款项已收到。

⑥ 18日，将B产品2台用于本企业不动产的在建工程，成本共计60 000元，税务机关认定的计税价格为80 000元。

⑦ 20日，将B产品5台无偿捐赠给西部某工厂。

⑧ 24日，委托云港机械厂加工配件发出乙材料实际成本63 000元，支付加工费3 000元、运费760元、装卸费100元，均取得增值税专用发票，用支票支付。

⑨ 26日，购入运输汽车一辆，取得的增值税专用发票上注明的价款为150 000元，款项已付。

⑩ 年终盘点，因管理不善盘亏甲材料1.5 t，价值3 150元。

（以上价格均为不含税）

要求：（1）根据以上业务做出会计分录。

（2）本月末计算并结转本月应纳的增值税。

5. 某服装门市部是一个以服装批发和零售为主要业务的股份公司，是增值税一般纳税人，11月份发生下列业务。

① 3日，由樱花服装厂购入一批女装，价值76 000元，增值税为9 880元，货款已支付。

② 6日，销售女装500套，每套售价470元，按规定付款条件为"2/10，1/20，n/30"。

③ 8日，购入包装物一批，价值2 500元，未取得增值税专用发票，用现金付款。

④ 11日，销售童装1 000套，每套售价90元，货款共计90 000元，增值税为11 700元，用支票付款。

⑤ 13日，上笔童装销售后有20套退货，收到购货方转来的进货退出证明单，开出红字增值税专用发票。

⑥ 15日，收到6日销售女装款。

⑦ 18日，销售一批女装1 000套，每套460元，按规定购货满800套以上享受10%的优惠价。

⑧ 20日，由于管理不善，损失床上用品20套，每套120元。

⑨ 21日，作为礼品送出床上用品100套，每套120元。税务机关认定的计税价格为每套200元。

要求：（1）根据以上业务做出会计分录。

（2）计算并结转本月应纳增值税。

6. 某商业企业为增值税一般纳税人，3月份发生如下业务。

① 取得化妆品不含税销售收入400万元，采取以旧换新方式销售冰箱120台，新冰箱的零售价格为5 650元/台，旧冰箱的作价为200元/台，收取的差价款为5 450元/台。

② 采取预收货款方式销售计算机一批，当月取得预收款107万元，合同约定计算机于4月15日发出；将闲置的办公设备出租，租赁期为3月份至8月份，每月不含税租金为15万元，当月预收2个月的租金。

③ 购入一批货物，取得的增值税专用发票上注明的价款为160万元，增值税税额20.8万元；委托甲企业运输货物，取得的增值税专用发票上注明的运费为5万元；接受乙广告公司提供的广告服务，取得的增值税专用发票上注明的广告费为20万元。

④ 将账面价值为6万元的饮料发给职工。

⑤ 本月购电，取得的增值税专用发票上注明的价款为17.5万元，其中家属宿舍耗用20%。

⑥ 月末进行盘点时发现，因管理不善造成上月从某增值税一般纳税人企业购入的服装被盗，这批服装的账面价值为27万元，其中运费成本为4万元。

（相关票据在本月均通过认证并允许抵扣）

要求：根据以上业务编制会计分录；计算并结转3月份商场应缴纳的增值税。

六、案例分析

1. 某摄影器材公司为增值税一般纳税人，12月末公司进行了财产清查。清查中发现，A原材料短缺6 800元，经查短缺的原材料不含运费，是由于仓库管理员管理不善造成的；B原材料短缺27 000元，其中含分摊的运输费用1 500元，经查是由于被盗引起的。由于遭受水灾，损失产成品的成本为 73 000 元，产成品成本中外购项目金额比例为 57%；因设备更新无法使用，账面价值为 9 200 元的半成品准备削价处理；账面价值为 37 000 元的产成积压品，经资产评估减值至 24 500 元。

请分析上述库存原材料、产成品毁损、半成品削价、资产评估减值等情况造成的库存减少或减值是否为非正常损失，是否需要做进项税金转出处理。

2. 某酒厂是一家综合性的股份制生产企业，是增值税一般纳税人，7 月份某税务师事务所对该企业 6 月份的纳税资料进行审核，获得如下资料。

① 外购一批生产用的工具器皿，增值税专用发票注明的金额为 20 000 元，增值税为 2 600 元，支付运费 300 元，取得增值税专用发票，货物已验收入库，款项通过银行转账，企业会计处理为

  借：包装物及低值易耗品   20 300
    应交税费——应交增值税（进项税额）   2 627
    贷：银行存款   22 927

审核人员发现，有 1/3 货物在运输过程中被盗，责任原因待查，企业未做相关会计处理。

② 从农民手中收购粮食，开具税务机关监制的收购凭证，注明的金额为 50 000 元，货物已验收入库，款项未支付，企业会计处理为

  借：原材料   45 871.56
    应交税费——应交增值税（进项税额）   4 128.44
    贷：应付账款   50 000

③ 将 1 t 新开发出的高级粮食白酒送往本省"品酒会"供参会人员免费品尝，白酒的账面成本计 15 000 元，企业会计处理为

  借：销售费用   16 950
    贷：主营业务收入   15 000
      应交税费——应交增值税（销项税额）   1 950
  借：税金及附加   4 000
    贷：应交税费——应交消费税   4 000

④ 生产车间将一批残次酒瓶直接对外销售，取得销售款共计 11 300 元，企业会计处理为

  借：现金   11 300
    贷：生产成本   11 300

⑤ 本公司设立一非独立核算的门市部，4 月份从酒厂购入粮食白酒 15 t，每吨不含税价为 3 800 元，对外销售粮食白酒 10 t，取得含税销售收入 45 200 元，收取白酒包装押金 19 720 元，企业对粮食白酒销售业务的会计处理为

  借：银行存款   64 920
    贷：主营业务收入   40 000

其他应付款		19 720
应交税费——应交增值税（销项税额）		5 200
借：税金及附加	18 000	
贷：应交税费——应交消费税		18 000

⑥ 退还上月粮食白酒出借包装物押金 11 300 元，企业账务处理为

借：其他应付款	10 000	
贷：银行存款		11 300
应交税费——应交增值税（销项税额）		1 300
借：税金及附加	2 000	
贷：应交税费——应交消费税		2 000

本月应纳的各税均已申报和缴纳完毕，增值税无留抵。该企业已纳入增值税防伪税控系统管理，取得的有关票据均已认证通过。

根据上述资料，分析酒厂存在的纳税问题，正确计算酒厂 6 月份应补（退）的流转税税额及附加，并做出相应的调整分录。

第 4 章　消费税会计

> 【学习要求】
> 1. 解释基本概念：委托加工应税消费品、单环节纳税。
> 2. 掌握消费税的计算与缴纳。
> 3. 掌握消费税核算的账户设置及主要业务的会计处理。

4.1　消费税概述

消费税（consumption tax）是对特定消费品和消费行为征收的一种流转税。在对货物普遍征收增值税的基础上，选择特定的消费品征收消费税。消费税主要具有以下特点。

(1) 征税范围具有选择性

消费税一般选择那些消费量大、需求弹性大、税基普遍的高档消费品，以及不可再生的稀缺资源产品和高能耗产品作为课税对象，对这些产品征税不会影响居民的基本生活，可以使稀缺资源得到有效的利用，而且具有财政意义，表现出明显的调节目的。

(2) 征税环节具有单一性

一般情况下，消费税实行一次课征制，即在消费品从生产、流通到消费的全过程中，只选择在其中一个环节征税。例如生产者在出厂销售应税消费品时征税，其他环节不再征收消费税。

(3) 税收调节具有特殊性

消费税属于国家运用税收杠杆对某些消费品或消费行为进行特殊调节的税种，一般同起普遍调节作用的增值税相配合，因此消费税的平均税率较高，而且通过设置高低不同的税率调节消费。在税率的选择上，既采用比例税率，也采用定额税率，少数消费品还采用复合税率。

(4) 税负具有转嫁性

凡列入征税范围的消费品，无论在哪个环节征税，税款最终都要转嫁到消费者身上。对于实行价内税的消费税，税负转移更具有隐蔽性。

1994年我国设立了消费税，主要选择了11类应税产品；2006年我国调整了消费税的税目、税率及相关政策，消费税的税目增加到14个；2008年11月5日，国务院第34次常务会议修订通过《中华人民共和国消费税暂行条例》，自2009年1月1日起施行；为促进节能环保，经国务院批准，自2015年2月1日起对电池、涂料征收消费税。

4.1.1 消费税的纳税人

消费税的纳税人是指在中华人民共和国境内生产、委托加工和进口应税消费品的单位和个人，以及国务院确定的销售应税消费品的其他单位和个人。其中"境内"是指生产、委托加工和进口属于应当缴纳消费税的消费品的起运地或者所在地在境内。消费税的纳税人具体分为下列几种。

① 生产销售（包括自用）应税消费品的单位和个人。
② 委托加工应税消费品的，委托方为纳税人，受托方是代收代缴义务人，受托方是个人的除外。
③ 进口或代理进口应税消费品的单位和个人。
④ 零售超豪华小汽车、金银首饰、钻石及钻石饰品的单位和个人。
⑤ 从事卷烟批发业务的单位和个人。

4.1.2 消费税的征税范围

目前，我国实行的是有选择性的限制型消费税，应税消费品包括用于生活消费和生产消费的商品。我国现行的消费税税目共15个，其具体征税范围如下。

（1）烟

凡是以烟叶为原料加工生产的产品，不论使用何种辅料，均属本税目的征收范围。本税目包括卷烟、雪茄烟和烟丝。

（2）酒

酒是指酒精度在1度以上的各种酒类饮料。本税目包括白酒、黄酒、啤酒、其他酒。

（3）高档化妆品

本税目包括高档美容、修饰类化妆品，高档护肤类化妆品和成套化妆品。高档美容、修饰类化妆品和高档护肤类化妆品是指生产（进口）环节销售（完税）价格（不含增值税）在10元/毫升（克）或15元/片（张）及以上的美容、修饰类化妆品和护肤类化妆品。

舞台、戏剧、影视演员化妆用的上妆油、卸妆油、油彩，不属于本税目的征收范围。

（4）贵重首饰及珠宝玉石

本税目征收范围包括以金、银、白金、宝石、珍珠、钻石、翡翠、珊瑚、玛瑙等高贵稀有物质及其他金属、人造宝石等制作的各种纯金银首饰及镶嵌首饰；经采掘、打磨、加工的各种珠宝玉石。

（5）鞭炮、焰火

本税目包括各类鞭炮、焰火。体育用的发令纸、鞭炮药引线不按本税目征收。

(6) 成品油

本税目包括汽油、柴油、石脑油、溶剂油、航空煤油、润滑油、燃料油7个子目。航空煤油暂缓征收消费税；变压器油、导热类油等绝缘油类产品不征收消费税。

(7) 摩托车

本税目征收范围包括轻便摩托车和摩托车两种。不包括：最大设计车速不超过50 km/h，发动机气缸总工作容量不超过50 mL的三轮摩托车；气缸容量250 mL（不含）以下的小排量摩托车。

(8) 小汽车

本税目征收范围包括乘用车和中轻型商用车，电动汽车不属于本税目征税范围。

① 乘用车是指含驾驶员座位在内最多不超过9个座位（含）的，在设计和技术特性上用于载运乘客和货物的各类乘用车。用排气量小于1.5 L（含）的乘用车底盘（车架）改装、改制的车辆属于乘用车征收范围。

② 中轻型商用客车是指含驾驶员座位在内的座位数在10至23座（含23座）的，在设计和技术特性上用于载运乘客和货物的各类中轻型商用客车。用排气量大于1.5 L的乘用车底盘（车架）或用中轻型商用客车底盘（车架）改装、改制的车辆属于中轻型商用客车征收范围。

超豪华小汽车征收范围为每辆零售价格130万元（不含增值税）及以上的乘用车和中轻型商用客车。

(9) 高尔夫球及球具

高尔夫球及球具是指从事高尔夫球运动所需的各种专用装备，包括高尔夫球、高尔夫球杆及高尔夫球包（袋）等。本税目征收范围包括高尔夫球、高尔夫球杆、高尔夫球包（袋）及高尔夫球杆的杆头、杆身和握把。

(10) 高档手表

高档手表是指销售价格（不含增值税）每只在10 000元（含）以上的各类手表。

(11) 游艇

游艇是指长度大于8 m小于90 m，船体由玻璃钢、钢、铝合金、塑料等多种材料制作，可以在水上移动的水上浮载体。按照动力划分，游艇分为无动力艇、帆艇和机动艇。本税目征收范围包括艇身长度大于8 m（含）小于90 m（含），内置发动机，可以在水上移动，一般为私人或团体购置，主要用于水上运动和休闲娱乐等非谋利活动的各类机动艇。

(12) 木制一次性筷子

木制一次性筷子，又称卫生筷子，是指以木材为原料，经过锯段、浸泡、旋切、刨切、烘干、筛选、打磨、倒角、包装等环节加工而成的各类一次性使用的筷子。

(13) 实木地板

实木地板是指以木材为原料，经锯割、干燥、刨光、截断、开榫、涂漆等工序加工而成的块状或条状的地面装饰材料。本税目征收范围包括各类规格的实木地板、实木指接地板、实木复合地板及用于装饰墙壁、天棚的侧端面为榫、槽的实木装饰板。未经涂饰的素板属于本税目征税范围。

(14) 电池

电池是一种将化学能、光能等直接转换为电能的装置，一般由电极、电解质、容器、极端，通常还有隔离层组成的基本功能单元，以及用一个或多个基本功能单元装配成的电池组。本税目征收范围包括：原电池、蓄电池、燃料电池、太阳能电池和其他电池。

（15）涂料

涂料是指涂于物体表面能形成具有保护、装饰或特殊性能的固态涂膜的一类液体或固体材料的总称。涂料由主要成膜物质、次要成膜物质等构成。按主要成膜物质，涂料可分为油脂类、天然树脂类、酚醛树脂类、沥青类、醇酸树脂类、氨基树脂类、硝基类、过滤乙烯树脂类、烯类树脂类、丙烯酸酯类树脂类、聚酯树脂类、环氧树脂类、聚氨酯树脂类、元素有机类、橡胶类、纤维素类、其他成膜物类等。

4.1.3 消费税的税率

我国现行消费税税率分别采用比例税率、定额税率和复合税率3种税率形式。多数消费品采用比例税率；黄酒、啤酒、成品油等实行定额税率；卷烟和白酒实行从价定率和从量定额的复合税率。消费税税目、税率（税额）如表4-1所示。

表4-1 消费税税目、税率（税额）表

税 目	税 率
一、烟	
1. 卷烟	
（1）甲类卷烟（生产或进口环节）	56%加0.003元/支
（2）乙类卷烟（生产或进口环节）	36%加0.003元/支
（3）商业批发	11%加0.005元/支
2. 雪茄烟	36%
3. 烟丝	30%
二、酒	
1. 白酒	20%加0.5元/500 g（或者500 mL）
2. 黄酒	240元/t
3. 啤酒	
（1）甲类啤酒	250元/t
（2）乙类啤酒	220元/t
4. 其他酒	10%
三、高档化妆品	15%
四、贵重首饰及珠宝玉石	
1. 金银首饰、铂金首饰和钻石及钻石饰品	5%
2. 其他贵重首饰和珠宝玉石	10%
五、鞭炮、焰火	15%
六、成品油	
1. 汽油	1.52元/L
2. 石脑油	1.52元/L
3. 溶剂油	1.52元/L
4. 润滑油	1.52元/L
5. 柴油	1.2元/L
6. 航空煤油	1.2元/L
7. 燃料油	1.2元/L

续表

税　目	税　率
七、摩托车 　1. 气缸容量（排气量，下同）250 mL 的 　2. 气缸容量在 250 mL 以上的	 3% 10%
八、小汽车 　1. 乘用车 　　（1）气缸容量（排气量，下同）在 1.0 L（含 1.0 L）以下的 　　（2）气缸容量在 1.0 L 以上至 1.5 L（含 1.5 L）的 　　（3）气缸容量在 1.5 L 以上至 2.0 L（含 2.0 L）的 　　（4）气缸容量在 2.0 L 以上至 2.5 L（含 2.5 L）的 　　（5）气缸容量在 2.5 L 以上至 3.0 L（含 3.0 L）的 　　（6）气缸容量在 3.0 L 以上至 4.0 L（含 4.0 L）的 　　（7）气缸容量在 4.0 L 以上的 　2. 中轻型商用客车	 1% 3% 5% 9% 12% 25% 40% 5%
九、高尔夫球及球具	10%
十、高档手表	20%
十一、游艇	10%
十二、木制一次性筷子	5%
十三、实木地板	5%
十四、电池	4%
十五、涂料	4%

备注：对超豪华小汽车，在生产（进口）环节按现行税率征收消费税的基础上，在零售环节加征消费税，税率为 10%。

4.1.4　消费税的出口退（免）税

开征消费税是为了对特殊消费品或消费行为进行调节，增加财政收入。征收消费税不会影响居民的基本生活，因此除出口产品外消费税没有必要实行减免税。

1. 出口应税消费品退（免）税政策

（1）出口免税并退税

出口货物免征并退还消费税的政策只适用于有出口经营权的外贸企业购进并直接出口的应税消费品，以及外贸企业受其他外贸企业委托代理出口的应税消费品。

出口应退消费税的消费品必须具备以下 4 个条件。

① 属于消费税征税范围内的货物。

② 必须报关离境，即输出海关的货物。

③ 必须是取得税收（出口产品专用）缴款书、增值税专用发票（税款抵扣联）、出口货物报关单、出口收汇单证的货物。

④ 在财务上做出口销售处理，即已实现销售收入并按规定入账的出口货物。

（2）出口免税但不退税

出口免税但不退税政策适用于有出口经营权的生产性企业自营出口或委托外贸企业代理出口自产的应税消费品，依据其实际出口数量免征消费税，不予办理退还消费税。

2. 出口应税消费品退税率的确定

出口应税消费品应退消费税的税率或单位税额的确定，是依据《消费税税目税率（税额）表》（表 4-1）执行的，即坚持"征多少、退多少"的基本原则。这是与退（免）增值税的一个重要区别。企业应将不同消费税税率的出口应税消费品分别核算和申报，凡划分不清适用税率的，一律从低适用税率计算应退消费税税额。

3. 出口应税消费品退税额的计算

采用比例税率的出口应税消费品，应依据外贸企业从工厂购进货物时征收消费税的价格计算应退消费税税额，其公式为

$$应退消费税税额 = 出口应税消费品工厂的销售额 \times 比例税率$$

采用定额税率的出口应税消费品，应按货物报关出口的数量计算应退消费税税额，其公式为

$$应退消费税税额 = 出口数量 \times 单位税额$$

4.2 消费税的计算与申报

4.2.1 生产应税消费品应纳税额的计算

1. 实行从价定率计征办法

适用比例税率的应税消费品实行从价定率的办法计算应纳税额，其计算公式为

$$应纳税额 = 应税消费品的销售额 \times 适用税率$$

销售额为纳税人销售应税消费品而向购买方收取的全部价款和价外费用，但不包括应向购买方收取的增值税税款。

想一想：作为消费税计税依据的销售额为含消费税但不含增值税的销售额，由于增值税和消费税实行交叉征收，那么增值税和消费税的计税依据有何关系？

【例 4-1】某摩托车厂为增值税一般纳税人，6月份销售某型号摩托车 300 辆，出厂价为 10 000 元/辆，另外收取包装费 500 元/辆；当月购进货物取得的增值税专用发票上注明的税额为 298 000 元。计算该厂当月应缴纳的增值税和消费税（该型号摩托车适用 10% 的消费税税率）。

增值税销项税额 = 300 × [10 000 + 500/(1+13%)] × 13% = 407 257（元）

应纳增值税 = 407 257 − 298 000 = 109 257（元）

应纳消费税 = 300 × [10 000 + 500/(1+13%)] × 10% = 313 274（元）

2. 实行从量定额计征办法

适用定额税率的应税消费品实行从量定额的办法计算应纳税额，其计算公式为

$$应纳税额＝应税消费品的销售数量×单位税额$$

应税消费品销售数量的确定，具体分为下列几种情况。
① 销售应税消费品的，为应税消费品的销售数量。
② 自产自用应税消费品的，为应税消费品的移送使用数量。
③ 委托加工应税消费品的，为纳税人收回的应税消费品数量。
④ 进口应税消费品的，为海关核定的应税消费品进口征税数量。

想一想：在从量定额计征办法下，消费税和增值税的计税依据有关系吗？

为了规范不同应税消费品的计量单位，以准确计算应纳税额，适用定额税率应税消费品的"吨"与"升"两个计量单位的换算标准如表4-2所示。

表4-2　应税消费品计量单位换算标准

啤酒	1吨＝988升	黄酒	1吨＝962升
汽油	1吨＝1 388升	柴油	1吨＝1 176升
石脑油	1吨＝1 385升	溶剂油	1吨＝1 282升
润滑油	1吨＝1 126升	燃料油	1吨＝1 015升
航空煤油	1吨＝1 246升		

【例4-2】 某啤酒厂8月份销售啤酒100 t，啤酒的成本为2 300元/t，出厂价格为2 800元/t，当月购进货物取得的增值税专用发票上注明的税额为20 000元。计算该啤酒厂当月应缴纳的增值税和消费税。

$$增值税销项税额＝2 800×100×13\%＝36 400（元）$$
$$应纳增值税＝36 400－20 000＝16 400（元）$$
$$应纳消费税＝100×220＝22 000（元）$$

3. 实行复合计税办法

实行从价定率和从量定额复合计税办法的应税消费品，其计税依据同时为应税消费品的销售额和销售数量，其计算公式为

$$应纳税额＝销售额×比例税率＋销售数量×定额税率$$

【例4-3】 某酒厂为小规模纳税人，9月份销售瓶装粮食白酒20 t，不含税售价为6 000元/t；销售散装粮食白酒8 t，不含税售价为4 500元/t。计算该酒厂当月应缴纳的增值税和消费税。

应纳增值税＝(20×6 000＋8×4 500)×3%＝4 680（元）
应纳消费税＝(20×6 000＋8×4 500)×20% ＋(20×2 000＋8×2 000)×0.5
　　　　＝59 200（元）

4. 计税依据的特殊规定

① 纳税人通过自设非独立核算门市部销售自产的应税消费品，应当按照门市部对外销售额征收消费税。

② 纳税人用应税消费品换取生产资料和消费资料、投资入股和抵偿债务等时，应当以纳税人同类应税消费品的最高销售价格作为计税依据计算消费税。

③ 白酒生产企业向商业销售单位收取的"品牌使用费"是随着应税白酒的销售而向购货方收取的，属于应税白酒销售价款的组成部分，因此不论企业采取何种方式或以何种名义收取价款，均应并入白酒的销售额中缴纳消费税。

④ 对既销售金银首饰，又销售非金银首饰的生产、经营单位，应将两类商品划分清楚，分别核算销售额。凡划分不清楚或不能分别核算的，在生产环节销售的，一律从高适用税率征收消费税；在零售环节销售的，一律按金银首饰征收消费税。

4.2.2　自产自用应税消费品应纳税额的计算

自产自用是指纳税人生产应税消费品后，不是用于对外销售，而是用于自己连续生产应税消费品或用于其他方面。

纳税人自产自用的应税消费品，用于连续生产应税消费品的，不纳税。

纳税人自产自用的应税消费品，除用于连续生产应税消费品外，凡用于其他方面的，于移送使用时纳税。

纳税人自产的应税消费品用于其他方面，是指纳税人的应税消费品用于生产非应税消费品和用于在建工程、管理部门、非生产机构、提供劳务，以及用于馈赠、赞助、集资、广告、样品、职工福利、奖励等方面。

在从价定率计征方式下，纳税人自产的应税消费品用于其他方面，应按照纳税人生产的同类消费品的销售价格计算纳税；没有同类消费品销售价格的，按组成计税价格计税。组成计税价格的计算公式为

组成计税价格＝(成本＋利润)/(1－消费税税率)

实行复合计税办法计算纳税的组成计税价格的计算公式为

组成计税价格＝(成本＋利润＋自产自用数量×定额税率)/(1－比例税率)

其中，"成本"是指应税消费品的产品生产成本，"利润"是指根据应税消费品的全国平均成本利润率计算的利润。成本利润率由国家税务总局确定，具体如表 4－3 所示。

表4-3　应税消费品成本利润率

应税消费品	成本利润率	应税消费品	成本利润率
1. 甲类卷烟	10%	10. 贵重首饰及珠宝玉石	6%
2. 乙类卷烟	5%	11. 摩托车	6%
3. 雪茄烟	5%	12. 高尔夫球及球具	10%
4. 烟丝	5%	13. 高档手表	20%
5. 粮食白酒	10%	14. 游艇	10%
6. 薯类白酒	5%	15. 木制一次性筷子	5%
7. 其他酒	5%	16. 实木地板	5%
8. 高档化妆品	5%	17. 乘用车	8%
9. 鞭炮、焰火	5%	18. 中轻型商用客车	5%

想一想：在从量定额计征方式下如何确定增值税的计税依据？

【例4-4】 某食品厂为增值税一般纳税人，7月份将账面成本为97 500元、自己酿造的葡萄酒加香加色后灌装成瓶装酒；将账面成本为5 550元、自己酿造的葡萄酒领出，用以生产酒心巧克力；当月瓶装葡萄酒和酒心巧克力的销售收入（不含税）分别为276 750元和100 800元。计算该厂当月应纳的消费税和增值税销项税额。

领用葡萄酒生产瓶装酒时，不纳税。

销售葡萄酒时，

$$增值税销项税额 = 276\,750 \times 13\% = 35\,977.5（元）$$

$$应纳消费税 = 276\,750 \times 10\% = 27\,675（元）$$

领用葡萄酒生产酒心巧克力时，计算消费税。

$$应纳消费税 = [5\,550 \times (1+5\%)/(1-10\%)] \times 10\% = 647.5（元）$$

销售酒心巧克力时，计算缴纳增值税。

$$增值税销项税额 = 100\,800 \times 13\% = 13\,104（元）$$

想一想：为什么领用葡萄酒生产酒心巧克力时，只计算消费税，而不计算缴纳增值税？

【例4-5】 某啤酒厂为增值税一般纳税人，8月份将自产特制啤酒5 t供应啤酒节，每吨啤酒生产成本为3 000元。计算该项业务涉及的增值税销项税额和消费税。

应纳消费税＝5×250＝1 250（元）

增值税销项税额＝[3 000×5×(1＋10％)＋1 250]×13％＝2 307.5（元）

4.2.3 委托加工应税消费品应纳税额的计算

1. 委托加工应税消费品的规定

委托加工的应税消费品，是指由委托方提供原料和主要材料，受托方只收取加工费和代垫部分辅助材料加工的应税消费品。

《中华人民共和国消费税暂行条例》规定：委托加工的应税消费品，由受托方在向委托方交货时代收代缴消费税；但是，纳税人委托个人加工应税消费品的，一律于委托方收回后在委托方所在地缴纳消费税。

委托加工的应税消费品，受托方在交货时已代收代缴消费税，委托方将收回的应税消费品，以不高于受托方的计税价格出售的，不再缴纳消费税；委托方以高于受托方的计税价格出售的，需按照规定申报缴纳消费税，在计税时准予扣除受托方已代收代缴的消费税。委托方收回应税消费品后，用于连续生产应税消费品的，其已纳税款准予按照规定从连续生产的应税消费品应纳消费税税额中抵扣。

2. 委托加工应税消费品应纳税额的计算

委托加工的应税消费品实行比例税率的，其应纳税额计算公式为

应纳税额＝受托方同类消费品销售价格或组成计税价格×适用的比例税率

委托加工的应税消费品实行定额税率的，其应纳税额计算公式为

应纳税额＝委托加工收回的应税消费品数量×适用的定额税率

委托加工的应税消费品，按照受托方同类应税消费品的销售价格计算纳税；如果受托方无同类消费品销售价格的，按组成计税价格计算纳税。

实行从价定率办法计算纳税的组成计税价格的计算公式为

组成计税价格＝（材料成本＋加工费）/(1－消费税税率)

实行复合计税办法计算纳税的组成计税价格的计算公式为

组成计税价格＝（材料成本＋加工费＋委托加工数量×定额税率）/(1－比例税率)

公式中的"材料成本"是指委托方所提供加工材料的实际成本；"加工费"是指受托方加工应税消费品向委托方收取的全部费用，包括代垫辅助材料的实际成本，不包括受托方收取的增值税。

【例4-6】甲企业为增值税一般纳税人，接受某卷烟厂委托加工烟丝，卷烟厂提供的烟叶成本为35 000元，甲企业代垫辅助材料2 000元，收取加工费4 000元。甲企业没有同类烟丝的销售价格，计算此项业务涉及的增值税销项税额和消费税。

此项业务符合委托加工的规定，应由甲企业代收代缴消费税，甲企业应就代垫辅助材料

和收取的加工费计算增值税。

$$组成计税价格 = (35\,000 + 2\,000 + 4\,000)/(1 - 30\%)$$
$$= 58\,571.43（元）$$
$$甲企业代收代缴消费税 = 58\,571.43 \times 30\% = 17\,571.43（元）$$
$$增值税销项税额 = (2\,000 + 4\,000) \times 13\%$$
$$= 780（元）$$

想一想：例4-6中，如果甲企业有同类烟丝的销售价格，如何计算代收代缴消费税？如果烟叶是由甲企业提供的，甲企业应如何计算缴纳流转税？

4.2.4 进口应税消费品应纳税额的计算

① 实行从价定率办法的应税消费品，其应纳税额的计算公式为

$$应纳税额 = 组成计税价格 \times 消费税税率$$
$$组成计税价格 = (关税完税价格 + 关税)/(1 - 消费税税率)$$

② 实行从量定额办法的应税消费品，其应纳税额的计算公式为

$$应纳税额 = 应税消费品进口数量 \times 消费税单位税额$$

③ 实行复合计税办法的应税消费品，其应纳税额的计算公式为

$$应纳税额 = 应税消费品进口数量 \times 消费税单位税额 + 组成计税价格 \times 消费税税率$$

实行复合计税办法计算纳税的组成计税价格的计算公式为

$$组成计税价格 = (关税完税价格 + 关税 + 进口数量 \times 消费税定额税率)/$$
$$(1 - 消费税比例税率)$$

【例4-7】 某企业从境外进口一批高档化妆品，经海关核定，关税的完税价格为54 000元，进口关税税率为25%。计算该企业进口这批高档化妆品应缴纳的流转税。

$$组成计税价格 = (54\,000 + 54\,000 \times 25\%)/(1 - 15\%) = 79\,411.76(元)$$
$$应纳增值税 = 79\,411.76 \times 13\% = 10\,323.53(元)$$
$$应纳消费税 = 79\,411.76 \times 15\% = 11\,911.76(元)$$

4.2.5 已纳消费税扣除的计算

为了避免重复征税，现行消费税法规定，以外购或委托加工收回的已税消费品连续生产下列应税消费品时，在计税时准予按当期生产领用数量计算扣除原料已纳消费税税款：

① 以外购或委托加工收回的已税烟丝生产的卷烟；
② 以外购或委托加工收回的已税高档化妆品生产的高档化妆品；
③ 以外购或委托加工收回的已税珠宝玉石生产的贵重首饰及珠宝玉石；
④ 以外购或委托加工收回的已税鞭炮、焰火生产的鞭炮、焰火；
⑤ 以委托加工收回的已税摩托车生产的摩托车；
⑥ 以外购或委托加工收回的已税杆头、杆身和握把生产的高尔夫球杆；
⑦ 以外购或委托加工收回的已税木制一次性筷子生产的木制一次性筷子；
⑧ 以外购或委托加工收回的已税实木地板生产的实木地板；
⑨ 以外购、进口和委托加工收回的汽油、柴油、石脑油、燃料油、润滑油用于连续生产应税成品油。

上述当期准予扣除外购（或委托加工收回）应税消费品已纳消费税税款的计算公式为

当期准予抵扣的外购应税消费品已纳税款
＝当期准予扣除的外购应税消费品的买价×外购应税消费品的适用税率

当期准予扣除的外购应税消费品买价
＝期初库存的外购应税消费品的买价＋当期购进的应税消费品的买价－
期末库存的外购应税消费品的买价

自 2015 年 5 月 1 日起，从葡萄酒生产企业购进、进口葡萄酒连续生产应税葡萄酒的，准予从葡萄酒消费税应纳税额中扣除所耗用应税葡萄酒已纳消费税税款。如本期消费税应纳税额不足抵扣的，余额留待下期抵扣。

想一想：增值税一般纳税人进项税额的抵扣与消费税税款的扣除有何不同？

【例 4-8】 某日化厂为增值税一般纳税人，2 月份销售高档化妆品 600 套，每套不含税价格为 158 元，另外赠送关系单位 5 套。2 月份外购情况为：外购香粉，价款为 5 400 元，当月生产领用价值 4 000 元的香粉；外购香水，价款为 8 000 元，当月生产领用价值 7 200 元的香水。外购货物均取得增值税专用发票，并已验收入库。计算该厂 2 月份应纳的增值税和消费税。

销项税额＝(600＋5)×158×13％＝12 426.7（元）
进项税额＝(5 400＋8 000)×13％＝1 742（元）
应纳增值税＝12 426.7－1 742＝10 684.7（元）
应纳消费税＝(600＋5)×158×15％－(4 000＋7 200)×15％＝12 658.5（元）

4.2.6 消费税的申报与缴纳

1. 纳税义务发生时间
① 纳税人销售应税消费品的，按不同的销售结算方式，其纳税义务发生的时间不同。

- 采取赊销和分期收款结算方式的，为书面合同约定的收款日期的当天，书面合同没有约定收款日期或者无书面合同的，为发出应税消费品的当天。
- 采取预收货款结算方式的，为发出应税消费品的当天。
- 采取托收承付和委托银行收款方式的，为发出应税消费品并办妥托收手续的当天。
- 采取其他结算方式的，为收讫销售款或者取得索取销售款凭据的当天。

② 纳税人自产自用应税消费品的，其纳税义务发生时间为移送使用的当天。
③ 纳税人委托加工应税消费品的，其纳税义务发生时间为纳税人提货的当天。
④ 纳税人进口应税消费品的，其纳税义务发生时间为报关进口的当天。

2. 纳税期限

消费税的纳税期限与增值税相同。纳税人的纳税期限，由主管税务机关根据纳税人应纳税额的大小分别核定；不能按照固定期限纳税的，可以按次纳税。纳税人以1个月或者1个季度为1个纳税期的，自期满之日起15日内申报纳税；以1日、3日、5日、10日或者15日为1个纳税期的，自期满之日起5日内预缴税款，于次月1日起15日内申报纳税并结清上月应纳税款。

纳税人进口应税消费品的，应当自海关填发税款缴款书之日起15日内缴纳税款。

3. 纳税地点

① 纳税人销售的应税消费品，以及自产自用的应税消费品，除国家另有规定外，应当向纳税人机构所在地或者居住地主管税务机关申报纳税。
② 委托加工的应税消费品，除受托方为个人外，由受托方向机构所在地或者居住地的主管税务机关解缴消费税税款；委托个人加工的应税消费品，由委托方向其机构所在地或者居住地主管税务机关申报纳税。
③ 进口的应税消费品，由进口人或者其代理人向报关地海关申报纳税。
④ 纳税人到外县（市）销售或者委托外县（市）代销自产应税消费品的，于应税消费品销售后，向机构所在地或者居住地主管税务机关申报纳税。
⑤ 纳税人的总机构与分支机构不在同一县（市）的，应当分别向各自机构所在地的主管税务机关申报纳税；经财政部、税务总局或者其授权的财政、税务机关批准，可以由总机构汇总向总机构所在地的主管税务机关申报纳税。

4.3 消费税的会计核算

4.3.1 消费税会计账户的设置

为正确反映和核算消费税的有关纳税事项，需要缴纳消费税的企业应在"应交税费"账户下设置"应交消费税"明细账户。由于消费税是价内税，为反映消费税对损益的影响，通常企业正常销售应税消费品时，按规定缴纳的消费税，借记"税金及附加"账户，贷记"应交税费——应交消费税"账户。

(1) "应交税费——应交消费税"账户

该账户核算消费税的应交、已交、欠交等情况。账户的贷方发生额，反映企业按规定计算应交的消费税和代收代缴的消费税；借方发生额，反映企业实际缴纳的消费税或允许抵扣的消费税。期末余额在贷方，反映尚未交纳的消费税；在借方，反映多交的消费税。

(2) "税金及附加"账户

该账户核算企业经营活动发生的消费税、城市维护建设税、资源税、教育费附加及房产税、土地使用税、车船税、印花税等相关税费。

企业按规定计算确定的与经营活动相关的税费，借记"税金及附加"账户，贷记"应交税费"等账户。期末，应将"税金及附加"账户余额转入"本年利润"账户，结转后"税金及附加"账户应无余额。

一般情况下，消费税实行单环节纳税，我国消费税主要选择在生产环节和进口环节征税。因此，消费税的核算主要集中在生产企业销售、自用应税消费品和委托加工应税消费品，以及进口应税消费品的核算。

消费税的会计处理由于其本身的特点而具有特殊之处。当然，由于消费税是增值税税种的延伸，与增值税交叉征收，因而两者的会计处理一般都是同时进行的。

4.3.2 生产销售应税消费品应纳消费税的核算

1. 一般销售业务的核算

企业将生产的产品直接销售，在销售时应当计算应交消费税税额，借记"税金及附加"账户，贷记"应交税费——应交消费税"账户；实际缴纳消费税时，借记"应交税费——应交消费税"账户，贷记"银行存款"账户。发生销货退回及退税时做相反的会计分录。

【例4-9】承例4-2，则该啤酒厂应如何进行会计处理？

确认销售收入时的会计处理为

借：银行存款	316 400
贷：主营业务收入	280 000
应交税费——应交增值税（销项税额）	36 400

计提消费税、结转成本时的会计处理为

借：税金及附加	22 000
贷：应交税费——应交消费税	22 000
借：主营业务成本	230 000
贷：库存商品	230 000

按规定期限上缴消费税时的会计处理为

借：应交税费——应交消费税	22 000
贷：银行存款	22 000

2. 以生产的应税消费品换取生产资料、消费资料或抵偿债务的核算

企业以生产的应税消费品换取生产资料、消费资料或抵偿债务等，应视同销售进行处理。纳税人应以换出或抵债的应税消费品当月同类产品平均售价计算增值税，以换出的应税消费品当月同类产品最高售价计算消费税。

【例 4-10】某鞭炮厂 12 月份用 750 箱鞭炮抵偿欠款 500 000 元。12 月份每箱鞭炮售价在 600~650 元之间浮动，平均价格为 620 元/箱。则该鞭炮厂应如何进行会计处理？

增值税销项税额 = 620 × 750 × 13% = 60 450（元）

应纳消费税 = 650 × 750 × 15% = 73 125（元）

抵偿欠款的会计处理为

借：应付账款　　　　　　　　　　　　　　　　　　　　　500 000
　　营业外支出　　　　　　　　　　　　　　　　　　　　　 25 450
　　贷：主营业务收入　　　　　　　　　　　　　　　　　　465 000
　　　　应交税费——应交增值税（销项税额）　　　　　　　 60 450

计提消费税的会计处理为

借：税金及附加　　　　　　　　　　　　　　　　　　　　　73 125
　　贷：应交税费——应交消费税　　　　　　　　　　　　　 73 125

3. 应税消费品包装物的核算

实行从价定率办法计算应纳税额的应税消费品连同包装物销售的，无论包装物是否单独计价，均应并入应税消费品的销售额，计算缴纳消费税。在销售应税消费品时出租、出借包装物逾期未收回而没收的押金，以及酒类产品生产企业销售除啤酒、黄酒以外的其他酒类产品而收取的包装物押金，应按规定计算缴纳消费税。

（1）随同产品销售且不单独计价的包装物

随同产品销售且不单独计价的包装物，其收入已包含在产品的销售收入中。因此，包装物应交的消费税与产品销售一并进行会计处理。

（2）随同产品销售但单独计价的包装物

随同产品销售但单独计价的包装物，其收入记入"其他业务收入"账户，其销售成本和应缴纳的消费税通过"税金及附加"账户核算。

（3）出租、出借的包装物

出租、出借的包装物收取的酒类以外消费品的押金，在收到时不需要纳税，借记"银行存款"账户，贷记"其他应付款"账户；待包装物按期返还而退回包装物押金时，做相反的会计处理；包装物逾期收不回来而将押金没收时，借记"其他应付款"账户，贷记"其他业务收入""应交税费——应交增值税（销项税额）"账户。

【例 4-11】某烟厂 7 月销售甲型号雪茄烟一批，取得销售收入 400 000 元（不含税），另收取包装物押金 50 850 元，包装物的回收期限为 1 个月；同时销售乙型号雪茄烟一批，取得收入 300 000 元（不含税），其中包括随同雪茄烟销售的包装物的价值为 50 000 元，款项均以银行

存款收讫。假定该烟厂对雪茄烟和包装物分别核算,且销售甲型号雪茄烟的包装物逾期未收回。试进行相应的会计处理。

① 销售甲型号雪茄烟应纳的增值税和消费税

$$增值税销项税额 = 400\ 000 \times 13\% = 52\ 000（元）$$
$$应纳消费税 = 400\ 000 \times 36\% = 144\ 000（元）$$

销售甲型号雪茄烟而收取的包装物押金不征税,会计处理为

借：银行存款	502 850
贷：主营业务收入	400 000
其他应付款——押金	50 850
应交税费——应交增值税（销项税额）	52 000
借：税金及附加	144 000
贷：应交税费——应交消费税	144 000

② 销售乙型号雪茄烟应纳的增值税和消费税

$$增值税销项税额 = 300\ 000 \times 13\% = 39\ 000（元）$$
$$应纳消费税 = 300\ 000 \times 36\% = 108\ 000（元）$$

借：银行存款	339 000
贷：主营业务收入	300 000
应交税费——应交增值税（销项税额）	39 000
借：税金及附加	108 000
贷：应交税费——应交消费税	108 000

③ 逾期未收回包装物而没收押金

$$增值税销项税额 = [50\ 850/(1+13\%)] \times 13\% = 5\ 850（元）$$
$$应纳消费税 = [50\ 850/(1+13\%)] \times 36\% = 16\ 200（元）$$

借：其他应付款——押金	50 850
贷：其他业务收入	45 000
应交税费——应交增值税（销项税额）	5 850
借：税金及附加	16 200
贷：应交税费——应交消费税	16 200

（4）酒类产品生产企业包装物的核算

对酒类产品生产企业销售除啤酒、黄酒以外的其他酒类产品而收取的包装物押金,无论押金是否返还及会计上如何核算,均应并入酒类产品的销售额中,依酒类产品的适用税率征收消费税。收取押金时记入"其他应付款"账户,包装物所应缴纳的增值税和消费税则应记入"销售费用"账户。

4. 外购应税消费品已纳税款扣除的核算

纳税人以外购应税消费品连续生产应税消费品,在应税消费品销售环节计算消费税时,准予按当期生产领用数量计算扣除外购应税消费品已纳消费税。

纳税人领用外购消费品时，将已支付的消费税记入"应交税费——应交消费税"的借方；待连续生产的应税消费品对外销售计算应交的消费税时，借记"税金及附加"，贷记"应交税费——应交消费税"。"应交消费税"明细账借、贷方发生额相抵扣后的余额，即为实际应缴纳的消费税。

【例 4-12】 某卷烟厂外购已税烟丝一批，已入库，取得的增值税专用发票上注明的价款为 150 万元，税金为 19.5 万元，当月以外购烟丝生产卷烟 100（标准）箱并销售，不含税销售额为 220 万元，本月月初库存外购烟丝成本（买价）30 万元，月末库存外购烟丝成本（买价）45 万元。试进行相应的会计处理。（消费税税率：卷烟定额税率为每箱 150 元，比例税率为 56%，烟丝税率为 30%）

准予扣除的外购应税消费品已纳消费税 = $(30+150-45) \times 30\%$ = 40.5（万元）
本月应纳消费税 = $(100 \times 150/10\ 000 + 220 \times 56\%) - 40.5$ = 84.2（万元）
本月应纳增值税 = $220 \times 13\% - 19.5$ = 9.1（万元）

购进烟丝时，会计处理为

借：原材料　　　　　　　　　　　　　　　　　　　　　　1 500 000
　　应交税费——应交增值税（进项税额）　　　　　　　　　195 000
　　贷：银行存款　　　　　　　　　　　　　　　　　　　　1 695 000

领用烟丝生产卷烟时，会计处理为

借：生产成本　　　　　　　　　　　　　　　　　　　　　　945 000
　　应交税费——应交消费税　　　　　　　　　　　　　　　405 000
　　贷：原材料　　　　　　　　　　　　　　　　　　　　　1 350 000

销售卷烟时，会计处理为

借：银行存款　　　　　　　　　　　　　　　　　　　　　2 486 000
　　贷：主营业务收入　　　　　　　　　　　　　　　　　　2 200 000
　　　　应交税费——应交增值税（销项税额）　　　　　　　286 000

计算消费税时，会计处理为

借：税金及附加　　　　　　　　　　　　　　　　　　　　1 247 000
　　贷：应交税费——应交消费税　　　　　　　　　　　　　1 247 000

本月实际缴纳增值税、消费税时，会计处理为

借：应交税费——未交增值税　　　　　　　　　　　　　　　91 000
　　应交税费——应交消费税　　　　　　　　　　　　　　　842 000
　　贷：银行存款　　　　　　　　　　　　　　　　　　　　933 000

4.3.3 自产自用应税消费品应纳消费税的核算

1. 以自产的应税消费品用于连续生产

① 用于连续生产应税消费品的，不缴纳消费税，只进行实际成本的核算。
② 用于连续生产非应税消费品的，于移送生产时缴纳消费税。

【例 4-13】承例 4-4，食品厂的会计处理如下。

领用葡萄酒生产瓶装酒时的会计处理为

借：生产成本	97 500
贷：自制半成品	97 500

销售葡萄酒时，会计处理为

借：银行存款	312 727.5
贷：主营业务收入	276 750
应交税费——应交增值税（销项税额）	35 977.5
借：税金及附加	27 675
贷：应交税费——应交消费税	27 675

领用葡萄酒生产酒心巧克力时，会计处理为

借：生产成本	6 197.5
贷：自制半成品	5 550
应交税费——应交消费税	647.5

销售酒心巧克力时，会计处理为

借：银行存款	113 904
贷：主营业务收入	100 800
应交税费——应交增值税（销项税额）	13 104

2. 以自产的应税消费品用于其他方面

用于其他方面的应税消费品应视同销售，在按成本转账的同时，按同类消费品的销售价格或组成计税价格计算增值税和消费税，借记"销售费用""营业外支出""固定资产""长期股权投资"等账户，贷记"库存商品"（"自制半成品"）、"应交税费——应交增值税（销项税额）""应交税费——应交消费税"等账户。

【例 4-14】承例 4-5，啤酒厂将特制啤酒供应啤酒节的会计处理为

借：销售费用	18 557.5
贷：库存商品	15 000
应交税费——应交消费税	1 250

　　　　应交税费——应交增值税（销项税额）　　　　　　　2 307.5

【例 4-15】 天天化妆品公司（小规模纳税人）将成本为 2 000 元、售价为 3 090 元的高档化妆品作为福利发给职工。该化妆品公司的会计处理如下。

$$高档化妆品应纳增值税 = [3\,090/(1+3\%)] \times 3\% = 90（元）$$
$$应纳消费税 = 3\,000 \times 15\% = 450（元）$$

会计处理为

借：应付职工薪酬　　　　　　　　　　　　　　　　　　　3 090
　　贷：主营业务收入　　　　　　　　　　　　　　　　　　3 000
　　　　应交税费——应交增值税　　　　　　　　　　　　　　90
借：税金及附加　　　　　　　　　　　　　　　　　　　　　450
　　贷：应交税费——应交消费税　　　　　　　　　　　　　450

4.3.4　委托加工应税消费品应纳消费税的核算

1. 受托方代收代缴消费税的核算

受托方按规定代收消费税时，借记"银行存款"或"应收账款"等账户，贷记"应交税费——应交消费税"账户；上缴代收代缴的消费税时，借记"应交税费——应交消费税"账户，贷记"银行存款"账户。

2. 委托方支付消费税的核算

委托加工消费税的核算，委托方应设置"委托加工物资"账户，该账户借方反映委托方领用加工物资的实际成本、支付的加工费用和应负担的运杂费及支付的消费税；该账户贷方反映加工完成验收入库物资的实际成本。期末余额在借方，反映尚未完工的委托加工物资的实际成本和发出加工物资的运杂费等。

由于税法对收回的应税消费品用于直接销售和用于连续生产应税消费品采用不同的税收政策，在这两种情况下，委托方提货时向受托方支付消费税的会计核算有所不同。

（1）收回后直接用于销售的应税消费品

委托方将委托加工应税消费品收回后，直接用于销售的，应将受托方代收代缴的消费税计入委托加工的应税消费品成本，借记"委托加工物资"等账户，贷记"银行存款"或"应付账款"等账户。委托方将收回的已由受托方代收消费税的消费品对外出售，不再缴纳消费税。

（2）收回后用于连续生产应税消费品

委托方将委托加工的应税消费品收回后用于连续生产应税消费品，则应将受托方代收代缴的消费税记入"应交税费——应交消费税"账户的借方，在最终计算缴纳消费税时予以抵扣，而不是计入委托加工应税消费品的成本中。

委托方在提货时，按应支付的加工费等借记"委托加工物资"等账户，按受托方代收代缴的消费税，借记"应交税费——应交消费税"账户，按支付加工费相应的增值税税额借记

"应交税费——应交增值税（进项税额）"账户，按加工费与增值税、消费税之和贷记"银行存款"等账户；待加工成最终应税消费品销售时，按最终应税消费品计算应缴纳的消费税，借记"税金及附加"账户，贷记"应交税费——应交消费税"账户；"应交税费——应交消费税"账户中这两笔借贷方发生额的差额为实际应缴的消费税。

【例4-16】承例4-6，假设收回烟丝直接对外出售，则委托方卷烟厂的会计处理如下。

发出烟叶时，会计处理为

借：委托加工物资	35 000
贷：原材料	35 000

支付加工费、辅助材料及增值税时，会计处理为

借：委托加工物资	6 000
应交税费——应交增值税（进项税额）	780
贷：银行存款	6 780

支付消费税时，会计处理为

借：委托加工物资	17 571.43
贷：银行存款	17 571.43

加工完成后验收入库，会计处理为

借：库存商品	58 571.43
贷：委托加工物资	58 571.43

【例4-17】承例4-6，如果烟丝收回后当月全部用于生产卷烟10箱并出售，取得不含税收入132 000元，则卷烟厂的会计处理如下。

发出烟叶和支付加工费、辅助材料的会计处理同例4-16。

支付消费税时，会计处理为

借：应交税费——应交消费税	17 571.43
贷：银行存款	17 571.43

加工完成后验收入库，会计处理为

借：库存商品	41 000
贷：委托加工物资	41 000

销售卷烟时，会计处理为

借：银行存款	149 160
贷：主营业务收入	132 000
应交税费——应交增值税（销项税额）	17 160

计提消费税，会计处理为

借：税金及附加 49 020
　　贷：应交税费——应交消费税 49 020

申报缴纳消费税时，会计处理为

借：应交税费——应交消费税 31 448.57
　　贷：银行存款 31 448.57

上述两种情况，尽管委托方的会计处理不同，但受托方的会计处理却相同。

受托方甲企业在收到卷烟厂支付的加工费、辅助材料及代收代缴的消费税时，会计处理为

借：银行存款 24 351.43
　　贷：主营业务收入 6 000
　　　　应交税费——应交增值税（销项税额） 780
　　　　应交税费——应交消费税 17 571.43

想一想：例4-16和例4-17两种情况下，委托方卷烟厂收回的烟丝成本分别由哪几部分构成？

4.3.5　进口应税消费品的核算

纳税人进口应税消费品应纳的消费税，应与进口关税一起计入进口应税消费品的成本，不需要通过"应交税费——应交消费税"账户核算。纳税人按照海关提供的完税凭证上注明的消费税税额，借记"固定资产""材料采购""原材料"等账户，贷记"银行存款""应付账款"等账户。

【例4-18】承例4-7，化妆品进口环节应纳税款的会计处理为

借：库存商品 79 411.76
　　应交税费——应交增值税（进项税额） 10 323.53
　　贷：银行存款 89 735.29

本章小结

消费税会计是对纳税人和代收代缴义务人消费税涉税行为的核算。一般情况下，缴纳消费税的企业同时应缴纳增值税，但由于消费税本身的特点，使消费税的会计处理方法具有其独特之处。

> 消费税的计算与缴纳通过"应交税费——应交消费税"账户核算,由于消费税为价内税,计提消费税的对应账户一般是"税金及附加"。消费税的核算主要集中在生产企业销售、自用应税消费品,委托加工应税消费品,以及进口应税消费品的核算。

习 题

一、思考与讨论题

1. 简述消费税的特点,开征消费税的意义何在?
2. 消费税的视同销售有哪几种情况?
3. 简述消费税的税款计算和缴纳的方法。
4. 试总结增值税和消费税的组成计税价格公式。
5. 企业生产销售的应税消费品,如何进行会计处理?
6. 如何核算自产自用的应税消费品?
7. 试分析委托加工应税消费品的委托方和受托方各需要缴纳哪些税种。
8. 简述企业将委托加工收回的应税消费品用于直接销售和用于连续生产应税消费品的会计处理方法有何不同之处。

二、单项选择题

1. 某啤酒厂 9 月生产了 15 000 t 生啤酒,当月销售了 10 000 t,取得含税销售收入 117 万元。则啤酒厂计算其应纳消费税的计税依据为( )。
   A. 100 万元　　　B. 113 万元　　　C. 10 000 t　　　D. 15 000 t

2. 纳税人委托个体经营者加工应税消费品,消费税应( )。
   A. 由受托方代收代缴
   B. 由委托方在受托方所在地缴纳
   C. 由委托方收回后在委托方所在地缴纳
   D. 由委托方在受托方或委托方所在地缴纳

3. 某企业自产一批高档化妆品用于本企业职工福利,没有同类产品价格可以比照,需按组成计税价格计算缴纳消费税。其组成计税价格为( )。
   A. (材料成本+加工费)/(1-消费税税率)
   B. (成本+利润)/(1-消费税税率)
   C. (材料成本+加工费)/(1+消费税税率)
   D. (成本+利润)/(1+消费税税率)

4. 下列各项中符合消费税税法规定,应按当期生产领用数量计算准予扣除外购的应税消费品已纳消费税税额的是( )。
   A. 外购已税白酒生产的药酒
   B. 外购已税珠宝玉石生产的金银镶嵌首饰
   C. 外购已税卷烟生产的卷烟

D. 外购已税高档化妆品生产的高档化妆品
5. 下列情况中，不属于消费税的征收范围的是（ ）。
   A. 首饰厂销售给金银首饰商店的金银首饰
   B. 化妆品厂用于广告的高档化妆品
   C. 将自产的应税消费品发给职工使用
   D. 自制应税消费品用于对外投资
6. 消费税纳税人采取赊销和分期收款结算方式的，其纳税义务发生时间为（ ）。
   A. 发出货物的当天　　　　　　　　　B. 收到货款的当天
   C. 合同约定的收款日期的当天　　　　D. 双方约定的任一时间

三、多项选择题

1. 下列属于成品油子目的应税消费品有（ ）。
   A. 航空煤油　　B. 润滑油　　C. 溶剂油　　D. 石脑油
2. 下列流转环节能够成为消费税不同应税产品的纳税环节的有（ ）。
   A. 批发环节　　B. 进口环节　　C. 零售环节　　D. 生产销售环节
3. 下列各项中，可按委托加工应税消费品的规定征收消费税的有（ ）。
   A. 受托方代垫原料，委托方提供辅助材料
   B. 委托方提供原料和主要材料，受托方代垫部分辅助材料
   C. 受托方负责采购委托方所需原材料
   D. 委托方提供原料、材料和全部辅助材料
4. 某酒厂（增值税一般纳税人）受托加工啤酒，则该酒厂在向委托方移送啤酒时，应向委托方收取的项目费用包括（ ）。
   A. 加工费　　　　　　　　　　　　B. 增值税税额
   C. 代垫辅助材料成本　　　　　　　D. 代收代缴消费税税额
5. 某生产企业（增值税一般纳税人）发生的下列各项业务中，按规定既征收增值税又征收消费税的有（ ）。
   A. 将自产的应税消费品用于生产应税消费品
   B. 将自产的应税消费品用于职工福利
   C. 将自产的应税消费品用于广告
   D. 将自产的应税消费品用于生产非应税消费品
6. 注册税务师审核某生产企业缴纳消费税情况时，发现企业在销售应税消费品时，除了收取价款外，还向购货方收取了其他费用，按现行消费税法规定，下列各项中应并入应税销售额计税的有（ ）。
   A. 购货方违约延期付款而支付的利息
   B. 因物价上涨，向购买方收取的差价补贴
   C. 以委托方名义开具发票代委托方收取的款项
   D. 因采用新的包装材料而向购买方收取的包装费

四、判断题

1. 对不符合委托加工限定条件的，不论纳税人在财务上如何处理，都不得作为委托加工应税消费品，而按照销售自制应税消费品缴纳消费税。（ ）

2. 实行从价定率办法的应税消费品连同包装物销售的，不论包装物是否单独计价，也不论在财务上如何核算，均应并入应税消费品的销售额中征收消费税。（ ）

3. 应税消费品在流通环节缴纳增值税的同时，还要缴纳消费税。（ ）

4. 纳税人用于换取生产资料和消费资料，投资入股和抵偿债务等方面的应税消费品，应当以同类应税消费品的市场售价为依据计算消费税。（ ）

5. 纳税人进口应税消费品，应当自海关填发税款缴纳证的当日起7日内缴纳税款。（ ）

6. 商贸企业委托外贸企业代理出口应税消费品，可享受退（免）消费税的优惠待遇。（ ）

五、实务题

1. 某酒厂5月发生以下业务。

① 以外购粮食白酒和自产糠麸白酒勾兑散装白酒1 t并销售，取得不含税收入3.8万元，货款已收到。

② 自制白酒5吨，对外售出4 t，收到不含税销售额20万元，另收取包装物押金（单独核算）0.2万元。

③ 以自制白酒500 kg继续加工成药酒600 kg，全部售出，普通发票上注明销售额为7.2万元。

④ 从另一酒厂购入粮食白酒400 kg（已纳消费税0.4万元），全部勾兑成低度白酒出售，数量500 kg，取得不含税收入2.5万元。

⑤ 为厂庆活动特制白酒2 000 kg，全部发放给职工，无同类产品售价。每千克成本为15元。

要求：请计算该酒厂5月份应纳消费税。

2. 某化妆品公司（一般纳税人）9月购进A种原材料（非应税消费品），取得的增值税专用发票上注明的价款为30万元，本月货到并验收入库。该公司用其中的10万元A原料，委托一日化厂加工高档化妆品，本月化妆品公司收回并支付加工费及增值税，日化厂代收代缴了消费税，并开具了增值税专用发票，注明加工费为1.5万元（包括代垫辅料费0.2万元）。该公司将收回的高档化妆品的80%售给某特约经销商，开具的增值税专用发票上注明的价款为40万元，货款已收到。另用外购A原料（18万元）和委托加工收回的高档化妆品（2万元），生产成套化妆品售出，增值税专用发票已开出，注明价款为90万元，货已发出，并办妥银行托收手续。

要求：根据上述资料计算该化妆品公司应纳的增值税和消费税，并进行会计处理。

3. 某卷烟厂（增值税一般纳税人）10月份发生的经济业务如下。

① 10日，购买烟叶一批，取得的增值税专用发票注明的价款为150 000元，增值税为19 500元，款项已付，货已入库。

② 15日，将10日购入的烟叶发往红旗烟厂，委托红旗烟厂加工烟丝，收到的增值税专用发票注明的加工费为60 000元，增值税为7 800元，红旗烟厂无同类烟丝的售价。

③ 22日，卷烟厂收回烟丝后，领用一半用于卷烟生产，另一半直接出售，取得含税收入226 000元。

④ 25日，卷烟厂销售卷烟20标准箱，每箱250标准条，每条不含税售价为80元。

要求：根据以上资料，做出相应的会计分录，并计算该卷烟厂10月份应纳消费税。

4. 甲酒厂为增值税一般纳税人，7月有关生产经营业务如下。

① 从农业生产者手中收购粮食30 t，每吨收购价为2 000元，共计支付收购价款60 000元。

② 将收购的粮食从收购地直接运往异地的乙酒厂生产加工白酒，白酒加工完毕，甲酒厂收回白酒8 t，取得乙酒厂开具的防伪税控增值税专用发票，注明加工费为25 000元，代垫辅料价值15 000元，加工的白酒当地无同类产品市场价格。

③ 本月内甲酒厂将收回的白酒批发售出7 t，每吨不含税销售价为16 000元。

④ 支付给运输单位销货运输费用12 000元，取得增值税专用发票。

要求：（1）计算乙酒厂应代收代缴的消费税和应纳增值税，并做出相应的会计处理。
（2）计算甲酒厂应纳消费税和增值税，并做出相应的会计处理。

5. 某汽车制造厂为增值税一般纳税人，生产销售A型小汽车，出厂不含税单价为每辆90 000元。1月份购销情况如下。

① 向当地汽车贸易中心销售80辆，汽车贸易中心当月付清货款后，厂家给予了8%的销售折扣，开具红字发票入账。

② 向外地特约经销点销售50辆，并支付运费8 000元，取得增值税专用发票。

③ 逾期仍未收回的包装物押金67 800元，计入销售收入。

④ 将本厂自产一辆A型小轿车用于本厂后勤生活服务。

⑤ 购入小轿车零部件、原材料，取得的防伪税控增值税专用发票上注明的价款为5 800 000元，税款为754 000元；取得的增值税专用发票已于当月向税务机关申请并通过认证。

⑥ 从国外进口一批小轿车零部件，支付给国外卖方货款1 300 000元、卖方佣金20 000元，运抵我国海关前的运杂费和保险费为180 000元；取得的海关进口增值税专用缴款书当月未向税务机关申请认证。

⑦ 从小规模纳税人处购进小轿车零件价值90 000元，未取得增值税专用发票。

⑧ 本月共向客户收取提车加急费117 520元。

（已知小轿车的消费税税率为5%，小轿车零部件的进口关税税率为20%。）

要求：根据上述资料及税法相关规定，计算该厂当月应纳增值税和消费税。

6. 某化妆品生产企业为增值税一般纳税人，10月上旬从国外进口一批高档化妆品，支付给国外货价120万元、相关税金10万元、卖方佣金2万元，运抵我国海关前的运杂费和保险费18万元；进口机器设备一套，支付给国外货价35万元、运抵我国海关前的运杂费和保险费5万元。高档化妆品和机器设备均验收入库。本月内企业将进口的高档化妆品的80%生产加工为成套化妆品7 800套，对外批发销售7 000套，取得不含税销售额290万元；向消费者零售800套，取得含税销售额49.72万元（高档化妆品的进口关税税率为40%，机器设备的进口关税税率为20%）。

要求：计算该企业应纳的增值税和消费税，并进行相应的会计处理。

六、案例分析

1. 某化工公司是增值税一般纳税人，生产高档化妆品。4月6日，该公司向当地税务机关申报纳税，结清3月份应缴纳税款。4月20日，税务机关在对该公司3月份纳税情况实施税务稽核时，发现以下情况。

① 连同高档化妆品一同销售的特制包装盒收入（含增值税）9 040元，未纳入增值税、消费税销售额中。生产特制包装盒发生的进项税额已在3月份销项税额中抵扣。

② 外购一批用于生产高档化妆品的原料已验收入库，支付货款（含增值税）33 900元，取得对方开具的增值税专用发票上的增值税额为3 900元。经核查，该批原料因管理不善已被盗窃，但其进项税额已从3月份销项税额中抵扣。

③ 将新开发的高档化妆品40箱作为样品用于新产品发布会，会后全部赠送与会人员，该批样品未计入销售收入。生产该批样品发生的进项税额已在3月份销项税额中抵扣。该批高档化妆品每箱市场销售价格（含增值税）为305.1元。

请分析并计算该公司3月份应补缴的增值税和消费税。

2. 北京蓝天卷烟厂委托昆明乐土卷烟厂加工一批烟丝。烟丝收回后，部分直接销售，部分用于生产卷烟。

双方签订的委托加工合同中注明北京蓝天卷烟厂提供烟叶价值80 000元，昆明乐土卷烟厂收取加工费15 000元，代垫辅料价值5 000元（加工费和辅助材料均为不含税价，昆明乐土卷烟厂开具了增值税专用发票）。烟丝加工完毕，昆明乐土卷烟厂向北京蓝天卷烟厂交货时代收代缴了消费税，昆明乐土卷烟厂无同类加工产品的销售。

当月北京蓝天卷烟厂将委托加工收回的烟丝的50%直接对外销售，开具的普通发票上注明销售额为79 100元，烟丝的40%用于生产卷烟，当月销售卷烟100箱，开具增值税专用发票上注明的销售额为1 200 000元。

北京蓝天卷烟厂与昆明乐土卷烟厂均为增值税一般纳税人。

分别计算北京蓝天卷烟厂和昆明乐土卷烟厂应缴纳的流转税，并做出相应的会计处理。

如果本月北京蓝天卷烟厂将委托加工收回的烟丝的50%直接对外销售，开具的普通发票上注明销售额为84 750元，则相应的税务处理和会计处理有何不同？

第 5 章

企业所得税会计

【学习要求】
1. 解释基本概念：所得税费用、当期所得税、税前会计利润、应纳税所得额、暂时性差异。
2. 掌握资产负债表债务法会计处理的基本程序及其原理。
3. 计算、确定资产、负债的计税基础；联系资产和负债的定义，理解可抵扣暂时性差异和应纳税暂时性差异。
4. 确认递延所得税负债和递延所得税资产。
5. 确定和计量所得税费用。

5.1 企业所得税概述

企业所得税（enterprise income tax）是以企业取得的生产经营所得和其他所得为征税对象所征收的一种税。企业所得税主要具有以下特点。

(1) 计税依据为应纳税所得额

企业所得税的征税对象为所得额，其计税依据是应纳税所得额，是纳税人的收入总额扣除与纳税人取得应税收入有关的各项成本、费用、税金、损失等支出后的净所得额。不同于企业会计利润，应纳税所得额要依照《企业所得税法》的规定确定。

(2) 征税以量能负担为原则

企业所得税以纳税人的生产、经营所得和其他所得为税基，贯彻了量能负担的原则，按照纳税人有无所得及负担能力的大小确定所得税的税收负担。这种将所得税负担和纳税人所得多少联系起来征税的办法，便于体现税收公平的基本原则。

(3) 税收负担的直接性

企业所得税是对纳税人的净所得征税，其本质属性是"所得者付其税"，一般不会发生转嫁税负和重复征税的问题，因而被称为直接税。纳税人和实际负担人通常是一致的，可以直接调节纳税人的收入。

（4）实行按年计征、分期预缴的征收管理办法

企业所得税一般以全年的应纳税所得额作为计税依据，分月或分季预缴，年终汇算清缴。企业所得税的纳税年度与会计年度一致，有利于税收的征收管理，也兼顾了企业会计核算的实际情况。

1980年9月，我国颁布了《中华人民共和国中外合资经营企业所得税法》，这是我国第一部企业所得税法。为了进一步适应对外开放的需要，按照税负从轻、优惠从宽、手续从简的原则，1991年4月9日，第七届全国人民代表大会第四次会议通过了《中华人民共和国外商投资企业和外国企业所得税法》，完善了我国的涉外所得税制。

根据建立社会主义市场经济体制的要求，为贯彻"公平税负、促进竞争"的原则，1993年12月，国务院发布了《中华人民共和国企业所得税暂行条例》，将原来的国营企业所得税、集体企业所得税、私营企业所得税合并，统一了内资企业所得税制度，从1994年1月1日起施行。

根据十六届三中全会关于"统一各类企业税收制度"的精神，我国启动了企业所得税"两税合并"改革，并于2007年3月16日在第十届全国人民代表大会第五次会议通过了《中华人民共和国企业所得税法》，自2008年1月1日起实行。2017年和2018年进行了两次修正。

5.1.1 企业所得税的纳税人

企业所得税的纳税人是指在中华人民共和国境内的企业和其他取得收入的组织（以下统称企业）。企业所得税法采用地域管辖权和居民管辖权的双重标准划分居民企业和非居民企业，分别确定不同的纳税义务。

1. 居民企业

居民企业是指依法在中国境内成立，或者依照外国（地区）法律成立但实际管理机构在中国境内的企业。

居民企业具体包括国有企业、集体企业、私营企业、联营企业、股份制企业、外商投资企业、外国企业、事业单位、社会团体、民办非企业单位和从事经营活动的其他组织。依照中国法律、行政法规成立的个人独资企业、合伙企业不是企业所得税纳税人。

其中，实际管理机构是指对企业的生产经营、人员、账务、财产等实施实质性全面管理和控制的机构。

2. 非居民企业

非居民企业是指依照外国（地区）法律成立且实际管理机构不在中国境内，但在中国境内设立机构、场所的，或者在中国境内未设立机构、场所，但有来源于中国境内所得的企业。

上述所称"机构、场所"，是指在中国境内从事生产经营活动的机构、场所，包括下列几种。

① 管理机构、营业机构、办事机构。

② 工厂、农场、开采自然资源的场所。
③ 提供劳务的场所。
④ 从事建筑、安装、装配、修理、勘探等工程作业的场所。
⑤ 其他从事生产经营活动的机构、场所。

对非居民企业在中国境内未设立机构、场所的，或者虽设立机构、场所但取得的所得与其所设机构、场所没有实际联系的所得应缴纳的所得税，实行源泉扣缴，以支付人为扣缴义务人。

5.1.2 企业所得税的征税范围

企业所得税的征税范围包括纳税人的生产经营所得、其他所得和清算所得。

1. 居民企业的征税范围

居民企业应当就其来源于中国境内、境外的所得缴纳企业所得税。上述"所得"包括销售货物和提供劳务的所得、转让财产所得、股息红利等权益性投资所得、利息所得、租金所得、特许权使用费所得、接受捐赠所得和其他所得。

2. 非居民企业的征税范围

非居民企业在中国境内设立机构、场所的，应当就其所设机构、场所取得的来源于中国境内的所得，以及发生在中国境外但与其所设机构、场所有实际联系的所得，缴纳企业所得税。非居民企业在中国境内未设立机构、场所的，或者虽设立机构、场所但取得的所得与其所设机构、场所没有实际联系的，应当就其来源于中国境内的所得缴纳企业所得税。其中"实际联系"，是指非居民企业在中国境内设立的机构、场所拥有据以取得所得的股权、债权，以及拥有、管理、控制据以取得所得的财产等。

3. 所得来源地的确定

根据不同种类的所得，来源于中国境内、境外的所得，按以下原则划分。
① 销售货物所得，按照交易活动发生地确定。
② 提供劳务所得，按照劳务发生地确定。
③ 转让财产所得。不动产转让所得按照不动产所在地确定；动产转让所得按照转让动产的企业或者机构、场所所在地确定；权益性投资资产转让所得按照被投资企业所在地确定。
④ 股息、红利权益性投资所得，按分配所得的企业所在地确定。
⑤ 利息所得、租金所得、特许权使用费所得，按照实际负担或支付所得的企业或机构、场所所在地确定。
⑥ 其他所得，由国务院财政、税务主管部门确定。

想一想：我国境内甲公司支付咨询服务费给日本乙公司，乙公司未在我国境内设立机构。如果服务发生地在日本，甲公司支付咨询费是否需要代扣代缴税款？如果服务发生地在我国境内呢？

5.1.3 企业所得税的税率

企业所得税实行比例税率,计算简便,并且有利于提高效率。我国现行企业所得税税率主要有两档。

1. 25%的基本税率

25%的基本税率的适用范围包括:居民企业取得的来源于中国境内、境外的所得;非居民企业在中国境内设立机构、场所的,取得来源于中国境内的所得,以及发生在中国境外但与其所设机构、场所有实际联系的所得。

2. 20%的低税率

20%的低税率的适用范围包括:非居民企业在中国境内未设立机构、场所而取得的来源于中国境内的所得,或者虽设立机构、场所但取得来源于中国境内的所得与其所设机构、场所没有实际联系。

5.1.4 企业所得税的优惠政策

为了体现国家的经济政策,鼓励和扶持某些产业或企业的发展,企业所得税法规定了9种减免税优惠形式:免税收入、定期减免税、降低税率、授权减免、加计扣除、投资抵免、加速折旧、减计收入、税额抵免等。

企业所得税实行鼓励节约资源、保护环境及发展高新技术等以产业优惠为主的税收优惠政策。税收优惠政策主要有以下几个方面。

1. 关于农、林、牧、渔业发展的税收优惠政策

企业从事下列项目的所得,免征企业所得税。

① 蔬菜、谷物、薯类、油料、豆类、棉花、麻类、糖料、水果、坚果的种植。
② 农作物新品种的选育。
③ 中药材的种植。
④ 林木的培育和种植。
⑤ 牲畜、家禽的饲养。
⑥ 林产品的采集。
⑦ 灌溉、农产品初加工、兽医、农技推广、农机作业和维修等农、林、牧、渔服务业项目。
⑧ 远洋捕捞。

企业从事下列项目的所得,减半征收企业所得税。

① 花卉、茶及其他饮料作物和香料作物的种植。
② 海水养殖、内陆养殖。

2. 关于鼓励基础设施建设的税收优惠政策

企业从事规定的国家重点扶持的公共基础设施项目的投资经营的所得,自项目取得第一笔生产经营收入所属纳税年度起,第一年至第三年免征企业所得税,第四年至第六年减半征收企业所得税。

国家重点扶持的公共基础设施项目，是指《公共基础设施项目企业所得税优惠目录》规定的港口码头、机场、铁路、公路、城市公共交通、电力、水利等项目。

企业承包经营、承包建设和内部自建自用上述规定的项目，不得享受企业所得税优惠。

3. 关于支持环境保护、节能节水、资源综合利用、安全生产的税收优惠政策

企业从事符合条件的环境保护、节能节水项目的所得，自项目取得第一笔生产经营收入所属纳税年度起，第一年至第三年免征企业所得税，第四年至第六年减半征收企业所得税。

企业以《资源综合利用企业所得税优惠目录》规定的资源作为主要原材料，生产国家非限制和禁止并符合国家和行业相关标准的产品取得的收入，减按90%计入收入总额。

企业购置用于环境保护、节能节水、安全生产等专用设备的投资额的10%，可以从企业当年的应纳税额中抵免；当年不足抵免的，可以在以后5个纳税年度结转抵免。

4. 关于促进技术创新和科技进步的税收优惠政策

为了促进技术创新和科技进步，企业所得税法规定了下列税收优惠。

① 符合条件的技术转让所得免征、减征企业所得税。具体是指一个纳税年度内，居民企业技术转让所得不超过500万元的部分，免征企业所得税；超过500万元的部分，减半征收企业所得税。

② 企业开发新技术、新产品、新工艺发生的研究开发费用，可以在计算应纳税所得额时加计扣除。研究开发费，未形成无形资产计入当期损益的，在按照规定据实扣除的基础上，按照研究开发费用的50%加计扣除；形成无形资产的，按照无形资产成本的150%摊销。

③ 创业投资企业采取股权投资方式投资于未上市的中小高新技术企业2年以上的，可以按照其投资额的70%在股权持有满2年的当年抵扣该创业投资企业的应纳税所得额；当年不足抵扣的，可以在以后纳税年度结转抵扣。

④ 企业的固定资产由于技术进步等原因，确需加速折旧的，可以缩短折旧年限或者采取加速折旧的方法。采取缩短折旧年限方法的，最低折旧年限不得低于规定折旧年限的60%；采取加速折旧方法的，可以采取双倍余额递减法或者年数总和法。

5. 关于非居民企业的预提所得税的税收优惠政策

非居民企业在中国境内未设立机构、场所的，或者虽设立机构、场所但取得的所得与其所设机构、场所没有实际联系的，就其来源于中国境内的所得，减按10%的税率征收企业所得税。

下列所得可以免征企业所得税。

① 外国政府向中国政府提供贷款取得的利息所得。

② 国际金融组织向中国政府和居民企业提供优惠贷款取得的利息所得。

③ 经国务院批准的其他所得。

6. 小型微利企业的税收优惠政策

符合条件的小型微利企业，减按20%的税率征收企业所得税。小型微利企业，是指从事国家非限制和禁止行业，并符合下列条件的企业。

① 工业企业，年度应纳税所得额不超过30万元，从业人数不超过100人，资产总额不超过3 000万元。

② 其他企业，年度应纳税所得额不超过30万元，从业人数不超过80人，资产总额不

超过1 000万元。

仅就来源于我国所得负有纳税义务的非居民企业，不适用上述优惠政策。

7. 高新技术企业的税收优惠政策

① 国家需要重点扶持的高新技术企业，减按15%的税率征收企业所得税。

② 经认定的技术先进型服务企业，减按15%的税率征收企业所得税。

8. 地区税收优惠政策

① 民族自治地方的自治机关对本民族自治地方的企业应缴纳的企业所得税中属于地方分享的部分，可以决定减征或者免征。自治州、自治县决定减征或者免征的，须报省、自治区、直辖市人民政府批准。

民族自治地方，是指依照《中华人民共和国民族区域自治法》的规定，实行民族区域自治的自治区、自治州、自治县。

对民族自治地方内国家限制和禁止行业的企业，不得减征或者免征企业所得税。

② 对设在西部地区国家鼓励类产业企业，在2021年1月1日至2030年12月31日期间，减按15%的税率征收企业所得税。

另外，还有鼓励软件产业和集成电路产业发展的优惠政策；鼓励证券投资基金发展的优惠政策；外国投资者从外商投资企业取得利润的优惠政策等。

5.2 企业所得税的计算与申报

5.2.1 居民企业所得税应纳税所得额的确定

对于核算征收应纳税额的居民企业，企业每一纳税年度的收入总额，减除不征税收入、免税收入、各项扣除及允许弥补的以前年度亏损后的余额，为应纳税所得额，其计算公式为

$$应纳税所得额＝收入总额－不征税收入－免税收入－\\准予扣除项目金额－允许弥补的以前年度亏损$$

在具体计算方法上，纳税人的应纳税所得额是以会计利润为基础，加减纳税调整项目金额后的数额。调整公式为

$$应纳税所得额＝利润总额＋纳税调整增加额－纳税调整减少额$$

1. 收入总额

企业所得税法将企业以货币形式和非货币形式从各种来源取得的收入，都作为收入总额。

企业取得收入的货币形式包括现金、存款、应收账款、应收票据、准备持有至到期的债券投资及债务的豁免等；企业取得收入的非货币形式包括固定资产、生物资产、无形资产、股权投资、存货、不准备持有至到期的债券投资、劳务及有关权益等。企业以非货币形式取得的收入，按照公允价值确定收入额。公允价值是指按照市场价格确定的价值。

1）一般收入的确认
（1）销售货物收入
销售货物收入是指企业销售商品、产品、原材料、包装物、低值易耗品及其他存货取得的收入。
（2）提供劳务收入
提供劳务收入是指企业从事建筑安装、修理修配、交通运输、仓储租赁、金融保险、邮电通信、咨询经纪、文化体育、科学研究、技术服务、教育培训、餐饮住宿、中介代理、卫生保健、社区服务、旅游、娱乐、加工和其他劳务服务活动取得的收入。
（3）转让财产收入
转让财产收入是指企业转让固定资产、投资性房地产、生物资产、无形资产、股权、债权等财产所取得的收入。
（4）股息、红利等权益性投资收益
股息、红利等权益性投资收益是指企业因权益性投资从被投资方取得的分配收入。股息、红利等权益性投资收益，除国务院财政、税务主管部门另有规定外，应当以被投资方做出利润分配决策的时间确认收入的实现。
（5）利息收入
利息收入是指企业将资金提供他人使用但不构成权益性投资，或者因他人占用本企业资金所取得的利息收入，包括存款利息、贷款利息、债券利息、欠款利息等收入。利息收入按照合同约定的债务人应付利息的日期确认收入的实现。
（6）租金收入
租金收入是指企业提供固定资产、包装物和其他有形资产的使用权取得的收入。租金收入应当按照合同约定的承租人应付租金的日期确认收入的实现。
（7）特许权使用费收入
特许权使用费收入是指企业提供专利权、非专利技术、商标权、著作权及其他特许权的使用权而取得的收入。特许权使用费收入，应当按照合同约定的特许权使用人应付特许权使用费的日期确认收入的实现。
（8）接受捐赠收入
接受捐赠收入是指企业接受的来自其他企业、组织或者个人无偿给予的货币性或非货币性资产。接受捐赠收入应当在实际收到捐赠资产时确认收入的实现。
（9）其他收入
其他收入是指企业取得的上述收入以外的一切收入，包括企业资产溢余收入、逾期未退包装物没收的押金、确实无法偿付的应付款项、企业已做坏账损失处理后又收回的应收账款、债务重组收入、补贴收入、教育费附加返还款、违约金收入、汇兑收益等。
2）特殊收入的确认
（1）视同销售
企业发生非货币性资产交换，以及将货物、财产、劳务用于捐赠、偿债、赞助、集资、广告、样品、职工福利或者利润分配等用途的，应当视同销售货物、转让财产或者提供劳务，但国务院财政、税务主管部门另有规定的除外。

想一想：中秋节企业发放福利，会计上和税务上分别如何处理？

（2）折扣销售

销售货物涉及现金折扣的，应当按照扣除现金折扣前的金额确定销售货物收入金额。销售货物涉及商业折扣的，应当按照扣除商业折扣后的金额确定销售货物收入金额。

（3）销售折让与销售退回

企业已经确认销售货物收入的售出货物发生销售折让的，应当在发生时冲减当期销售货物收入。企业已经确认销售货物收入的售出货物发生销售退回的，应当在发生时冲减当期销售货物收入。

（4）分期确认收入的实现

企业的下列生产经营业务可以分期确认收入的实现。

① 以分期收款方式销售货物的，按照合同约定的收款日期确认收入的实现。

② 企业受托加工制造大型机械设备、船舶、飞机，以及从事建筑、安装、装配工程业务或者提供其他劳务等，持续时间超过 12 个月的，按照纳税年度内完工进度或者完成的工作量确认收入的实现。

（5）产品分成方式取得收入的确认

采取产品分成方式取得收入的，按照企业分得产品的日期确认收入的实现，其收入额按照产品的公允价值确定。

2. 不征税收入

不征税收入包括以下几种。

① 财政拨款。

② 依法收取并纳入财政管理的行政事业性收费、政府性基金。

③ 国务院规定的其他不征税收入。

3. 免税收入

免税收入包括以下 4 种。

① 国债利息收入。

② 符合条件的居民企业之间的股息、红利等权益性投资收益。

③ 在中国境内设立机构、场所的非居民企业从居民企业取得与该机构、场所有实际联系的股息、红利等权益性投资收益。

上述股息、红利等权益性投资收益，不包括连续持有居民企业公开发行并上市流通的股票不足 12 个月取得的投资收益。

④ 符合条件的非营利组织的收入，不包括非营利组织从事营利性活动所取得的收入。

想一想：同样都是不交税，不征税收入与免税收入有区别吗？

4. 税前扣除的原则和范围

在计算应纳税所得额时准予从收入额中扣除的项目，是指纳税人实际发生的与取得收入有关的、合理的支出。

相关性和合理性是企业所得税税前扣除的基本要求和重要条件。

支出税前扣除的相关性是指与取得收入直接相关的支出。对相关性的具体判断一般是从支出发生的根源和性质方面进行分析，而不是看费用支出的结果。

支出税前扣除的合理性是指符合生产经营活动常规，应当计入当期损益或者有关资产成本的必要的和正常的支出。合理性的具体判断，主要是发生的支出的计算和分配方法是否符合一般经营常规。

企业实际发生的与取得收入有关的、合理的支出，包括成本、费用、税金、损失和其他支出。

（1）成本

成本是指企业在生产经营活动中发生的销售成本、销货成本、业务支出及其他耗费。

（2）费用

费用是指企业每一纳税年度为生产、经营商品和提供劳务等所发生的可扣除的销售（经营）费用、管理费用和财务费用。已计入成本的有关费用除外。

（3）税金

税金是指企业发生的除企业所得税和允许抵扣的增值税以外的企业缴纳的各项税金及其附加。

（4）损失

损失是指企业在生产经营活动中发生的固定资产和存货的盘亏、毁损、报废损失，转让财产损失，呆账损失，坏账损失，自然灾害等不可抗力因素造成的损失及其他损失。

（5）其他支出

其他支出是指除成本、费用、税金、损失外，企业在生产经营活动中发生的与生产经营活动有关的、合理的支出。

想一想：哪些成本、费用在所得税税前扣除不需要正式发票？

5. 部分税前扣除项目的具体范围和标准

（1）工资、薪金支出

企业发生的合理的工资、薪金支出准予据实扣除。工资、薪金支出，是指企业每一纳税年度支付给在本企业任职或者受雇的员工的所有现金或者非现金形式的劳动报酬，包括基本工资、奖金、津贴、补贴、年终加薪、加班工资，以及与员工任职或者受雇有关的其他支出。

想一想：《企业会计准则》规定的"职工薪酬"与税前允许扣除的工资、薪金支出有什么区别？

（2）职工福利费、工会经费、职工教育经费

① 企业发生的职工福利费支出，不超过工资、薪金总额14%的部分准予扣除。

② 企业拨缴的工会经费，不超过工资、薪金总额2%的部分准予扣除。

③ 除国务院财政、税务主管部门另有规定外，企业发生的职工教育经费支出，不超过工资、薪金总额 2.5% 的部分准予扣除；超过部分准予在以后纳税年度结转扣除。

【例 5-1】 某企业 202× 年实际发放职工工资 500 万元，其中含福利部门人员工资 30 万元；202× 年发生职工福利费支出 40 万元，拨缴工会经费 10 万元，发生职工教育经费支出 12 万元。计算该企业 202× 年工资及职工三项经费的纳税调整额。

合理工资薪金总额 = 500 - 30 = 470（万元）

可扣除的职工福利费限额 = 470 × 14% = 65.8（万元）

调增应纳税所得额 =（30 + 40）- 65.8 = 4.2（万元）

可扣除的工会经费限额 = 470 × 2% = 9.4（万元）

调增应纳税所得额 = 10 - 9.4 = 0.6（万元）

可扣除的职工教育经费限额 = 470 × 8% = 37.6（万元）

职工教育经费可全额扣除。

(3) 保险费

① 企业依照国务院有关主管部门或者省级人民政府规定的范围和标准为职工缴纳的基本养老保险费、基本医疗保险费、失业保险费、工伤保险费、生育保险费等基本社会保险费和住房公积金，准予扣除。

② 企业为投资者或者职工支付的补充养老保险费、补充医疗保险费，在国务院财政、税务主管部门规定的范围和标准内，准予扣除。

③ 企业依照国家有关规定为特殊工种职工支付的人身安全保险费，准予扣除。

④ 企业参加财产保险，按照规定缴纳的保险费，准予扣除。

(4) 借款费用

① 企业在生产经营活动中发生的合理的不需要资本化的借款费用，准予扣除。

② 企业为购置、建造固定资产、无形资产和经过 12 个月以上的建造才能达到预定可销售状态的存货发生借款的，在有关资产购置、建造期间发生的合理的借款费用，应当作为资本性支出计入有关资产的成本；有关资产交付使用后发生的借款利息，可在发生当期扣除。

(5) 利息费用

企业在生产经营活动中发生的利息费用，按下列规定扣除。

① 非金融企业向金融企业借款的利息支出、金融企业的各项存款利息支出和同业拆借利息支出、企业经批准发行债券的利息支出可据实扣除。

② 非金融企业向非金融企业借款的利息支出，不超过按照金融企业同期同类贷款利率计算的数额的部分可据实扣除，超过部分不得扣除。

③ 企业从其关联方接受的债权性投资与权益性投资的比例超过规定标准而发生的利息支出，不得在计算应纳税所得额时扣除。企业接受关联方债权性投资与其权益性投资比例为：金融企业为 5 : 1；其他企业为 2 : 1。

(6) 汇兑损失

企业在货币交易中，以及纳税年度终了时将人民币以外的货币性资产、负债按照期末即期人民币汇率中间价折算为人民币时产生的汇兑损失，除已经计入有关资产成本及与向所有者进行利润分配相关的部分外,准予扣除。

(7) 业务招待费

企业发生的与生产经营活动有关的业务招待费支出,按照发生额的60%扣除,但最高不得超过当年销售(营业)收入的5‰。

企业在计算业务招待费、广告费和业务宣传费等费用扣除限额时,其销售(营业)收入额应包括:主营业务收入、其他业务收入、视同销售(营业)收入额。

【例5-2】某生产企业202×年取得产品销售收入3 600万元,让渡专利使用权取得收入86万元,出租包装物取得收入20万元,将市价为54万元的产品对外投资,转让商标所有权取得收入200万元,接受捐赠设备一台,价值17.3万元。企业当年实际发生业务招待费45万元,计算该企业当年可在所得税前列支的业务招待费。

确定计算业务招待费的基数=3 600+86+20+54=3 760(万元)

标准一:3 760×5‰=18.8(万元)

标准二:45×60%=27(万元)

当年所得税前可以列支的业务招待费为18.8万元,需要调增应纳税所得26.2万元。

如果当年实际发生业务招待费25万元,则

标准二:25×60%=15(万元)

当年所得税前只能列支业务招待费15万元,需要调增应纳税所得10万元。

(8) 广告费和业务宣传费

企业发生的符合条件的广告费和业务宣传费支出,除国务院财政、税务主管部门另有规定外,不超过当年销售(营业)收入15%的部分,准予扣除;超过部分,准予在以后纳税年度结转扣除。

(9) 环保资金的扣除

企业依照法律、行政法规有关规定提取的用于环境保护、生态恢复等方面的专项资金,准予扣除。上述专项资金提取后改变用途的,不得扣除。

(10) 固定资产租赁费

企业根据生产经营活动的需要租入固定资产支付的租赁费,按照以下方法扣除。

① 以经营租赁方式租入固定资产发生的租赁费支出,按照租赁期限均匀扣除。

② 以融资租赁方式租入固定资产发生的租赁费支出,按照规定构成融资租入固定资产价值的部分应当提取折旧费用,分期扣除。

(11) 劳动保护费

企业发生的合理的劳动保护支出,准予扣除。

(12) 公益性捐赠

企业发生的公益性捐赠支出,在年度利润总额12%以内的部分,准予在计算应纳税所得额时扣除。超过年度利润总额12%的部分,准予结转以后三年内在计算应纳税所得额时扣除。

(13) 有关资产的费用

企业转让各类固定资产发生的费用,允许扣除。企业按规定计算的固定资产和生物资产折旧费用、无形资产和长期待摊费用的摊销费用,准予扣除。

（14）总机构分摊的费用

非居民企业在中国境内设立的机构、场所，就其中国境外总机构发生的与该机构、场所生产经营有关的费用，能够提供总机构出具的费用汇集范围、定额、分配依据和方法等证明文件，并合理分摊的，准予扣除。

（15）加计扣除

企业的下列支出，可以在计算应纳税所得额时加计扣除。

① 研究开发费用。研究开发费用的加计扣除，是指企业为开发新技术、新产品、新工艺发生的研究开发费用，未形成无形资产计入当期损益的，在按照规定据实扣除的基础上，按照研究开发费用的50%加计扣除；形成无形资产的，按照无形资产成本的150%摊销。

② 企业安置残疾人员所支付的工资。企业安置残疾人员所支付的工资的加计扣除，是指企业安置残疾人员的，在按照支付给残疾职工工资据实扣除的基础上，按照支付给残疾职工工资的100%加计扣除。残疾人员的范围适用《中华人民共和国残疾人保障法》的有关规定。

6. 不得扣除的项目

在计算应纳税所得额时，下列支出不得扣除。

① 向投资者支付的股息、红利等权益性投资收益款项。
② 企业所得税税款。
③ 税收滞纳金。
④ 罚金、罚款和被没收财物的损失。
⑤ 公益性捐赠超过规定标准的部分。
⑥ 赞助支出。指企业发生的与生产经营活动无关的各种非广告性质支出。
⑦ 未经核定的准备金支出。指不符合国务院财政、税务主管部门规定的各项资产减值准备、风险准备等准备金支出。
⑧ 企业之间支付的管理费、企业内营业机构之间支付的租金和特许权使用费，以及非银行企业内营业机构之间支付的利息，不得扣除。
⑨ 与取得收入无关的其他支出。

想一想：根据费用支出的内容不同，所得税税前扣除的方式有几种？

7. 亏损弥补

纳税人发生年度亏损的，可以用下一纳税年度的所得弥补；下一纳税年度的所得不足弥补的，可以逐年延续弥补，但延续弥补期最长不得超过5年。5年内不论纳税人是盈利还是亏损，都应连续计算弥补的年限。

掌握亏损弥补，需要注意以下问题。

① 亏损，是指企业依照企业所得税法的规定将每一纳税年度的收入总额减除不征税收入、免税收入和各项扣除后小于零的数额。
② 亏损弥补期，自亏损年度的下一个年度起连续5年计算，不得间断。
③ 先亏先补，按顺序连续计算弥补期。
④ 企业在汇总计算缴纳企业所得税时，其境外营业机构的亏损不得抵减境内营业机构

的盈利。

8. 资产的税务处理

企业所得税法对资产的税务处理，主要包括资产的分类、确认、计价、扣除方法和处置等几个方面。

资产是企业拥有或控制的能以货币计量的经济资源，主要包括固定资产、生物资产、无形资产、长期待摊费用、投资资产和存货等。

企业的各项资产，以历史成本为计税基础。历史成本，是指企业取得该项资产时实际发生的支出。企业持有各项资产期间资产增值或者减值，除国务院财政、税务主管部门规定可以确认损益外，不得调整该资产的计税基础。

企业为取得其拥有的各项资产所支付的金额，应区分资本性支出和收益性支出，对于资本性支出，不允许作为成本、费用从纳税人的收入总额中作一次性扣除，而只能采取分期计提折旧或分次摊销的方式从以后各期的收入总额中分期予以扣除。

企业各项资产按照会计准则计提的资产减值准备，在计算应纳税所得额时，不允许在税前扣除。

企业转让资产，该项资产的净值，准予在计算应纳税所得额时扣除。资产的净值，是指有关资产的计税基础减除已经按照规定扣除的折旧、折耗、摊销、准备金等后的余额。

除国务院财政、税务主管部门另有规定外，企业在重组过程中，应当在交易发生时确认有关资产的转让所得或者损失，相关资产应当按照交易价格重新确定计税基础。

想一想：固定资产的税务处理需考虑哪些因素？

5.2.2 非居民企业所得税应纳税所得额的确定

对于在中国境内未设立机构、场所的，或者虽设立机构、场所但取得的所得与其所设机构、场所没有实际联系的非居民企业的所得，按照下列方法计算应纳税所得额。

① 股息、红利等权益性投资收益和利息、租金、特许权使用费所得，以收入全额为应纳税所得额。收入全额是指非居民企业向支付人收取的全部价款和价外费用。

② 转让财产所得，以收入全额减除财产净值后的余额为应纳税所得额。

③ 其他所得，参照前两项规定的方法计算应纳税所得额。

5.2.3 企业所得税应纳税额的计算

1. 核算征收方法

企业的应纳税所得额乘以适用税率，减除减免和抵免的税额后的余额，即为企业所得税应纳税额。

$$应纳税额 = 应纳税所得额 \times 适用税率 - 减免税额 - 抵免税额$$

公式中的减免税额和抵免税额，是指依照企业所得税法和国务院的税收优惠规定减征、免征和抵免的应纳税额。

【例 5-3】某生产企业 202×年度主营业务收入为 7 500 万元，其他业务收入为 2 300 万元，主营业务成本为 5 980 万元，其他业务成本为 1 300 万元，销售税金及附加为 420 万元，销售费用为 1 690 万元，管理费用为 1 110 万元，财务费用为 180 万元，投资收益为 1 700 万元，公允价值变动收益为 60 万元，营业外收入为 1 120 万元，营业外支出为 800 万元。

202×年发生的部分具体业务如下。

① 转让技术所有权取得收入 700 万元，直接与技术所有权转让有关的成本和费用为 100 万元。

② 本年预计产品质量保证费用 6.8 万元。

③ 发生广告支出 1 478 万元；发生业务招待费支出 90 万元，其中 20 万元未取得合法票据。

④ 从事《国家重点支持的高新技术领域》规定项目的研究开发活动，对研发费用实行专账管理，发生研发费用支出 50 万元计入当期损益。

⑤ 9 月份购入 A 企业股票 20 万股，支付价款 200 万元。公司将其划分为交易性金融资产；12 月 31 日继续持有，每股市价 13 元。

⑥ 年末存货账面实际成本为 400 万元，预计可变现净值为 369 万元，存货期末按成本与可变现净值孰低法计价。

⑦ 该企业上一年 12 月购入一辆运输货物的卡车，购入价为 16 万元。税法规定最低折旧年限为 4 年；会计上采用直线法计提折旧，折旧期 2 年，无残值。

试计算该企业 202×年度应缴纳的企业所得税。

利润总额＝7 500＋2 300－5 980－1 300－420－1 690－1 110－180＋1 700＋60＋1 120－800
＝1 200（万元）

应纳税所得的调整：

① 预计产品质量保证费用，调增应纳税所得额 6.8 万元。

② 广告费税前扣除限额＝（7 500＋2 300）×15％＝1 470（万元）

广告费调增应纳税所得额＝1 478－1 470＝8（万元）

③ 未取得合法票据的 20 万元业务招待费不得在税前扣除。

标准一：（7 500＋2 300）×5‰＝49（万元）

标准二：（90－20）×60％＝42（万元）

业务招待费应调增应纳税所得额＝90－42＝48（万元）

④ 研发费用，调减应纳税所得额 37.5 万元。

⑤ 交易性金融资产，调减应纳税所得额＝13×20－200＝60（万元）。

⑥ 存货，调增应纳税所得额＝400－369＝31（万元）。

⑦ 固定资产（卡车）折旧，调增应纳税所得额＝（16/2）－（16/4）＝4（万元）。

该企业 202×年应纳税所得额＝1 200＋6.8＋8＋48－37.5－60＋31＋4＝1 200.3（万元）

应缴纳的企业所得税＝[1 200.3－（700－100）]×25％＋100×25％×50％
＝162.58（万元）

2. 核定征收方法

（1）核定征收企业所得税的适用范围

纳税人具有下列情形之一的，应当采取核定征收方式征收企业所得税。

① 依照法律、行政法规的规定可以不设置账簿。

② 依照法律、行政法规的规定应当设置但未设置账簿。

③ 擅自销毁账簿或者拒不提供纳税资料。

④ 虽设置账簿，但账目混乱或者成本资料、收入凭证、费用凭证残缺不全，难以查账。

⑤ 发生纳税义务，未按照规定的期限办理纳税申报，经税务机关责令限期申报，逾期仍不申报。

⑥ 申报的计税依据明显偏低，又无正当理由。

采取核定征收方式征收企业所得税，包括核定应税所得率和核定应纳所得税额两种方法。

纳税人具有下列情形之一的，采取核定应税所得率征收企业所得税：

- 能正确核算（查实）收入总额，但不能正确核算（查实）成本费用总额的；
- 能正确核算（查实）成本费用总额，但不能正确核算（查实）收入总额的；
- 通过合理方法，能计算和推定纳税人收入总额或成本费用总额。

纳税人不属于以上情形的，采取定额征收。

（2）核定征收的计算

对于采取核定征收方式计征企业所得税的纳税人，税务机关应当根据纳税人的行业特点、纳税情况、财务管理、会计核算、利润水平等因素，结合本地实际情况，按照公平、公正、公开的原则，分类逐户核定纳税人的应纳税额或者应税所得率。

采取核定应税所得率征收办法的，应纳所得税额的计算公式为

$$应纳所得税额 = 应纳税所得额 \times 适用税率$$

$$应纳税所得额 = 应税收入额 \times 应税所得率$$

或 $$应纳税所得额 = [成本（费用）支出额 / (1 - 应税所得率)] \times 应税所得率$$

应税所得率应按表 5-1 规定的标准执行。

表 5-1　应税所得率的幅度

经营行业	应税所得率/%	经营行业	应税所得率/%
农、林、牧、渔业	3~10	建筑业	8~20
制造业	5~15	饮食业	8~25
批发和零售贸易业	4~15	娱乐业	15~30
交通运输业	7~15	其他行业	10~30

【例 5-4】某企业自行申报 202× 年度的收入总额 170 万元，应扣除的成本费用合计为 180 万元，全年亏损 10 万元。经税务机关核查，其发生的成本费用真实，但收入总额无法核准。假定对该企业实行核定征收，应税所得率为 20%。试计算该企业 202× 年度应缴纳的企业所得税。

解 应纳税所得额＝[180/(1－20%)]×20%＝45（万元）
202×年度应缴纳的企业所得税＝45×25%＝11.25（万元）

想一想：如果经税务机关核查，其发生的收入总额真实，如何计算该企业202×年度应缴纳的企业所得税？

3. 境外所得税抵免

企业所得税的境外所得税收抵免，是指国家对纳税人来自境外所得依法征收所得税时，允许纳税人将其已在境外缴纳的所得税税额从其应向本国缴纳的所得税税额中扣除。

我国现行的税收抵免包括直接抵免和间接抵免。

（1）直接抵免

企业取得的特定所得已在境外缴纳的所得税税额，可以从其当期应纳税额中抵免，抵免限额为该项所得依照我国企业所得税法规定计算的应纳税额；超过抵免限额的部分，可以在以后5个年度内，用每年度抵免限额抵免当年应抵税额后的余额进行抵补。

企业取得的特定所得，包括：居民企业来源于中国境外的应税所得；非居民企业在中国境内设立机构、场所，取得发生在中国境外但与该机构、场所有实际联系的应税所得。

（2）间接抵免

居民企业从其直接或者间接控制的外国企业分得的来源于中国境外的股息、红利等权益性投资收益，外国企业在境外实际缴纳的所得税税额中属于该项所得负担的部分，可以作为该居民企业的可抵免境外所得税税额。

已在境外缴纳的所得税税额，是指企业来源于中国境外的所得依照中国境外税收法律及相关规定应当缴纳并已经实际缴纳的企业所得税性质的税款。企业按照规定抵免企业所得税税额时，应当提供中国境外税务机关出具的税款所属年度的有关纳税凭证。

抵免限额，是指企业来源于中国境外的所得，依照企业所得税法和实施条例的规定计算的应纳税额。除国务院财政、税务主管部门另有规定外，该抵免限额应当分国（地区）不分项计算，计算公式如下。

抵免限额＝中国境内、境外所得依照税法计算的应纳税总额×（来源于某国（地区）的应纳税所得额/中国境内、境外应纳税所得总额）

【例5-5】 某居民企业202×年度境内所得为800万元，同期从境外某国分支机构取得税后收益140万元，在境外已按20%的税率缴纳了企业所得税。该企业适用税率为25%，计算该企业本年度应缴纳的所得税额。

境外收益应纳税所得额＝140/(1－20%)＝175（万元）
境内、外所得应纳税总额＝(800＋175)×25%＝243.75（万元）
境外所得税扣除限额＝243.75×175/(800＋175)＝43.75（万元）
境外所得实际缴纳所得税＝175×20%＝35（万元）
由于境外所得实际缴纳的所得税35万元小于扣除限额43.75万元，可全额扣除。

本年度该企业应缴纳企业所得税＝243.75－35＝208.75（万元）

想一想：如果境外所得适用 30％的所得税税率，则该企业本年度应缴纳多少企业所得税？

5.2.4 特别纳税调整

由于企业财务、会计制度规定与税法规定存在不一致，企业在进行所得税汇算清缴时必须以税法规定为准，对会计所得进行一般纳税调整。而特别纳税调整，是指税务机关出于实施反避税目的而对企业特定纳税事项所做的纳税调整。

1. 调整范围

特别纳税调整的范围是纳税人在与其关联方之间的业务往来中存在的不符合独立交易原则而减少纳税人或者其关联方应税收入或者所得额。

关联方是指与纳税人有下列关联关系之一的企业、其他组织或者个人：

① 在资金、经营、购销等方面存在直接或者间接的控制关系；

② 直接或者间接地同为第三者控制；

③ 在利益上具有相关联的其他关系。

独立交易原则，是指没有关联关系的交易各方，按照公平成交价格和营业常规进行业务往来遵循的原则。

2. 调整方法

转让定价（transfer pricing）是指关联企业之间在销售货物、提供劳务、转让无形资产等时制定的价格。对关联企业申报所得不实的，税务机关有权按照合理方法调整，调整方法包括以下几种。

① 可比非受控价格法。是指按照没有关联关系的交易各方进行相同或者类似业务往来的价格进行定价的方法。

② 再销售价格法。是指按照从关联方购进商品再销售给没有关联关系的交易方的价格，减除相同或者类似业务的销售毛利进行定价的方法。

③ 成本加成法。是指按照成本加合理的费用和利润进行定价的方法。

④ 交易净利润法。是指按照没有关联关系的交易各方进行相同或者类似业务往来取得的净利润水平确定利润的方法。

⑤ 利润分割法。是指将企业与其关联方的合并利润或者亏损在各方之间采用合理标准进行分配的方法。

⑥ 其他符合独立交易原则的方法。

企业与其关联方之间的业务往来，不符合独立交易原则或者企业实施其他不具有合理商业目的安排的，税务机关有权在该业务发生的纳税年度起 10 年内进行纳税调整。不具有合理商业目的，是指以减少、免除或者推迟缴纳税款为主要目的。

3. 核定征收

纳税人不提供与其关联方之间业务往来资料或者提供虚假、不完整资料,未能真实反映其关联业务往来情况的,税务机关有权依法核定其应纳税所得额。

核定方法有:

① 参照同类或者类似企业的利润率水平核定;
② 按照企业成本加合理的费用和利润的方法核定;
③ 按照关联企业集团整体利润的合理比例核定;
④ 按照其他合理方法核定。

纳税人对税务机关按照规定方法核定的应纳税所得额有异议的,应当提供相关证据,经税务机关认定后,调整核定的应纳税所得额。

4. 加收利息

对进行特别纳税调整需要补征税款的,税务机关除了依法补征税款外,还需要按照规定加收利息。自税款所属纳税年度的次年6月1日起至补缴税款之日止的期间,按日加收利息。加收的利息不得在计算应纳税所得额时扣除。

利息应当按照税款所属纳税年度中国人民银行公布的与补税期间同期的人民币贷款基准利率加5个百分点计算。

5.2.5 企业所得税的申报与缴纳

企业所得税实行按年计征、分期预缴、年终汇算清缴、多退少补的办法。居民企业在中国境内设立不具有法人资格的营业机构的,应当汇总计算并缴纳企业所得税。除国务院另有规定外,企业之间不得合并缴纳企业所得税。

1. 纳税年度

企业所得税的纳税年度,自公历1月1日起至12月31日止。企业在一个纳税年度中间开业或者终止经营活动,使该纳税年度的实际经营期不足12个月的,应当以其实际经营期为一个纳税年度。企业依法清算时,应当以清算期间作为一个纳税年度。

2. 预缴与汇算清缴

企业所得税实行按月(季)预缴。企业应当自月份或者季度终了之日起15日内,向税务机关报送预缴企业所得税纳税申报表,预缴税款。

企业应当自年度终了之日起5个月内,依照税收法律、法规的规定,自行计算全年应纳税所得额和应纳所得税额,根据月度或季度预缴的所得税数额,确定该年度应补缴或者应退税款,向主管税务机关办理年度企业所得税纳税申报,结清全年企业所得税税款。

年终汇算清缴的所得税的计算公式为

$$全年应纳所得税额 = 全年应纳税所得额 \times 适用税率$$
$$多退少补所得税额 = 全年应纳税所得额 - 月(季)已预缴所得税额$$

企业在年度中间终止经营活动的,应当自实际经营终止之日起60日内,向税务机关办理当期企业所得税汇算清缴。

企业应当在办理注销登记前,就其清算所得向税务机关申报并依法缴纳企业所得税。

3. 纳税地点

（1）居民企业

居民企业以企业登记注册地为纳税地点；但登记注册地在境外的，以实际管理机构所在地为纳税地点。企业登记注册地，是指企业依照国家有关规定登记注册的住所地。

（2）非居民企业

① 非居民企业在中国境内设立机构、场所的，就其所设机构、场所取得的来源于中国境内的所得，以及发生在中国境外但与其所设机构、场所有实际联系的所得，以机构、场所所在地为纳税地点。

② 非居民企业在中国境内设立两个或者两个以上机构、场所的，经税务机关审核批准，可以选择由其主要机构、场所汇总缴纳企业所得税。

主要机构、场所，应当同时符合下列条件：对其他各机构、场所的生产经营活动负有监督管理责任；设有完整的账簿、凭证，能够准确反映各机构、场所的收入、成本、费用和盈亏情况。

③ 非居民企业在中国境内未设立机构、场所的，或者虽设立机构、场所但取得的所得与其所设机构、场所没有实际联系的，就其来源于中国境内的所得，以扣缴义务人所在地为纳税地点。

5.3 所得税会计概述

所得税会计是研究如何处理按照会计准则计算的税前利润（或亏损）与按照税法计算的应税所得（或亏损）之间差异的会计理论和方法。

应纳税所得额与企业会计利润是两个不同的概念，两者既有联系又有区别。应纳税所得额是一个税收概念，是指在一个纳税年度内根据企业所得税法确定的计税利润（或亏损）。其确认、计量和报告的依据是《企业所得税法》。其目的是正确计算企业应缴纳的所得税，以保证国家的财政收入。会计利润是一个会计核算概念，反映的是企业在一定时期内生产经营的财务成果，是列报在损益表上的总收益（或总亏损）。其确认、计量和报告的依据是《企业会计准则》。其目的是公允地反映企业的经营成果，体现收入与费用之间的配比原则。由于税法与会计的目的不同，税法规定与会计准则有差别，对收益、费用、资产、负债等的确认时间和范围有所不同，从而导致会计利润与应纳税所得额之间产生差异。

对于会计与税法的不一致，世界各国一般遵循税法优先的处理原则。《企业所得税法》第21条规定：在计算应纳税所得额时，企业财务、会计处理办法与税收法律、行政法规的规定不一致的，应当依照税收法律、行政法规的规定计算。

5.3.1 所得税会计账户的设置和基本处理方法

1. 所得税会计账户的设置

企业在进行所得税会计处理时，由于选择的方法不同，所设置的账户也会有所区别。选择应付税款法的企业，应设置"所得税费用"和"应交税费——应交所得税"账户；选择递延法和利润表债务法的企业，还需要设置"递延税款"账户；选择资产负债表债务法的企业，需要另外设置"递延所得税资产"和"递延所得税负债"账户。

(1)"应交税费——应交所得税"账户

本账户核算企业按照税法规定计算应交的所得税，其贷方记录企业当期应交的所得税，借方记录实际上缴的所得税；期末贷方或借方余额，反映企业尚未交纳或多交的所得税。

(2)"所得税费用"账户

采用应付税款法的企业，"所得税费用"核算企业按应纳税所得额计算的本期应交所得税。

采用纳税影响会计法的企业，"所得税费用"核算企业根据所得税准则（指《企业会计准则第18号——所得税》，下同）确认的应从当期利润总额中扣除的所得税费用。本账户应当按照"当期所得税费用""递延所得税费用"进行明细核算。

资产负债表日，企业按照税法计算确定的当期应交所得税金额，借记本账户（当期所得税费用），贷记"应交税费——应交所得税"账户。

资产负债表日，根据所得税准则应予确认的递延所得税资产大于"递延所得税资产"账户余额的差额，借记"递延所得税资产"账户，贷记本账户（递延所得税费用）、"其他综合收益"等账户；应予确认的递延所得税资产小于"递延所得税资产"账户余额的差额，做相反的会计分录。

企业应予确认的递延所得税负债的变动，应当比照上述原则调整本账户、"递延所得税负债"账户及有关账户。

期末，应将本账户的余额转入"本年利润"账户，结转后本账户应无余额。

(3)"递延税款"账户

"递延税款"账户核算企业由于时间性差异造成的税前会计利润与应纳税所得额之间的差异所产生的影响纳税的金额，以及以后各期转销的金额。其贷方发生额，反映企业本期税前会计利润大于应纳税所得额产生的时间性差异影响纳税的金额，以及本期转销已确认的时间性差异对纳税影响的借方数额；其借方发生额，反映企业本期税前会计利润小于应纳税所得额产生的时间性差异影响纳税的金额，以及本期转销已确认的时间性差异对纳税影响的贷方数额。采用债务法时，"递延税款"账户的贷方或借方发生额，还反映因税率变动调整递延税款的金额。

期末贷方或借方余额，反映企业尚未转销的时间性差异影响纳税的金额。

(4)"递延所得税资产"账户

"递延所得税资产"账户核算企业根据所得税准则确认的可抵扣暂时性差异产生的所得税资产。根据税法规定可用以后年度税前利润弥补的亏损及税款抵减产生的所得税资产，也在本账户核算。本账户应当按照可抵扣暂时性差异项目进行明细核算。

资产负债表日，企业根据所得税准则应予确认的递延所得税资产，借记本账户，贷记"所得税费用——递延所得税费用""其他综合收益"等账户。本期应确认的递延所得税资产大于其账面余额的，应按其差额确认；本期应确认的递延所得税资产小于其账面余额的差额，做相反的会计分录。

资产负债表日，预计未来期间很可能无法获得足够的应纳税所得额用以抵扣可抵扣暂时性差异的，按原已确认的递延所得税资产中应减记的金额，借记"所得税费用——当期所得税费用""其他综合收益"账户，贷记本账户。

本账户期末借方余额，反映企业已确认的递延所得税资产的余额。

(5)"递延所得税负债"账户

"递延所得税负债"账户核算企业根据所得税准则确认的应纳税暂时性差异产生的所得税负债，企业应当按照应纳税暂时性差异项目进行明细核算。

资产负债表日，企业根据所得税准则应予确认的递延所得税负债，借记"所得税费用——递延所得税费用""其他综合收益"等账户，贷记本账户。本期应予确认的递延所得税负债大于其账面余额的，借记"所得税费用——递延所得税费用""其他综合收益"等账户，贷记本账户；应予确认的递延所得税负债小于其账面余额的，做相反的会计分录。

本账户期末贷方余额，反映企业已确认的递延所得税负债的余额。

2. 所得税会计的基本处理方法

(1) 预缴所得税的会计处理

企业分月或者分季预缴企业所得税时，应当按照月度或者季度的实际利润额预缴；按照月度或者季度的实际利润额预缴有困难的，可以按照上一纳税年度应纳税所得额的月度或者季度平均额预缴，或者按照经税务机关认可的其他方法预缴。预缴方法一经确定，该纳税年度内不得随意变更。

每期计算应预缴的企业所得税时的会计处理为

借：所得税费用
　　贷：应交税费——应交所得税

实际预缴所得税时的会计处理为

借：应交税费——应交所得税
　　贷：银行存款

期末，将"所得税费用"的借方余额转入"本年利润"，结转后，"所得税费用"账户无余额，会计处理为

借：本年利润
　　贷：所得税费用

(2) 汇算清缴所得税的会计处理

计算应补缴所得税时的会计处理为

借：所得税费用
　　贷：应交税费——应交所得税

实际上缴所得税款时，其会计处理与所得税预缴相同。

5.3.2　所得税费用的核算方法

所得税费用的核算方法有两种：应付税款法、纳税影响会计法。

1. 应付税款法

应付税款法是企业将本期税前会计利润与应税所得之间产生的差异均在当期确认为所得税费用，即将差异所造成的影响纳税的金额直接计入当期损益，而不是递延到以后各期。

在采用应付税款法进行处理时，应按税法规定，对本期税前会计利润进行调整，调整为应纳税所得额。按照应纳税所得额计算的本期应交所得税，作为本期的所得税费用。

主张采用"应付税款法"所依据的观点认为，企业所得税是企业收益的分配，所得税与债务利息、股息一样是对所有者权益的分配，所得税的支付使企业的资产减少、产权减少。在实际运用应付税款法时，由于时间性差异对所得税的影响，作为当期所得税费用的增加或减少，一定时期损益表中反映的所得税金额与其税前会计利润相比，不等于当期的所得税率。

2. 纳税影响会计法

纳税影响会计法是指企业确认暂时性差异（时间性差异）对所得税的影响金额，按照当期应交所得税和暂时性差异（时间性差异）对所得税影响金额的合计确认为当期所得税费用的方法。在这种方法下，暂时性差异（时间性差异）对所得税的影响金额，递延或分配到以后各会计年度。

主张采用"纳税影响会计法"所依据的观点认为，所得税是国家依法对企业的生产经营所得课征的，它具有强制性、无偿性，无论国家对企业是否投资，只要企业有收入，均要依法纳税。因此，所得税可视为企业在生产经营过程中的一部分耗费，是企业的一项费用支出。采用纳税影响会计法更符合权责发生制原则和收入费用配比原则。

纳税影响会计法有递延法与债务法两种方法。

（1）递延法

递延法是指企业把本期由于时间性差异而产生的影响纳税的金额，保留到这一差异发生相反变化的以后期间予以转销。

采用递延法核算时，在税率变动或开征新税种时，不需要对原已确认的时间性差异的所得税影响金额进行调整，但是在转回时间性差异的所得税影响金额时，应当按照原所得税税率计算转回。这样，资产负债表上反映的递延税款余额，并不代表收款的权利或付款的义务。

采用递延法时，一定时期的所得税费用包括：本期应交所得税、本期发生或转回的时间性差异所产生的递延税款贷项或借项。

目前，包括我国在内的大部分国家均已取消递延法。

（2）债务法

债务法是指将本期由于暂时性差异（时间性差异）而产生的影响纳税的金额，递延和分配到以后各期，同时转销已确认的暂时性差异（时间性差异）对所得税的影响，在税率变动或开征新税时，需要对递延税款的余额按照税率的变动或新征税款进行调整。

递延法和债务法的本质区别在于：运用债务法时，由于税率变动或开征新税需要对原已确认的递延所得税负债或递延所得税资产的余额进行相应的调整，而递延法则不需要对此进行调整。从理论上讲，债务法比递延法更科学，即按照债务法计算的递延税款账面余额，在资产负债表上反映为一项负债或一项资产。

债务法又分为利润表债务法和资产负债表债务法。

利润表债务法体现"收入/费用观"，将时间性差异对未来所得税的影响看作对本期所得税费用的调整。

资产负债表债务法体现"资产/负债观",从暂时性差异产生的本质出发,分析暂时性差异产生的原因及其对企业期末资产和负债的影响。

5.3.3 资产负债表债务法

《企业会计准则第 18 号——所得税》要求采用资产负债表债务法核算所得税。从资产负债表出发,通过比较资产负债表上列示的资产、负债按照企业会计准则规定确定的账面价值与按照税法规定确定的计税基础,对于两者之间的差异分应纳税暂时性差异与可抵扣暂时性差异,确认相关的递延所得税负债与递延所得税资产,并在此基础上确定每一会计期间利润表中的所得税费用。

依据所得税准则,递延所得税确认和计量的步骤如下。

① 按照相关会计准则的规定确定资产负债表中除递延所得税资产和递延所得税负债以外的每项资产和负债项目的账面价值。

② 按照所得税准则确定资产负债表中有关资产或负债项目的计税基础。

③ 比较资产或负债的账面价值与计税基础来确定可抵扣暂时性差异或应纳税暂时性差异,并按照准则规定对暂时性差异的合计数进行适当调整。

④ 根据调整后的暂时性差异合计数和预计或适用税率计算的所得税金额,作为递延所得税资产和递延所得税负债期末余额。

⑤ 根据递延所得税资产和递延所得税负债期末余额与期初余额的差额,确认或转回递延所得税资产和递延所得税负债的数额。

5.4 资产、负债的计税基础及暂时性差异

5.4.1 资产、负债的计税基础

确定资产、负债的计税基础是所得税会计的关键,在确定资产、负债的计税基础时,应严格遵循税收法规对资产和负债的税务处理及税前可扣除的费用等规定。

1. 资产的计税基础

资产的计税基础是指企业在收回资产账面价值(即未来产生经济利益)的过程中,计算应纳税所得额时按照税法规定可以自应经济利益中抵扣的金额,即该项资产在未来使用或最终处置时,税法允许作为成本、费用或损失于税前列支的金额,即

资产的计税基础=未来期间按照税法规定可以税前扣除的金额

从所得税角度考虑,某一项资产产生的所得是指该项资产未来产生的经济利益流入扣除其取得成本之后的金额。一般情况下,税法认定的资产取得成本为购入时实际支付的金额。在资产持续持有的过程中,可在未来期间税前扣除的金额是指资产的取得成本减去以前期间按照税法规定已经在税前扣除的金额后的余额。例如,固定资产、无形资产等长期资产在某

一资产负债表日的计税基础,是指其成本扣除按照税法规定已经在以前期间税前扣除的累计折旧额或累计摊销额后的余额。

下面举例说明有关资产项目计税基础的确定。

(1) 固定资产

以各种方式取得的固定资产,初始确认时,按照会计准则规定确定的入账价值基本上是被税法认可的,即取得时其账面价值一般等于计税基础。

固定资产在持有期间进行后续计量时,会计的基本计量模式是"成本—累计折旧—固定资产减值准备",税收是按照"成本—按照税法规定已在以前期间税前扣除的折旧额"进行计量。由于会计与税收法规在折旧方法、折旧年限及固定资产减值准备的提取等处理上的不同,可能造成固定资产的账面价值与计税基础之间的差异。

① 折旧方法、折旧年限不同产生的差异。会计准则规定,企业可以根据与固定资产有关的经济利益的预期实现方式合理选择折旧方法,如可以按直线法计提折旧,也可以按照双倍余额递减法、年数总和法等计提折旧,前提是有关的方法能够反映固定资产为企业带来经济利益的消耗情况。税法规定企业可扣除的固定资产折旧的计算,采取直线折旧法。企业的固定资产由于技术进步等原因,确需加速折旧的,可以缩短折旧年限或者采取加速折旧的方法。采取缩短折旧年限方法的,最低折旧年限不得低于规定折旧年限的60%;采取加速折旧方法的,可以采取双倍余额递减法或者年数总和法。

另外,税法还对每一类固定资产的折旧年限做出了严格的规定。而会计处理时按照会计准则规定,折旧年限是由企业根据固定资产的性质和使用情况合理确定的。

② 因计提固定资产减值准备产生的差异。持有固定资产的期间内,在对固定资产计提了减值准备以后,其账面价值会有所下降。而税法规定企业计提的资产减值准备在发生实质性损失前不允许税前扣除,故固定资产的计税基础不会随资产减值准备的提取而发生变化。这样也会造成固定资产的账面价值与计税基础之间的差异。

想一想:为什么企业会计准则和税法对资产减值的处理不同?

【例 5-6】甲公司于 20×7 年 12 月 20 日取得某项环保设备,原价为 1 000 万元,使用年限为 10 年,会计处理时按照年限平均法计提折旧,预计净残值为零。假定税法规定该类环保设备为符合加速折旧条件的固定资产,甲公司在计税时对该项资产按双倍余额递减法计提折旧,净残值为零。20×9 年 12 月 31 日,甲公司对该项固定资产计提了 80 万元的固定资产减值准备。

20×9 年 12 月 31 日

该项固定资产账面价值 = 1 000 - 100×2 - 80 = 720(万元)

该项固定资产的计税基础 = 1 000 - 200 - 160 = 640(万元)

该项固定资产的账面价值 720 万元与其计税基础 640 万元之间的差额 80 万元,将于未来期间计入企业的应纳税所得额。

想一想： 例 5-6 中，(1) 该项固定资产在 20×9 年资产负债表中的金额为多少？
(2) 20×9 年允许在应税所得前扣除的金额为多少？
(3) 80 万元的差额在未来什么时期可以计入应纳税所得额？

【例 5-7】甲公司于 20×8 年年末以 1 000 万元购入一台生产设备，按照该项固定资产的预计使用情况，甲公司在会计核算时估计其使用寿命为 5 年，计税时，按照税法规定，其折旧年限为 10 年，假定会计与税收均按年限平均法计提折旧，净残值均为零。20×9 年该项固定资产按照 12 个月计提折旧。假定本例中固定资产未发生减值。

该项固定资产在 20×9 年 12 月 31 日的账面价值 = 1 000 - 1 000/5 = 800（万元）

该项固定资产在 20×9 年 12 月 31 日的计税基础 = 1 000 - 1 000/10 = 900（万元）

该项固定资产的账面价值 800 万元与其计税基础 900 万元之间的差额 100 万元，在未来期间会减少企业的应纳税所得额。

(2) 无形资产

除内部研究开发形成的无形资产外，以其他方式取得的无形资产，初始确认时按照会计准则规定确定的入账价值与按照税法规定确定的计税成本之间一般不存在差异。无形资产的账面价值与计税基础之间的差异主要产生于使用寿命不确定的无形资产。

无形资产后续计量时，会计与税收的差异主要产生于对无形资产是否需要摊销及无形资产减值准备的提取。

会计准则规定，应根据无形资产的使用寿命情况，区分为使用寿命有限的无形资产和使用寿命不确定的无形资产。对于使用寿命不确定的无形资产，不要求摊销，但在持有期间每年应进行减值测试。税法规定，企业取得的无形资产成本，采取直线法在一定期限内摊销，法律和合同或者企业申请书没有规定使用年限的无形资产，摊销期限不得少于 10 年。对于使用寿命不确定的无形资产，在持有期间，因摊销规定的不同，会造成其账面价值与计税基础之间的差异。

【例 5-8】甲公司于 20×9 年 1 月 1 日取得某项无形资产，取得成本为 1 300 万元，公司根据各方面情况判断，无法合理预计其为公司带来未来经济利益的期限，将其作为使用寿命不确定的无形资产。20×9 年 12 月 31 日，对该项无形资产进行减值测试表明其未发生减值。甲公司在计税时，对该项无形资产按照 10 年的期限摊销，摊销金额允许在税前扣除。

会计上将该项无形资产作为使用寿命不确定的无形资产，在未发生资产减值的情况下，其在 20×9 年 12 月 31 日的账面价值为取得成本 1 300 万元。

该项无形资产在 20×9 年 12 月 31 日的计税基础为 1 170 万元（成本 1 300 万元 - 按照税法规定允许税前扣除的摊销额 130 万元）。

该项无形资产的账面价值（1 300 万元）与其计税基础（1 170 万元）之间的差额 130 万

元将计入未来期间企业的应纳税所得额。

(3) 以公允价值计量且其变动计入当期损益的金融资产

对于以公允价值计量且其变动计入当期损益的金融资产,期末的账面价值为公允价值;税法规定资产在持有期间公允价值变动损益在计税时不予考虑,待处置时一并计入应纳税所得额,即有关金融资产在某一会计期末的计税基础为取得成本,从而造成在公允价值变动的情况下,该类金融资产账面价值与计税基础之间的差异。

【例 5-9】20×9 年 10 月 30 日,甲公司自公开市场取得一项权益性投资,支付价款 600 万元,作为交易性金融资产核算。20×9 年 12 月 31 日,该项权益性投资的市价为 660 万元。

该项交易性金融资产的期末市价为 660 万元,即 20×9 年 12 月 31 日的账面价值为 660 万元。

税法规定,交易性金融资产在持有期间公允价值变动不计入应纳税所得额,其计税基础在 20×9 年 12 月 31 日应维持原取得成本不变,为 600 万元。

该项交易性金融资产的账面价值 (660 万元) 与其计税基础 (600 万元) 之间的差额 60 万元将计入未来期间企业的应纳税所得额。

(4) 其他资产

因会计准则与税法规定不同,企业持有的其他资产,可能造成其账面价值与计税基础之间存在差异,如采用公允价值模式计量的投资性房地产及其他计提了减值准备的各项资产,如应收账款、存货等。

① 投资性房地产。企业持有的投资性房地产进行后续计量时,企业会计准则规定可以采用两种模式:一种是成本模式,采用这种模式计量的投资性房地产,其账面价值与计税基础的确定与固定资产、无形资产相同;另一种是只有在符合特定条件的情况下才可以采用的公允价值模式。采用公允价值模式对投资性房地产进行后续计量,其计税基础的确定类似以公允价值计量且其变动计入当期损益的金融资产。

【例 5-10】甲公司于 20×9 年 1 月 1 日将一自用房屋对外出租,该房屋的成本为 500 万元,预计使用年限为 20 年。转为投资性房地产之前已使用 5 年,公司按照年限平均法计提折旧,预计净残值为零。转为投资性房地产核算后,因能够持续可靠地取得该投资性房地产的公允价值,甲公司采用公允价值模式对该项投资性房地产进行后续计量。假定对该房地产,税法规定的折旧方法、折旧年限及净残值与会计规定相同。该项投资性房地产在 20×9 年 12 月 31 日的公允价值为 530 万元。

甲公司对该项投资性房地产选择公允价值模式进行后续计量,其在 20×9 年 12 月 31 日的账面价值为其公允价值 530 万元。

税法规定,资产在持有期间公允价值的变动不计入应纳税所得额,则该项投资性房地产的计税基础为取得成本扣除按照税法规定允许税前扣除的折旧额后的金额,则

20×9 年 12 月 31 日的计税基础 = 500 - (500/20) × 6 = 350 (万元)

该项投资性房地产账面价值（530万元）与其计税基础（350万元）之间产生的差额180万元，将会增加企业未来期间的应纳税所得额。

② 其他计提了资产减值准备的各项资产。有关资产计提了减值准备后，其账面价值会随之下降；但税法规定，资产在发生实质性损失之前，不允许税前扣除，即其计税基础不会因提取了减值准备而变化，从而造成资产的账面价值与计税基础之间的差异。

【例5-11】某企业按照"成本与可变现净值孰低法"对期末存货进行计价。20×7年年末某项存货的账面成本为95万元，由于市场价格下跌，预计可变现净值为88万元，由此企业计提了存货跌价准备7万元。

20×7年年末该项存货的账面价值为88万元。

按税法规定，企业提取存货的存货跌价准备不能在税前扣除，因而该项存货的计税基础仍为其历史成本，即95万元。

该项存货账面价值（88万元）与其计税基础（95万元）之间产生了差异。

2. 负债的计税基础

负债的计税基础是指负债的账面价值减去未来期间计算应纳税所得额时按照税法规定可予抵扣的金额，即

负债的计税基础＝账面价值－未来期间按照税法规定可以税前扣除的金额

诸如短期借款、应付款项等负债项目的确认与偿还一般不会影响企业的损益，也不会影响其应纳税所得额，未来期间计算应纳税所得额时按照税法规定可予抵扣的金额为零，计税基础即为账面价值。但是，某些情况下，负债的确认可能会影响企业的损益，进而影响不同期间的应纳税所得额，使得其计税基础与账面价值之间产生差异。

（1）企业因销售商品提供售后服务等原因确认的预计负债

按照《企业会计准则第13号——或有事项》的规定，企业对于预计提供售后服务将发生的支出在满足有关确认条件时，销售当期应确认为费用，同时确认预计负债。税法规定，与产品销售相关的支出应在费用发生时税前扣除。由于该类事项产生的预计负债在期末的计税基础为其账面价值与未来期间可税前扣除金额之间的差额，有关的支出在实际发生时可全部税前扣除，故其计税基础为零。

其他交易或事项中确认的预计负债，应按照税法规定的计税原则确定其计税基础。

【例5-12】甲公司20×9年因销售产品提供售后服务等原因在当期利润表中确认了100万元的销售费用，同时确认为预计负债，当年度未发生售后服务费用。

该项预计负债在甲公司20×9年12月31日资产负债表中的账面价值为100万元。

税法规定，有关产品售后服务等与取得经营收入直接相关的费用于实际发生时允许税前列支。

该项预计负债的计税基础＝账面价值－未来期间按照税法规定可以税前扣除的金额
＝100万元－100万元＝0

该项预计负债的账面价值（100万元）与其计税基础（0）之间形成了100万元的差异，未来期间将会减少企业的应纳税所得额。

【例5-13】甲公司20×9年因债务担保确认了预计负债200万元，担保发生在关联方之间，担保方并未就该项担保收取与相应责任相关的费用。

期末该项预计负债的账面价值为200万元。

该项预计负债的计税基础＝账面价值－未来期间按照税法规定可以税前抵扣的金额
$$=200-0=200（万元）$$

该项预计负债的账面价值等于计税基础，尽管会计与税法规定不一致，但不形成差异。

想一想：例5-13中，如果担保发生在非关联方之间，有何不同？

（2）预收账款

企业在收到客户预付的款项时，因不符合收入确认条件，会计上将其确认为负债。税法规定，纳税人收取的预收性质的价款，其纳税义务发生时间按照财务会计制度的规定，以该项预收性质的价款被确认为收入的时间为准。这样，收到预收账款时一般不计入当期应纳税所得额，该部分经济利益在未来期间计税时可以税前扣除的金额为零，计税基础等于账面价值。

但某些情况下，发生预收账款，会计上不作为收入入账，按税法规定应计入当期应纳税所得额，有关预收账款的计税基础为零，因为其产生时已经计算缴纳所得税，未来期间可全额税前扣除。例如，转让土地使用权或者销售不动产，采用预收款方式的，其纳税义务发生时间为收到预收款的当天。

【例5-14】某房地产开发公司销售期房，20×9年12月20日收到一笔预付款，金额为800万元，公司将其作为预收账款核算。

该预收账款在房地产开发公司20×9年12月31日资产负债表中的账面价值为800万元。

按照税法规定，该预收账款应计入当期应纳税所得额计算缴纳所得税，由于与该项负债相关的经济利益已在当期计算纳税，则未来期间按照会计准则规定应确认收入时，不再计入应纳税所得额，即其在未来期间计税时税前扣除金额为800万元，故

该预收账款的计税基础＝账面价值－未来期间按照税法规定可以税前扣除的金额
$$=800-800=0$$

该项负债的账面价值（800万元）与其计税基础（0）之间形成了800万元的差异，未来期间将会减少企业的应纳税所得额。

（3）其他负债

诸如企业应交的税收罚款和滞纳金等其他负债，在尚未支付之前按照会计规定确认为费用，同时作为负债反映。税法规定，纳税人因违反税法规定，被处以的滞纳金、罚款，不得在税前扣除，即这部分费用无论是在发生当期还是以后期间均不允许税前扣除，

其计税基础为账面价值减去未来期间可以税前抵扣的金额（零）后的差额，则计税基础等于账面价值。

【例 5-15】某公司 20×7 年 12 月因违反当地有关环保法规的规定，接到环保部门的处罚通知，要求其支付罚款 500 万元。至 20×7 年 12 月 31 日，该项罚款尚未支付。

20×7 年 12 月 31 日，应支付罚款产生的负债账面价值为 500 万元。

该项负债的计税基础＝500－0＝500（万元）

则该项负债的账面价值与计税基础相同，不会产生差异。

5.4.2 暂时性差异

暂时性差异是指资产或负债的账面价值与其计税基础不同产生的差额。根据对未来期间应纳税所得额影响的不同，暂时性差异可分为应纳税暂时性差异和可抵扣暂时性差异。

某些不符合资产、负债的确认条件，未作为资产、负债确认的项目，如果按照税法规定可以确定其计税基础的，该计税基础与其账面价值之间的差额也属于暂时性差异。另外，对于税法规定的可以结转以后年度的未弥补亏损及税款抵减，也视同可抵扣暂时性差异处理。

1. 应纳税暂时性差异

应纳税暂时性差异是指在确定未来收回资产或清偿负债期间的应纳税所得额时，将导致产生应税金额的暂时性差异。在未来期间不考虑该事项影响的应纳税所得额的基础上，由于该暂时性差异的转回，会增加转回期间的应纳税所得额和应纳所得税额，因此在该暂时性差异产生的当期，应当确认相关的递延所得税负债。

应纳税暂时性差异通常产生于以下情况。

(1) 资产的账面价值大于其计税基础

一项资产的账面价值代表的是企业在持续使用或最终出售该项资产时会取得的经济利益的总额，而计税基础代表的是一项资产在未来期间可在税前扣除的金额。资产的账面价值大于其计税基础，该项资产未来期间产生的经济利益不能全部税前扣除，两者之间的差额需要纳税，产生应纳税暂时性差异。如例 5-6，该项固定资产的账面价值为 720 万元，计税基础为 640 万元，两者之间的 80 万元差额将于未来期间计入企业的应纳税所得额，增加企业应缴纳的所得税额，在其产生当期，应确认为相关的递延所得税负债。

(2) 负债的账面价值小于其计税基础

一项负债的账面价值为企业预计在未来期间清偿该负债时经济利益的流出，而其计税基础代表的是账面价值在扣除未来期间计算应纳税所得额时准予抵扣的金额后的差额。负债的账面价值与其计税基础不同而产生的暂时性差异，实质上是依照税法规定该项负债在未来期间可以税前扣除的金额，即

负债产生的暂时性差异＝账面价值－计税基础
　　　　　　　　　＝账面价值－(账面价值－未来期间按照税法规定可以税前抵扣的金额)
　　　　　　　　　＝未来期间按照税法规定可以税前抵扣的金额

负债的账面价值小于其计税基础，意味着该项负债在未来期间可以税前扣除的金额为负数，应调整增加未来期间的应纳税所得额，增加企业的应纳所得税额，产生应纳税暂时性差异，应确认相应的递延所得税负债。

2. 可抵扣暂时性差异

可抵扣暂时性差异是指在确定未来收回资产或清偿负债期间的应纳税所得额时，将导致产生可抵扣金额的暂时性差异。该暂时性差异在未来期间转回时会减少转回期间的应纳税所得额，降低转回期间的应纳所得税额。在可抵扣暂时性差异产生的当期，应当确认相关的递延所得税资产。

可抵扣暂时性差异一般产生于以下情况。

(1) 资产的账面价值小于其计税基础

从经济含义来看，某项资产在未来期间产生的经济利益低于按照税法规定允许税前扣除的金额，则就该项资产的账面价值与计税基础之间的差额，企业在未来期间可以减少应纳税所得额并减少应交所得税，符合有关条件时，应当确认相关的递延所得税资产。如例5-7，该项固定资产的账面价值为800万元，计税基础为900万元，则企业在未来期间就该项固定资产可以在其自身取得经济利益的基础上多扣除100万元，从而减少企业未来期间的应纳税所得额，应交所得税也会减少，形成可抵扣暂时性差异，符合确认条件的情况下，在20×9年底确认递延所得税资产。

(2) 负债的账面价值大于其计税基础

这意味着未来期间按照税法规定与该项负债相关的全部或部分支出可以从未来应税经济利益中扣除，从而减少未来期间的应纳税所得额和应纳所得税额，形成可抵扣暂时性差异。如例5-12，该项预计负债的账面价值（100万元）与其计税基础（0）之间形成了100万元的差异，未来期间将会减少企业的应纳税所得额，在20×9年12月31日应确认递延所得税资产。

3. 特殊项目产生的暂时性差异

(1) 未作为资产、负债确认的项目产生的暂时性差异

某些交易或事项发生以后，因为不符合资产、负债的确认条件而未体现为资产负债表中的资产或负债，但按照税法规定能够确定其计税基础的，其账面价值（0）与计税基础之间的差异会形成暂时性差异。

【例5-16】某公司20×7年发生了2 000万元广告支出，已作为销售费用计入当期损益，该公司20×7年实现销售收入为10 000万元。

该广告支出按照会计准则规定在发生时已计入当期损益，不体现为期末资产负债表的资产，其账面价值为0。

当期未准予税前扣除的500万元广告支出可以向以后年度结转，其计税基础为500万元。

该项资产的账面价值与其计税基础之间产生的500万元暂时性差异，符合确认条件时，应确认相关的递延所得税资产。

(2) 可抵扣亏损及税款抵减产生的暂时性差异

对于税法规定的可以结转以后年度的未弥补亏损及税款抵减，虽不是因资产、负债的账面价值与计税基础不同产生的差异，但本质上与可抵扣暂时性差异具有相同的作用，均能够减少未来期间的应纳税所得额，在会计处理上，视同可抵扣暂时性差异，符合条件的情况下，应确认与其相关的递延所得税资产。

【例5-17】甲公司20×9年发生经营性亏损20万元，该公司预计其于未来5年内能够获得足够的应纳税所得额弥补亏损。

甲公司发生的经营性亏损虽不是因资产、负债的账面价值与计税基础不同产生的，但从性质上看可以减少未来5年的应纳税所得额，属于可抵扣暂时性差异。由于该公司预计未来5年内能够获得足够的应纳税所得额用来弥补20万元的亏损，应确认与其相关的递延所得税资产。

5.5　递延所得税负债及递延所得税资产的确认和计量

确认和计量递延所得税负债和递延所得税资产，是资产负债表债务法的关键所在。由于资产、负债的账面价值与其计税基础不同，产生了在未来收回资产或清偿负债的期间内，应纳税所得额的增加或减少并导致未来期间应交所得税增加或减少的情况，形成企业的资产和负债。在有关暂时性差异发生当期，符合确认条件的情况下，应当确认相关的递延所得税负债或递延所得税资产。

5.5.1　递延所得税负债的确认和计量

递延所得税负债是指根据应纳税暂时性差异计算的未来期间应付的所得税金额。应纳税暂时性差异在转回期间将增加未来期间企业的应纳税所得额和应交所得税，导致企业经济利益的流出，从其发生当期看，构成企业应支付税款的义务，应作为递延所得税负债确认。

1. 确认递延所得税负债的一般原则

企业在确认因应纳税暂时性差异产生的递延所得税负债时，应遵循以下原则。

① 除所得税准则中明确规定可不确认递延所得税负债的情况以外，企业对于所有的应纳税暂时性差异均应确认相关的递延所得税负债。除与直接计入所有者权益的交易或事项及企业合并中取得资产、负债相关的以外，在确认递延所得税负债的同时，应增加利润表中的所得税费用。

② 确认应纳税暂时性差异产生的递延所得税负债时，交易或事项发生时影响到会计利润或应纳税所得额，相关的所得税影响应作为利润表中所得税费用的组成部分，即递延所得税负债的确认应导致利润表中所得税费用的增加；与直接计入所有者权益的交易或事项相关

的，其所得税影响应减少所有者权益；企业合并产生的相关的所得税影响应调整购买日应确认的商誉或计入合并当期损益的金额。

【例 5-18】甲公司于 20×3 年末购入一台设备，成本为 105 000 元，预计使用年限为 6 年，预计净残值为零。会计上采用直线法计提折旧，计税时按照年数总和法计提折旧，假定税法规定的使用年限及净残值均与会计相同。本例中假定甲公司各会计期间均未对固定资产计提减值准备，除该项固定资产产生的会计与税收之间的差异外，不存在其他会计与税收处理的差异。假定甲公司各年的适用税率均为 25%。试分析各年的递延所得税负债。

甲公司每年因固定资产账面价值与计税基础不同应予确认的递延所得税情况如表 5-2 所示。

表 5-2 递延所得税计算表

单位：元

	20×4 年	20×5 年	20×6 年	20×7 年	20×8 年	20×9 年
实际成本	105 000	105 000	105 000	105 000	105 000	105 000
累计会计折旧	17 500	35 000	52 500	70 000	87 500	105 000
账面价值	87 500	70 000	52 500	35 000	17 500	0
累计计税折旧	30 000	55 000	75 000	90 000	100 000	105 000
计税基础	75 000	50 000	30 000	15 000	5 000	0
暂时性差异	12 500	20 000	22 500	20 000	12 500	0
适用税率	25%	25%	25%	25%	25%	25%
递延所得税负债余额	3 125	5 000	5 625	5 000	3 125	0

该项固定资产各年度账面价值与计税基础确定如下。
(1) 20×4 年资产负债表日

账面价值＝105 000－17 500＝87 500（元）
计税基础＝105 000－30 000＝75 000（元）

因账面价值 87 500 元大于其计税基础 75 000 元，两者之间产生的 12 500 元差异，会增加未来期间的应纳税所得额和应交所得税，属于应纳税暂时性差异，应确认与其相关的递延所得税负债 3 125 元（12 500×25%），会计处理如下。

借：所得税费用　　　　　　　　　　　　　　　　　　　　　　　3 125
　　贷：递延所得税负债　　　　　　　　　　　　　　　　　　　　　　　3 125

(2) 20×5 年资产负债表日

账面价值＝105 000－35 000＝70 000（元）
计税基础＝105 000－55 000＝50 000（元）

因账面价值 70 000 元大于其计税基础 50 000 元，两者之间的差异为应纳税暂时性差异，应确认与其相关的递延所得税负债 5 000 元，但递延所得税负债的期初余额为 3 125 元，当期应进一步确认递延所得税负债 1 875 元,会计处理如下。

  借:所得税费用   1 875
    贷:递延所得税负债   1 875

(3) 20×6 年资产负债表日

$$账面价值 = 105\,000 - 52\,500 = 52\,500(元)$$
$$计税基础 = 105\,000 - 75\,000 = 30\,000(元)$$

因账面价值 52 500 元大于其计税基础 30 000 元,两者之间的差异为应纳税暂时性差异,应确认与其相关的递延所得税负债 5 625 元,但递延所得税负债的期初余额为 5 000 元,当期应进一步确认递延所得税负债 625 元,会计处理如下。

  借:所得税费用   625
    贷:递延所得税负债   625

(4) 20×7 年资产负债表日

$$账面价值 = 105\,000 - 70\,000 = 35\,000(元)$$
$$计税基础 = 105\,000 - 90\,000 = 15\,000(元)$$

因账面价值 35 000 元大于其计税基础 15 000 元,两者之间的差异为应纳税暂时性差异,应确认与其相关的递延所得税负债 5 000 元,但递延所得税负债的期初余额为 5 625 元,当期应转回原已确认的递延所得税负债 625 元,会计处理如下。

  借:递延所得税负债   625
    贷:所得税费用   625

(5) 20×8 年资产负债表日

$$账面价值 = 105\,000 - 87\,500 = 17\,500(元)$$
$$计税基础 = 105\,000 - 100\,000 = 5\,000(元)$$

因账面价值 17 500 元大于其计税基础 5 000 元,两者之间的差异为应纳税暂时性差异,应确认与其相关的递延所得税负债 3 125 元,但递延所得税负债的期初余额为 5 000 元,当期应转回递延所得税负债 1 875 元,会计处理如下。

  借:递延所得税负债   1 875
    贷:所得税费用   1 875

(6) 20×9 年资产负债表日

该项固定资产的账面价值及计税基础均为零,两者之间不存在暂时性差异,原已确认的与该项资产相关的递延所得税负债应予全额转回,会计处理如下。

  借:递延所得税负债   3 125
    贷:所得税费用   3 125

2. 不确认递延所得税负债的特殊情况

有些情况下，虽然资产、负债的账面价值与其计税基础不同，产生了应纳税暂时性差异，但出于各方面考虑，所得税准则中规定不确认相应的递延所得税负债，主要包括下列3种情况。

① 商誉的初始确认。非同一控制的企业合并中，企业合并成本大于合并中取得的被购买方可辨认净资产公允价值份额的差额，按照会计准则应应确认为商誉。而按照税法规定，作为免税合并的情况下，不认可商誉的价值，即商誉的计税基础为零。这样，非同一控制的企业合并中，其商誉的账面价值与计税基础形成应纳税暂时性差异，会计准则中规定不确认与其相关的递延所得税负债。

② 与子公司、联营企业、合营企业投资等相关的应纳税暂时性差异，一般应确认相应的递延所得税负债，但同时满足以下两个条件的除外：一是投资企业能够控制暂时性差异转回的时间；二是该暂时性差异在可预见的未来很可能不会转回。同时满足上述条件时，投资企业可以运用自身的影响力决定暂时性差异的转回，如果不希望其转回，则在可预见的未来该项暂时性差异不会转回，从而无须确认相应的递延所得税负债。

③ 除企业合并以外的其他交易或事项中，如果该项交易或事项发生时既不影响会计利润，也不影响应纳税所得额，则所产生的资产、负债的初始确认金额与其计税基础不同，形成应纳税暂时性差异的，交易或事项发生时不确认相应的递延所得税负债。

3. 递延所得税负债的计量

① 所得税会计准则规定，资产负债表日，对于递延所得税负债，应当根据税法规定，按照预期清偿该负债期间的适用税率计量，即递延所得税负债应以相关应纳税暂时性差异转回期间按照税法规定适用的所得税税率计量。

② 无论应纳税暂时性差异的转回期间如何，所得税准则中规定，递延所得税负债不要求折现。

5.5.2 递延所得税资产的确认和计量

递延所得税资产主要是指根据可抵扣暂时性差异计算的减少未来期间应交所得税的金额。可抵扣暂时性差异在转回期间将减少未来期间以应交所得税的方式流出企业的经济利益，从其产生时点来看，应确认为资产。

1. 递延所得税资产确认的一般原则

递延所得税资产主要产生于可抵扣暂时性差异。资产、负债的账面价值与其计税基础不同而产生可抵扣暂时性差异的，在估计未来期间能够取得足够的应纳税所得额用以利用该可抵扣暂时性差异时，应当以很可能取得用来抵扣可抵扣暂时性差异的应纳税所得额为限，确认相关的递延所得税资产。

同递延所得税负债的确认相同，有关交易或事项发生时，对税前会计利润或应纳税所得额产生影响的，所确认的递延所得税资产应作为利润表中所得税费用的调整；有关的可抵扣暂时性差异产生于直接计入所有者权益的交易或事项的，确认的递延所得税资产也应计入所有者权益；企业合并中取得的各项可辨认资产、负债的入账价值与其计税基础之间形成的可抵扣暂时性差异，其所得税影响应调整合并中确认的商誉或计入合并当期损益的金额。

确认递延所得税资产时,应关注以下问题。

① 递延所得税资产的确认应以未来期间可能取得的应纳税所得额为限。在可抵扣暂时性差异转回的未来期间内,企业无法产生足够的应纳税所得额用以抵减可抵扣暂时性差异的影响,使得与可抵扣暂时性差异相关的经济利益无法实现的,该部分递延所得税资产不应确认。

考虑到可抵扣暂时性差异转回的期间内可能取得应纳税所得额的限制,因无法取得足够的应纳税所得额而未确认相关的递延所得税资产的,应在会计报表附注中进行披露。

② 对与子公司、联营企业、合营企业的投资相关的可抵扣暂时性差异,同时满足下列条件的,应当确认相关的递延所得税资产:一是暂时性差异在可预见的未来很可能转回;二是未来很可能获得用来抵扣可抵扣暂时性差异的应纳税所得额。

③ 对于按照税法规定可以结转以后年度的未弥补亏损和税款抵减,应视同可抵扣暂时性差异处理。在有关的亏损或税款抵减金额得到税务部门的认可且预计可利用可弥补亏损或税款抵减的未来期间内能够取得足够的应纳税所得额时,应当以很可能取得的应纳税所得额为限,确认相应的递延所得税资产,同时减少确认当期的所得税费用。

企业在确认与可弥补亏损或税款抵减相关的递延所得税资产时,应在会计报表附注中说明在可弥补亏损或税款抵减到期前,企业能够产生足够的应纳税所得额的估计基础。

2. 不确认递延所得税资产的特殊情况

某些情况下,如果企业发生的某项交易或事项不是企业合并,并且交易发生时既不影响会计利润也不影响应纳税所得额,且该项交易中产生的资产、负债的初始确认金额与其计税基础不同,产生可抵扣暂时性差异的,所得税准则中规定在交易或事项发生时不确认相应的递延所得税资产。

3. 递延所得税资产的计量

(1) 适用税率的确定

同递延所得税负债的计量原则相一致,确认递延所得税资产时,应当以预期收回该资产期间的适用所得税税率为基础计算确定。

另外,无论相关的可抵扣暂时性差异的转回期间如何,递延所得税资产均不要求折现。

(2) 递延所得税资产的减值

为了体现谨慎性原则,所得税准则要求在每一个资产负债表日,企业应当对递延所得税资产的账面价值进行复核。如果有证据表明,未来期间很可能无法获得足够的应纳税所得额用以利用可抵扣暂时性差异带来的经济利益,即预计未来所得税的利益不能实现,应将不能实现的部分计提减值准备,减记递延所得税资产的账面价值,以反映当前有关递延所得税资产的可实现情况。除原确认时计入所有者权益的递延所得税资产的减记金额也计入所有者权益外,其他情况均应增加所得税费用。

因无法获得足够的应纳税所得额,利用可抵扣暂时性差异减记递延所得税资产账面价值的,以后期间根据新的环境和情况能够产生足够的应纳税所得额利用可抵扣暂时性差异,使得递延所得税资产包含的经济利益能够实现的,应相应恢复递延所得税资产的账面价值。

【例 5-19】 某企业所得税适用税率为 25%。20×7 年，企业发生亏损 200 万元。假定企业预计未来 5 年将有足够的应纳税所得额用于弥补亏损。试分析各年的递延所得税资产。

则企业应将 200 万元的亏损视为可抵扣暂时性差异，确认递延所得税资产。

借：递延所得税资产（2 000 000×25%）　　　　　　　　　　500 000
　　贷：所得税费用——递延所得税费用　　　　　　　　　　　　　500 000

如果 20×8 年，该企业的应纳税所得额为 50 万元。经复核，预计未来能够获得用于抵扣尚未弥补亏损的应纳税所得额。企业弥补 20×7 年亏损，抵减 20×7 年确认的递延所得税资产。

借：所得税费用——递延所得税费用（500 000×25%）　　　125 000
　　贷：递延所得税资产　　　　　　　　　　　　　　　　　　　　125 000

如果 20×9 年，企业发生亏损 120 万元。受行业不景气的影响，预计未来 5 年期间内，不能取得足够的应纳税所得额用以抵扣尚未弥补的亏损。

由于 20×9 年无法获得用于抵扣尚未弥补亏损的应纳税所得额，按照谨慎性原则，企业发生的 120 万元亏损不确认递延所得税资产，只进行备查簿登记，并将年末递延所得税资产的账面价值全部转销。

借：所得税费用——递延所得税费用（500 000－125 000）　375 000
　　贷：递延所得税资产　　　　　　　　　　　　　　　　　　　　375 000

5.5.3 适用税率变化对已确认递延所得税资产和递延所得税负债的影响

因适用税收法规的变化，导致企业在某一会计期间适用的所得税税率发生变化的，企业应对已确认的递延所得税资产和递延所得税负债按照新的税率进行重新计量。递延所得税资产和递延所得税负债的金额代表的是有关可抵扣暂时性差异或应纳税暂时性差异于未来期间转回时，导致企业应交所得税金额的减少或增加的情况。因国家税收法律法规等的变化导致适用税率变化的，必然导致可抵扣暂时性差异或应纳税暂时性差异在未来期间转回时产生应交所得税金额的变化，在适用税率变动的情况下，应对原已确认的递延所得税资产及递延所得税负债的金额进行调整，反映税率变化带来的影响。

2007 年 3 月 16 日通过的《企业所得税法》，自 2008 年 1 月 1 日起实施。《企业所得税法》规定，企业所得税的税率统一为 25%，企业应对原已确认的预计在 2008 年以后转回的递延所得税资产及递延所得税负债的金额进行调整。

除直接在所有者权益中确认的交易或者事项产生的递延所得税资产和递延所得税负债以外，其他情况下产生的递延所得税资产及递延所得税负债的调整金额应确认为变化当期的所得税费用（或收益）。

5.6 所得税费用的确认和计量

所得税会计的主要目的是确定当期应交所得税,以及利润表中应确认的所得税费用。在采用资产负债表债务法核算所得税的情况下,利润表中的所得税费用包括当期所得税和递延所得税两个部分。

在资产负债表日,企业首先根据税法规定对税前会计利润进行调整,按照调整后的应纳税所得额计算当期应交所得税;然后根据资产或负债的账面价值与计税基础确定的暂时性差异,计算递延所得税资产或递延所得税负债;最后通过倒轧的方法来推算所得税费用。

想一想: 所得税费用核算的难点有哪些?

5.6.1 当期所得税

当期所得税是指企业按照税法规定计算确定的针对当期发生的交易和事项应上交的企业所得税金额,即当期应交所得税。

$$当期所得税=当期应交所得税=应纳税所得额\times 适用的所得税税率$$

当期应交所得税应按照企业适用的税法规定计算确定。纳税人在计算应纳税所得额时,其会计处理方法同国家有关税收法规相抵触的,应当按照国家有关税收的规定计算确定。当期应交所得税不会因为会计核算方法的改变而改变,缴纳的税金是唯一的、确定的。一般情况下,应纳税所得额可以在会计利润的基础上,考虑会计与税收之间的差异,按照以下公式计算确定。

应纳税所得额=会计利润+
    按照会计准则规定计入利润表但计税时不允许税前扣除的费用+(或—)
    计入利润表的费用与按照税法规定可于税前抵扣的费用金额之间的差额+(或—)
    计入利润表的收入与按照税法规定应计入应纳税所得额的收入之间的差额—
    税法规定的不征税收入+(或—)
    其他需要调整的要素

5.6.2 递延所得税

递延所得税是指按照所得税准则规定应予以确认的递延所得税资产和递延所得税负债在期末应有的金额相对于原已确认金额之间的差额,即递延所得税资产及递延所得税负债当期发生额的综合结果,用公式表示为

递延所得税＝（递延所得税负债的期末余额－递延所得税负债的期初余额）－
（递延所得税资产的期末余额－递延所得税资产的期初余额）

企业因确认递延所得税资产和递延所得税负债产生的递延所得税，一般应当记入所得税费用，但以下两种情况除外。

① 某项交易或事项按照会计准则规定应计入所有者权益的，由该项交易或事项产生的递延所得税资产或递延所得税负债及其变化也应计入所有者权益，不构成利润表中的递延所得税费用（或收益）。

【例5-20】甲公司持有一项债权投资，成本为800万元，20×9年12月31日，其公允价值为820万元，甲公司适用的所得税税率为25％。除该事项外，甲公司不存在其他会计与税收之间的差异，且递延所得税资产和递延所得税负债没有期初余额。则甲公司应如何进行会计处理？

会计期末在确认20万元的公允价值变动时的会计处理为

借：其他债权投资　　　　　　　　　　　　　　　　　　　　200 000
　　贷：其他综合收益　　　　　　　　　　　　　　　　　　　　　200 000

20×9年12月31日，此项投资的账面价值（820万元）与其计税基础（800万元）之间形成了20万元的应纳税暂时性差异，由于递延所得税负债期初余额均为0，本期应确认的递延所得税负债为5万元（20×25％）。其会计处理为

借：其他综合收益　　　　　　　　　　　　　　　　　　　　50 000
　　贷：递延所得税负债　　　　　　　　　　　　　　　　　　　　50 000

---

② 企业合并中取得的资产、负债，其账面价值与计税基础不同，应确认相关递延所得税的，该递延所得税的确认影响合并中产生的商誉或是计入合并当期损益的金额，不影响所得税费用。

5.6.3 所得税费用

利润表中的所得税费用包括当期所得税（当期应交所得税）和递延所得税两个组成部分，企业在计算确定了当期所得税和递延所得税后，两者之和（或之差）就是利润表中的所得税费用。即

所得税费用＝当期所得税＋递延所得税

【例5-21】承例5-3，该企业的所得税费用核算采用资产负债表债务法，上年年末递延所得税资产借方余额为8.5万元，递延所得税负债贷方余额为17.25万元（企业预计未来经营状况良好）。试核算该企业202×年度的所得税费用。

（1）当期所得税为162.58万元

借：所得税费用——当期所得税　　　　　　　　　　　　　1 625 800
　　贷：应交税费——应交所得税　　　　　　　　　　　　　　　1 625 800

表 5-3 是有关资产、负债的账面价值与其计税基础。

表 5-3 有关资产、负债的账面价值与其计税基础

单位：万元

项 目	账面价值	计税基础	差异 应纳税暂时性差异	差异 可抵扣暂时性差异
预计产品质量保证费	6.8	0		6.8
广告	0	8		8
交易性金融资产	260	200	60	
存货	369	400		31
固定资产：				
固定资产原价	16	16		
减：累计折旧	8	4		
固定资产账面价值	8	12		4
总计			60	49.8

(2) 递延所得税

① 期末递延所得税负债（60 × 25%）　　　　　　　　　　　15
期初递延所得税负债　　　　　　　　　　　　　　　　　17.25
递延所得税负债减少　　　　　　　　　　　　　　　　　2.25
② 期末递延所得税资产（49.8 × 25%）　　　　　　　　　　12.45
期初递延所得税资产　　　　　　　　　　　　　　　　　8.5
递延所得税资产增加　　　　　　　　　　　　　　　　　3.95
递延所得税 = -2.25 - 3.95 = -6.2（万元）
借：递延所得税资产　　　　　　　　　　　　　　　　　39 500
　　递延所得税负债　　　　　　　　　　　　　　　　　22 500
　　贷：所得税费用——递延所得税　　　　　　　　　　62 000

(3) 所得税费用

所得税费用 = 162.58 - 6.2 = 156.38（万元）
上述两笔分录可以合并
借：所得税费用　　　　　　　　　　　　　　　　　　1 563 800
　　递延所得税资产　　　　　　　　　　　　　　　　　39 500
　　递延所得税负债　　　　　　　　　　　　　　　　　22 500
　　贷：应交税费——应交所得税　　　　　　　　　　1 625 800

本章小结

所得税会计是研究如何处理按照会计准则计算的税前利润（或亏损）与按照税法计算的应税所得（或亏损）之间差异的会计理论和方法。

所得税费用的核算方法主要有应付税款法和纳税影响会计法。《企业会计准则第18号——所得税》要求采用资产负债表债务法核算所得税。资产负债表债务法是从资产负债表出发，通过比较资产负债表上列示的资产、负债按照会计准则规定确定的账面价值与按照税法规定确定的计税基础，对于两者之间的差异分应纳税暂时性差异与可抵扣暂时性差异，确认相关的递延所得税负债与递延所得税资产，并在此基础上确定每一会计期间利润表中的所得税费用。由此确认的所得税费用包括当期所得税和递延所得税。

习 题

一、思考与讨论题

1. 简述所得税会计的概念及实质。
2. 税前会计利润是否等于应纳税所得额？为什么？请举例说明。
3. 试分析企业所得税与增值税的视同销售是否一致。
4. 说明按照资产负债表债务法核算所得税的基本原理，并分析资产负债表债务法和利润表债务法有何不同。
5. 举例说明资产、负债计税基础的确定及其含义。
6. 试分析递延所得税费用与递延所得税资产（负债）及暂时性差异的关系。
7. 举例说明哪些项目会形成暂时性差异，应确认相关的递延所得税资产还是递延所得税负债。
8. 简述所得税费用的核算程序。

二、单项选择题

1. 我国所得税会计采用的核算方法是（　　）。
   A. 应付税款法　　　　　　　　B. 递延法
   C. 资产负债表债务法　　　　　D. 利润表债务法
2. 某国家重点扶持的高新技术企业，20×7年度亏损65万元，20×8年度亏损15万元，20×9年度盈利200万元，20×9年该企业应纳的企业所得税为（　　）万元。
   A. 12　　　　B. 18　　　　C. 24　　　　D. 30
3. 下列各项收入中，属于特许权使用费所得的是（　　）。

A. 教育培训所得　　　　　　　B. 中介代理所得

C. 非专利技术使用权转让所得　D. 转让固定资产取得的所得

4. 下列项目中，计算企业所得税应纳税所得额时，准予从收入总额中扣除的项目是（　　）。

A. 企业所得税税款　　　　　　B. 劳动保护支出

C. 违法经营的罚款支出　　　　D. 各项税收滞纳金、罚款支出

5. 居民企业所得税的纳税地点为（　　）。

A. 纳税人的核算所在地　　　　B. 企业的营业执照注册所在地

C. 纳税人的货物销售所在地　　D. 企业登记注册地

6. 下列关于负债计税基础的表述，正确的是（　　）。

A. 负债的计税基础是指该负债形成时的历史成本

B. 负债的计税基础是指该负债的账面价值减去以前期间计算应纳税所得额时按照税法规定已扣除的金额

C. 负债的计税基础是指该负债的账面价值减去未来期间计算应纳税所得额时按照税法规定可予扣除的金额

D. 负债的计税基础是指该负债未来期间计算应纳税所得额时按照税法规定可予税前扣除的金额

三、多项选择题

1. 下列关于资产计税基础的表述中，正确的有（　　）。

A. 资产的计税基础是指该资产在未来期间计税时按照税法规定可予税前扣除的金额

B. 资产的计税基础是指该资产的取得成本减去未来期间按照税法规定可予扣除金额

C. 资产的计税基础是指该资产的取得成本减去以前期间按照税法规定已扣除金额的余额

D. 资产的计税基础是指该资产的账面价值减去以前期间按照税法规定已扣除金额的余额

2. 工资、薪金支出是企业每一纳税年度支付给在本企业任职或者受雇的员工的所有现金或者非现金形式的劳动报酬，它包括的项目有（　　）。

A. 基本工资　　B. 年终加薪　　C. 各种奖金　　D. 股息收入

3. 下列各项差异中，属于应纳税暂时性差异的是（　　）。

A. 资产的账面价值大于其计税基础的差异

B. 资产的账面价值小于其计税基础的差异

C. 负债的账面价值大于其计税基础的差异

D. 负债的账面价值小于其计税基础的差异

4. 企业使用或者销售的存货的成本计算方法，可以在（　　）中选用一种。计价方法一经选用，不得随意变更。

A. 个别计价法　　　　　　　　B. 先进先出法

C. 加权平均法　　　　　　　　D. 后进先出法

5. 按照《企业所得税法》的规定，下列固定资产中，不计算折旧扣除的有（　　）。

A. 以经营租赁方式租出的固定资产

B. 以经营租赁方式租入的固定资产
C. 以融资租赁方式租出的固定资产
D. 以融资租赁方式租入的固定资产

6. 下列项目中在会计利润的基础上应调增应纳税所得额的有（　　）。
A. 多列无形资产摊销　　　　　B. 业务招待费支出超标准
C. 公益性捐赠超标准　　　　　D. 查补的营业税

四、判断题

1. 纳税人若在一个纳税年度的中间开业，或者终止经营活动，使该纳税年度的实际经营期不足12个月的，应当以其实际经营期为一个纳税年度。（　　）
2. 应纳税暂时性差异是指在确定未来收回资产或清偿负债期间的应纳税所得额时，将导致产生可抵扣金额的暂时性差异。（　　）
3. 企业在境外同一国家内的盈亏可以相互弥补，不同国家的盈亏不能相互弥补。（　　）
4. 企业的不征税收入用于支出所形成的费用或财产，可以扣除或者计算对应的折旧、摊销扣除。（　　）
5. 企业参加财产保险，按照规定缴纳的保险费，准予扣除。但发生理赔事项后，由保险公司赔偿部分不得在所得税税前扣除。（　　）
6. 企业所得税实行按年计征、分期预缴，月份或者季度终了之日起15日内预缴，年度终了之日起5个月内汇算清缴。（　　）

五、实务题

1. 指出下列项目是否会形成暂时性差异？若形成暂时性差异，应确认相关的递延所得税资产还是递延所得税负债？
① 对价值2 630万元的存货计提了89万元的跌价准备。
② 7月6日以每股7.5元取得乙公司股票60 000股作为交易性金融资产。12月31日，乙公司股票股价上升为每股9.3元。
③ 当期固定资产的会计折旧为20万元，计税时可税前扣除的折旧额为18万元。
④ 企业内部研发新技术，发生开发支出60万元符合资本化条件，计入了无形资产，按照税法规定，这项无形资产可以按照105万元摊销。
⑤ 接到环保部门的处罚通知，因违反有关环保法规的规定要求支付罚款12万元。

2. 某公司在20×1—20×4年每年应纳税所得额分别为：—100万元、40万元、20万元、50万元，适用税率始终为25%，假设无其他暂时性差异。

要求：采用资产负债表债务法核算该公司20×1—20×4年各年的所得税费用。

3. 某企业20×1年12月31日购入一台价值5 000万元的设备，预计使用期为5年，无残值，采用直线法计提折旧。税法允许采用双倍余额递减法计提折旧，假定税法规定的折旧年限、净残值与会计相同。该企业每年未扣折旧前的利润总额为11 000万元，20×5年以前适用税率为33%，20×6年所得税税率变更为25%。假定无其他纳税调整事项。

要求：采用资产负债表债务法核算该企业20×2—20×6年各年的所得税费用。

4. 某企业20×1年12月31日资产负债表中，各项资产、负债的账面价值与其计税基础相等，不存在暂时性差异。其中固定资产价值为30 000元，为20×1年12月购入用于管理部门，直线法计提折旧，折旧期3年，无残值；税法规定采用年数总和法计提折旧，折旧期3年，无残值。20×2年企业将应计提的产品保修费用1 000元确认为一项负债；20×3年实际发生产品保修费用500元；20×4年实际发生产品保修费用500元。该企业的所得税适用税率为25%，3年间会计利润均为200 000元，20×2年取得国债利息收入800元，20×3年非公益性捐赠支出1 000元，20×4年支付行政罚款600元，除此以外企业没有其他会计与税收处理的差异。

要求：就上述事项分别确定该企业20×2—20×4年的所得税费用。

5. 熙和公司20×1年9月成立，20×4年有关所得税资料如下：

① 熙和公司采用资产负债表债务法核算所得税，所得税税率一直为25%；年初递延所得税资产借方余额为37.5万元，其中存货项目余额为22.5万元，未弥补亏损项目余额为15万元；年初递延所得税负债余额为0。

② 本年度实现利润总额500万元，其中取得国债利息收入20万元，因发生违法经营被罚款10万元，因违反合同支付违约金30万元。

③ 年末计提产品保修费用40万元，计入营业费用，预计负债余额为40万元。

④ 至20×3年末尚有60万元亏损没有弥补。

⑤ 年末计提固定资产减值准备50万元（年初减值准备为0），转回存货跌价准备70万元，使存货可抵扣暂时性差异由年初余额90万元减少到年末的20万元。

假设除上述事项外，没有发生其他纳税调整事项。

要求：

(1) 计算熙和公司20×4年度应纳税所得额及应交所得税；

(2) 确定熙和公司20×4年年末递延所得税资产余额和递延所得税负债余额；

(3) 确定熙和公司20×4年度所得税费用，并进行会计处理。

6. 某市一家居民企业为增值税一般纳税人，主要生产、销售彩色电视机，202×年度有关经营业务如下：

① 销售彩电取得不含税收入8 600万元，与彩电配比的销售成本为5 660万元。

② 转让技术所有权取得收入700万元，直接与技术所有权转让有关的成本和费用为100万元。

③ 出租厂房取得租金收入200万元，接受原材料捐赠取得增值税专用发票注明的材料金额为50万元、增值税税额为6.5万元，取得国债利息收入30万元。

④ 购进原材料共计3 000万元，取得增值税专用发票注明的税额为390万元；支付购料运输费用共计10万元，取得增值税专用发票。

⑤ 销售费用1 650万元，其中广告费1 400万元。

⑥ 管理费用850万元，其中业务招待费90万元。

⑦ 财务费用80万元，其中含向非金融企业借款500万元所支付的年利息40万元（当年金融企业贷款的年利率为5.8%）。

⑧ 计入成本、费用中的实发工资540万元；发生的工会经费15万元、职工福利费82万元、职工教育经费47.7万元。

⑨ 营业外支出300万元，其中包括通过公益性社会团体向贫困山区的捐款150万元。

(取得的相关票据均通过主管税务机关认证。)

要求：

(1) 计算企业 202×年应缴纳的流转税及附加；

(2) 计算企业 202×年应缴纳的企业所得税。

六、案例分析

1. 某公司于 20×3 年 1 月成立，当年亏损 15 万元，20×4 年实现销售收入 3 000 万元，利润总额 1 000 万元，公司预计今后各年会持续盈利，能够产生足够的应纳税所得额。该公司的所得税适用税率为 25%，所得税核算采用资产负债表债务法，20×3 年年末递延所得税资产借方余额为 3.75 万元，递延所得税负债余额为 0。20×4 年其他有关资料如下。

① 公益性捐赠支出共计 100 万元，非公益性捐赠支出 21 万元。

② 年度内因国债投资而获得的利息收益为 30 万元。

③ 6 月逢低购入甲企业股票 20 万股，支付价款 200 万元，公司将其划分为交易性金融资产；12 月 31 日继续持有，每股市价 12 元。

④ 本年预计产品质量保证费用 10 万元。

⑤ 因未能如期向 A 公司交货，支付罚款 1 万元。

⑥ 年末存货账面实际成本为 500 万元，预计可变现净值为 390 万元，存货期末按成本与可变现净值孰低法计价。

⑦ 本年发生 65 万元的业务招待费。

要求：

(1) 计算该公司 20×4 年度的应纳税所得额及应缴纳的企业所得税税额；

(2) 确定该公司 20×4 年年末递延所得税资产余额和递延所得税负债余额；

(3) 确定该公司 20×4 年度的所得税费用，并进行会计处理。

2. 某医疗器械公司是增值税一般纳税人，执行企业会计准则。该公司 20×4 年度有关资料如下。

① 主营业务收入 8 800 万元，主营业务成本 5 100 万元。

② 其他业务收入 600 万元，其中：材料销售收入 120 万元，设备修理收入 80 万元，仓库出租收入 40 万元，转让商标使用权收入 360 万元；其他业务成本 450 万元。

③ 税金及附加 96 万元。

④ 管理费用 850 万元，其中业务招待费 50 万元，新技术研究开发费 600 万元。

⑤ 销售费用 355 万元，其中广告费和业务宣传费 300 万元。

⑥ 财务费用账户借方余额 16 万元。公司年初向银行借款 33 万元，年利率为 6%；向其他企业拆借资金 140 万元，年利率为 10%；两项借款均用于生产经营。

⑦ 营业外收入 260 万元，其中：

- 出售专利技术净收益 210 万元。该项专利技术账面原值为 360 万元，累计摊销 200 万元，出售收入 371 万元，支付相关费用 1 万元。

- 按权益法核算长期股权投资对初始投资成本调整确认收益 40 万元。经核实，3 月份取得 A 公司 40% 的股份（对 A 公司具有重大影响），支付价款 2 000 万元；按持股比例计算确定的、应享有 A 公司可辨认资产公允价值的份额为 2 040 万元。

- 非货币性资产交易净收益 10 万元，是企业为经营需要，用已使用过的生产设备换取某公司产品实现的净收益。换出设备的账面原值为 120 万元，累计折旧为 20 万元，公允价值为110万元。

⑧ 营业外支出505万元，其中：税收滞纳金3万元；支付合同违约金2万元；通过市民政局向贫困山区捐赠500万元，已取得合法的公益性捐赠票据。

⑨ 公允价值变动收益20万元。经核实，7月份从二级市场购入B公司发行的股票，将其划分为交易性金融资产，购入成本为400万元，年末公允价值为420万元。

⑩ 投资收益账户贷方余额86万元，其中国债利息收入2万元。

其他有关资料如下。

① 公司20×2年12月购入一辆运输货物的卡车，购入价为8万元。税法规定按直线法计提折旧，最低折旧年限为4年；会计上采用年数总和法计提折旧，折旧期4年，无残值。

② 公司的所得税适用税率为25%，所得税费用核算采用资产负债表债务法，20×3年年末递延所得税资产借方余额为0.3万元，递延所得税负债余额为0。

要求：根据上述资料，分别核算：

（1）医疗器械公司20×4年度的会计利润；

（2）医疗器械公司20×4年度应缴纳的企业所得税；

（3）医疗器械公司20×4年度的所得税费用，并进行会计处理。

第6章 个人所得税会计

【学习要求】
1. 解释基本概念：分类所得税制、综合所得税制和分类综合所得税制。
2. 掌握个人所得税的计算与缴纳，其中重点掌握居民个人综合所得预扣预缴与汇算清缴的计税方法。
3. 掌握企业代扣代缴个人所得税的会计处理。

6.1 个人所得税概述

个人所得税（individual income tax）是以个人（自然人）取得的各项应税所得为征税对象所征收的一种税。按照计税方法和征收管理的不同，个人所得税有3种税制模式：分类所得税制、综合所得税制和分类综合所得税制。

1980年9月10日，第五届全国人民代表大会第三次会议通过了《中华人民共和国个人所得税法》（以下简称《个人所得税法》），这是中华人民共和国成立以后制定的第一部个人所得税法。1994年实行了个人所得税制度的全面改革，形成了一套比较完整、统一的个人所得税制度。自2019年1月1日起施行的《个人所得税法》涉及征收模式、纳税人、征税项目、税前扣除、税率、减免税和征收管理等方面的重要调整。现行个人所得税主要具有以下特点。

(1) 实行分类与综合相结合的征收制度

我国现行个人所得税采用分类综合所得税制，将居民个人取得的工资、薪金所得，劳务报酬所得，稿酬所得和特许权使用费所得综合征税，对其余所得项目分类征税。这种征收制度兼容了分类所得税制与综合所得税制两种税制模式的优点，既坚持按能负担的原则，又坚持对不同性质所得实行区别对待的原则，而且稽征方便，有利于减少税收流失。

(2) 采用累进税率与比例税率并用的税率形式

现行个人所得税根据不同的应税所得分别适用累进税率和比例税率两种形式。对居民个人的综合所得和经营所得，采用超额累进税率，实行量能负担；而对其余 4 项应税所得采用比例税率，实行等比负担。

(3) 采用定额、定率与核算并用的费用扣除方式

我国个人所得税对纳税人的各项应税所得，视情况不同在费用扣除上分别实行不同的方法。对居民个人综合所得的减除费用主要采用定额扣除，对经营所得和财产转让所得采用核算扣除，对财产租赁所得采用定额和定率相结合的扣除方式。

(4) 采取源泉扣缴和自行申报两种征纳方法

《个人所得税法》规定，对纳税人的应纳税额分别采取由支付单位源泉扣缴和纳税人自行申报两种方法。对凡是可以在应税所得的支付环节扣缴的，均由法定的扣缴义务人履行代扣代缴义务。对于没有扣缴义务人的，居民个人综合所得及经营所得等实行由纳税人自行申报纳税的方法。

6.1.1 个人所得税的纳税人

个人所得税以所得人为纳税人，以支付所得的单位或者个人为扣缴义务人。个人所得税的纳税人包括：中国公民、个体工商业户、个人独资企业、合伙企业投资者，以及在中国有所得的外籍个人（包括无国籍人员）和香港、澳门、台湾同胞等。《个人所得税法》依据住所和居住时间两个标准划分居民个人和非居民个人，分别承担不同的纳税义务。

1. 居民纳税人

1) 居民纳税人的判定

《个人所得税法》规定的住所标准和居住时间标准，是判定居民身份的两个并列性标准，个人只要符合或达到其中任何一个标准，就可以认定为居民纳税人。

(1) 住所标准

在中国境内有住所的个人，是指因户籍、家庭、经济利益关系而在中国境内习惯性居住的个人。

所谓"习惯性居住"，是判定居民和非居民的一个法律意义上的标准，不是指实际居住或在某一特定时期内的居住地。例如，个人因学习、工作、探亲、旅游等原因而在中国境外居住，当其在境外居住的原因消除之后，如果必须回到中国境内，则将其判定为在中国习惯性居住。

(2) 居住时间标准

居住时间标准为一个纳税年度内在中国境内居住累计满 183 天。纳税年度，自公历一月一日起至十二月三十一日止。居住天数，按照一个纳税年度在境内的实际居住时间确定，而不论出境多少次。

2) 居民纳税人的纳税义务

根据两个判定标准确定为中国居民的个人，是指在中国境内有住所或者虽无住所但一个纳税年度内在中国境内居住累计满 183 天的个人。居民纳税人，应就其来源于中国境内和境外的所得，依法缴纳个人所得税。

① 在中国境内无住所的个人，在中国境内居住累计满 183 天的年度连续不满 6 年的，经向主管税务机关备案，其来源于中国境外且由境外单位或者个人支付的所得，免予缴纳个人所得税。

② 在中国境内无住所的个人，在中国境内居住累计满 183 天的年度连续满 6 年的，且 6 年内未发生单次离境超过 30 天情形的，应当就其来源于中国境外的全部所得缴纳个人所得税。

2. 非居民纳税人

（1）非居民纳税人的判定

在中国境内无住所又不居住，或者无住所而一个纳税年度内在中国境内居住累计不满 183 天的个人，为非居民个人。

非居民纳税人实际上是指在一个纳税年度内，没有在中国境内居住或者在中国境内居住累计不满 180 天的外籍人员、华侨或香港、澳门和台湾同胞。

（2）非居民纳税人的纳税义务

非居民纳税人仅就来源于中国境内的所得缴纳个人所得税。

在中国境内无住所的个人，在一个纳税年度内在中国境内居住累计不超过 90 天的，其来源于中国境内的所得，由境外雇主支付并且不由该雇主在中国境内的机构、场所负担的部分，免予缴纳个人所得税。

3. 扣缴义务人

税法规定，凡支付应纳税所得的单位或个人，都是个人所得税的扣缴义务人。扣缴义务人在向纳税人支付各项应纳税所得（经营所得除外）时，必须履行代扣代缴税款的义务。

6.1.2 个人所得税的征税范围

个人所得税的征税范围，是指应该缴纳个人所得税的各项应税项目。按照所得来源的不同，《个人所得税法》列举征税的个人所得共有 9 项。

1. 工资、薪金所得

工资、薪金所得，是指个人因任职或者受雇而取得的工资、薪金、奖金、年终加薪、劳动分红、津贴、补贴以及与任职或者受雇有关的其他所得。但是下列项目不包括在内：

① 独生子女补贴；

② 执行公务员工资制度未纳入基本工资总额的补贴、津贴差额和家属成员的副食品补贴；

③ 托儿补助费；

④ 差旅费津贴、误餐补助。

想一想：企业每年组织职工体检，职工体检费列支到什么科目？是否需要扣缴个人所得税？

2. 劳务报酬所得

劳务报酬所得，是指个人独立从事设计、装潢、安装、制图、化验、测试、医疗、法律、会计、咨询、讲学、翻译、审稿、书画、雕刻、影视、录音、录像、演出、表演、广告、展览、技术服务、介绍服务、经纪服务、代办服务及其他劳务取得的所得。

想一想：临时工工资属于"工资、薪金所得"还是"劳务报酬所得"？

3. 稿酬所得

稿酬所得，是指个人因其作品以图书、报刊形式出版、发表而取得的所得。作品，包括文学作品、书画作品、摄影作品及其他作品。作者去世后，财产继承人取得的遗作稿酬，也应征收个人所得税。

想一想：我是某杂志社的一名专业记者，最近发现我的稿费并入了工资，按照"工资、薪金所得"项目扣缴个人所得税，而单位财务经理的稿费按照"稿酬所得"项目扣缴个人所得税。为什么同是稿酬，纳税方式不一样呢？

4. 特许权使用费所得

特许权使用费所得，是指个人提供专利权、商标权、著作权、非专利技术及其他特许权的使用权取得的所得。提供著作权的使用权取得的所得，不包括稿酬的所得。

5. 经营所得

经营所得，具体是指：

① 个体工商户从事生产、经营活动取得的所得，个人独资企业投资人、合伙企业的个人合伙人来源于境内注册的个人独资企业、合伙企业生产、经营的所得。

② 个人依法从事办学、医疗、咨询及其他有偿服务活动取得的所得。

③ 个人对企业、事业单位承包经营、承租经营及转包、转租取得的所得。

④ 个人从事其他生产、经营活动取得的所得。

6. 利息、股息、红利所得

利息、股息、红利所得，是指个人拥有债权、股权而取得的利息、股息、红利所得。

7. 财产租赁所得

财产租赁所得，是指个人出租不动产、机器设备、车船及其他财产取得的所得。个人取得的财产转租收入，属于"财产租赁所得"的征税范围。

8. 财产转让所得

财产转让所得，是指个人转让有价证券、股权、合伙企业中的财产份额、不动产、机器设备、车船及其他财产取得的所得。经国务院批准，对股票转让所得暂不征收个人所得税。

想一想：个人转让房屋需要缴纳哪些税？

9. 偶然所得

偶然所得，是指个人得奖、中奖、中彩及其他偶然性质的所得。

个人取得的所得，难以界定应纳税所得项目的，由国务院税务主管部门确定。

居民个人取得上述第1项至第4项所得称为综合所得，按纳税年度合并计算个人所得税；非居民个人取得上述第1项至第4项所得，按月或者按次分项计算个人所得税。纳税人取得上述第5项至第9项所得，依法分别计算个人所得税。

6.1.3 个人所得税所得来源地的确定

除财政、税务主管部门另有规定外，下列所得，不论支付地点是否在中国境内，均为来源于中国境内的所得。

① 因任职、受雇、履约等在中国境内提供劳务取得的所得。
② 将财产出租给承租人在中国境内使用而取得的所得。
③ 许可各种特许权在中国境内使用而取得的所得。
④ 转让中国境内的不动产等财产或者在中国境内转让其他财产取得的所得。
⑤ 从中国境内企业、事业单位、其他组织及居民个人取得的利息、股息、红利所得。

6.1.4 个人所得税的税率

我国个人所得税按照应税项目分别规定了超额累进税率和比例税率两种形式。

1. 综合所得

居民个人取得的综合所得，适用5%～45%的七级超额累进税率，如表6-1所示。

表6-1 综合所得个人所得税税率表

级数	全年应纳税所得额	税率/%	速算扣除数/元
1	不超过36 000元的部分	3	0
2	超过36 000元至144 000元的部分	10	2 520
3	超过144 000元至300 000元的部分	20	16 920
4	超过300 000元至420 000元的部分	25	31 920
5	超过420 000元至660 000元的部分	30	52 920
6	超过660 000元至960 000元的部分	35	85 920
7	超过960 000元的部分	45	181 920

注：本表所称全年应纳税所得额是指依照税法规定，居民个人取得综合所得以每一纳税年度收入额减除有关费用后的余额。

2. 非居民个人工资、薪金等所得

非居民个人取得的工资、薪金所得，劳务报酬所得，稿酬所得和特许权使用费所得，适用5%～45%的七级超额累进税率，如表6-2所示。

表6-2 非居民个人工资、薪金等所得个人所得税税率表

级数	月（次）应纳税所得额	税率/%	速算扣除数/元
1	不超过3 000元的部分	3	0
2	超过3 000元至12 000元的部分	10	210

续表

级数	月（次）应纳税所得额	税率/%	速算扣除数/元
3	超过 12 000 元至 25 000 元的部分	20	1 410
4	超过 25 000 元至 35 000 元的部分	25	2 660
5	超过 35 000 元至 55 000 元的部分	30	4 410
6	超过 55 000 元至 80 000 元的部分	35	7 160
7	超过 80 000 元的部分	45	15 160

注：本表所称月（次）应纳税所得额是指依照税法规定，非居民个人取得工资、薪金所得的，每月收入额减除费用 5 000 元后的余额；取得劳务报酬所得、稿酬所得、特许权使用费所得的每次收入额。

3. 经营所得

经营所得，适用 5%～35% 的五级超额累进税率，如表 6-3 所示。

表 6-3 经营所得个人所得税税率表

级数	全年应纳税所得额	税率/%	速算扣除数/元
1	不超过 30 000 元的	5	0
2	超过 30 000 元至 90 000 元的部分	10	1 500
3	超过 90 000 元至 300 000 元的部分	20	10 500
4	超过 300 000 元至 500 000 元的部分	30	40 500
5	超过 500 000 元的部分	35	65 500

注：本表所称全年应纳税所得额是指依照税法规定，以每一纳税年度的收入总额减除成本、费用及损失后的余额。

4. 其余所得

利息、股息、红利所得，财产租赁所得，财产转让所得和偶然所得，适用 20% 比例税率。

6.1.5 个人所得税的优惠政策

个人所得税的税收优惠分为免税项目和减税项目。

1. 免税项目

① 省级人民政府、国务院部委和中国人民解放军军以上单位，以及外国组织、国际组织颁发的科学、教育、技术、文化、卫生、体育、环境保护等方面的奖金。

② 国债和国家发行的金融债券利息。

③ 按照国家统一规定发给的补贴、津贴。

④ 福利费、抚恤金、救济金。

⑤ 保险赔款。

⑥ 军人的转业费、复员费、退役金。

⑦ 按照国家统一规定发给干部、职工的安家费、退职费、基本养老金或者退休费、离休费、离休生活补助费。

⑧ 依照有关法律规定应予免税的各国驻华使馆、领事馆的外交代表、领事官员和其他人员的所得。

⑨ 中国政府参加的国际公约、签订的协议中规定免税的所得。
⑩ 国务院规定的其他免税所得。
第⑩项免税规定，由国务院报全国人民代表大会常务委员会备案。

2. 减税项目

有下列情形之一的，可以减征个人所得税，具体幅度和期限，由省、自治区、直辖市人民政府规定，并报同级人民代表大会常务委员会备案。
① 残疾、孤老人员和烈属的所得。
② 因自然灾害遭受重大损失的。
国务院可以规定其他减税情形，报全国人民代表大会常务委员会备案。

6.2 个人所得税的计算与申报

6.2.1 个人所得税计税依据的确定

个人所得税的计税依据是纳税人取得的应纳税所得额。应纳税所得额是个人取得的各项应税收入减去税法规定的扣除项目或扣除金额之后的余额。

1. 收入的形式

个人取得的收入形式，包括现金、实物、有价证券和其他形式的经济利益。所得为实物的，应当按照取得的凭证上所注明的价格计算应纳税所得额，无凭证的实物或者凭证上所注明的价格明显偏低的，参照市场价格核定应纳税所得额；所得为有价证券的，根据票面价格和市场价格核定应纳税所得额；所得为其他形式的经济利益的，参照市场价格核定应纳税所得额。

2. 每次收入的确定

现行个人所得税对居民个人综合所得和经营所得实行按年计征；非居民个人取得的工资、薪金所得，实行按月计征；纳税人取得的其余应税项目所得，实行按次计征。在按次征收的情况下，扣除的费用依据每次收入的大小确定，因此如何准确划分"次"就非常重要。
① 劳务报酬所得、稿酬所得、特许权使用费所得，属于一次性收入的，以取得该项收入为一次；属于同一项目连续性收入的，以一个月内取得的收入为一次。
② 财产租赁所得，以一个月内取得的收入为一次。
③ 利息、股息、红利所得，以支付利息、股息、红利时取得的收入为一次。
④ 偶然所得，以每次取得收入为一次。

3. 费用扣除的方法

我国现行的个人所得税根据所得的不同情况分别实行定额、定率和会计核算3种扣除办法。
① 综合所得涉及的个人生计费，主要采取定额扣除办法。
② 经营所得及财产转让所得，采取会计核算办法扣除有关成本、费用或规定的必要费用。

③ 财产租赁所得，采取定额和定率两种扣除办法。

④ 非居民个人取得的工资、薪金所得，采取定额扣除办法；劳务报酬所得、稿酬所得及特许权使用费所得，采取定率扣除办法。

⑤ 利息、股息、红利所得和偶然所得，不得扣除任何费用。

6.2.2 个人所得税应纳税额的计算

1. 居民个人综合所得的计税方法

居民个人取得综合所得，按纳税年度合并计算个人所得税；有扣缴义务人的，由扣缴义务人按月或者按次预扣预缴税款；需要办理汇算清缴的，应当在取得所得的次年 3 月 1 日至 6 月 30 日内办理汇算清缴。

居民个人的综合所得，以每一纳税年度的收入额减除费用 6 万元及专项扣除、专项附加扣除和依法确定的其他扣除后的余额，为应纳税所得额。计算公式为

$$应纳税所得额 = 收入额 - 费用6万元 - 专项扣除 - 专项附加扣除 - 其他扣除$$

专项扣除、专项附加扣除和依法确定的其他扣除，以居民个人一个纳税年度的应纳税所得额为限额；一个纳税年度扣除不完的，不得结转以后年度扣除。

居民个人取得的综合所得，适用 5%～45% 的超额累进税率（参见表 6-1）。应纳税额的计算公式为

$$应纳税额 = 应纳税所得额 \times 适用税率 - 速算扣除数$$

（1）专项扣除

专项扣除，包括居民个人按照国家规定的范围和标准缴纳的基本养老保险、基本医疗保险、失业保险等社会保险费和住房公积金等。

（2）专项附加扣除

专项附加扣除，包括子女教育、继续教育、大病医疗、住房贷款利息或者住房租金、赡养老人等支出。纳税人既可以选择在纳税年度内由扣缴义务人办理专项附加扣除，也可以选择在年度终了后办理汇算清缴申报时享受专项附加扣除。

① 子女教育。纳税人的子女接受全日制学历教育的相关支出，按照每个子女每月 1 000 元的标准定额扣除。

② 继续教育。纳税人在中国境内接受学历（学位）继续教育的支出，在学历（学位）教育期间按照每月 400 元定额扣除。同一学历（学位）继续教育的扣除期限不能超过 48 个月。纳税人接受技能人员职业资格继续教育、专业技术人员职业资格继续教育的支出，在取得相关证书的当年，按照 3 600 元定额扣除。

③ 大病医疗。在一个纳税年度内，纳税人发生的与基本医保相关的医药费用支出，扣除医保报销后个人负担（指医保目录范围内的自付部分）累计超过 15 000 元的部分，由纳税人在办理年度汇算清缴时，在 80 000 元限额内据实扣除。

④ 住房贷款利息。纳税人本人或者配偶单独或者共同使用商业银行或者住房公积金个人住房贷款为本人或者其配偶购买中国境内住房，发生的首套住房贷款利息支出，在实际发生贷款利息的年度，按照每月 1 000 元的标准定额扣除，扣除期限最长不超过 240 个月。纳

税人只能享受一次首套住房贷款的利息扣除。

⑤ 住房租金。纳税人在主要工作城市没有自有住房而发生的住房租金支出，可以按照规定标准定额扣除。

纳税人及其配偶在一个纳税年度内不能同时分别享受住房贷款利息和住房租金专项附加扣除。

想一想：丈夫婚前购买的首套住房，婚后由丈夫还贷，首套住房利息是否只能由丈夫扣除？妻子是否可以扣除？

---

⑥ 赡养老人。纳税人赡养一位及以上被赡养人的赡养支出，统一按照以下标准定额扣除。
- 纳税人为独生子女的，按照每月2 000元的标准定额扣除；
- 纳税人为非独生子女的，由其与兄弟姐妹分摊每月2 000元的扣除额度，每人分摊的额度不能超过每月1 000元。

想一想：妻子没有收入，不用申报专项附加扣除，可以由丈夫申报岳父岳母的赡养老人专项附加扣除吗？

（3）其他扣除

其他扣除，包括个人缴付符合国家规定的企业年金、职业年金，个人购买符合国家规定的商业健康保险、税收递延型商业养老保险的支出，以及国务院规定可以扣除的其他项目。

2. 居民个人综合所得的预扣预缴与汇算清缴

（1）工资、薪金所得的预扣预缴

工资、薪金所得采用累计预扣法计算预扣税款。累计预扣法是指，在一个纳税年度内，以截至当前月份累计的工资、薪金所得收入额减除累计扣除额的余额为预缴应纳税所得额，对照综合所得税率表，计算出累计应预扣税额，减除已预扣预缴税额后的余额，确定本月应预扣预缴税额。

扣缴义务人向居民个人支付工资、薪金所得时，按照累计预扣法计算预扣税款，并按月办理全员全额扣缴申报。具体计算公式如下

本期应预扣预缴税额＝（累计预扣预缴应纳税所得额×预扣率－速算扣除数）－
累计减免税额－累计已预扣预缴税额

累计预扣预缴应纳税所得额＝累计收入－累计免税收入－累计减除费用－累计专项扣除－
累计专项附加扣除－累计依法确定的其他扣除

其中，累计减除费用，按照5 000元/月乘纳税人当年截至本月在本单位的任职受雇月份数计算。

上述公式中，计算居民个人工资、薪金所得预扣预缴税额的预扣率、速算扣除数，按表6-1执行。

【例6-1】李某在甲企业任职，2020年每月工资收入均为12 000元；每月缴纳"三险一金"1 800元，从1月份开始享受专项附加扣除2 500元，没有减免收入及减免税额等情况。甲企业每月应如何预扣预缴李某的个人所得税？

1月份：

累计预扣预缴应纳税所得额＝12 000－5 000－1 800－2 500＝2 700（元）

本期应预扣预缴税额＝2 700×3％＝81（元）

2月份：

累计预扣预缴应纳税所得额＝12 000×2－5 000×2－1 800×2－2 500×2＝5 400（元）

本期应预扣预缴税额＝5 400×3％－81＝81（元）

3月份：

累计预扣预缴应纳税所得额＝12 000×3－5 000×3－1 800×3－2 500×3＝8 100（元）

本期应预扣预缴税额＝8 100×3％－81－81＝81（元）

进一步计算可知，李某全年累计预扣预缴应纳税所得额为32 400元，一直适用3％的税率，因此各月应预扣预缴的税款相同，均为81元。

如果李某全年只有甲企业的工资收入，则其2020年综合所得应纳税额与甲企业全年预扣预缴的税额相同，为972元。

【例6-2】王先生在甲企业任职，2020年每月工资收入均为16 000元，每月缴纳"三险一金"2 500元，从1月份开始享受专项附加扣除共计为3 000元，没有减免收入及减免税额等情况。甲企业每月应如何预扣预缴王先生的个人所得税？

1月份：

累计预扣预缴应纳税所得额＝16 000－5 000－2 500－3 000＝5 500（元）

本期应预扣预缴税额＝5 500×3％＝165（元）

2月份：

累计预扣预缴应纳税所得额＝16 000×2－5 000×2－2 500×2－3 000×2＝11 000（元）

本期应预扣预缴税额＝11 000×3％－165＝165（元）

3月份至6月份预扣预缴税额均为165元

7月份：

累计预扣预缴应纳税所得额＝16 000×7－5 000×7－2 500×7－3 000×7＝38 500（元）

本期应预扣预缴税额＝38 500×10％－2 520－990＝340（元）

8月份：

累计预扣预缴应纳税所得额＝16 000×8－5 000×8－2 500×8－3 000×8＝44 000（元）

本期应预扣预缴税额＝44 000×10％－2 520－1 330＝550（元）

9月份至12月份预扣预缴税额均为550元

与例6-1李某每月均衡预扣预缴税款不同，由于王先生7月份累计预扣预缴应纳税所得额超过 36 000 元,已有部分所得适用税率上升到 10%,于是 2020 年度内王先生的个人所得税预扣预缴税款呈现前低后高的现象。即随着累计应纳税所得额的提高,会产生税率的"跳级",适用税率从低到高使得预扣预缴税款逐渐增加。

如果王先生全年只有甲企业的工资收入,则其 2020 年综合所得应纳税额与甲企业全年预扣预缴的税额相同,为 4 080 元。

(2) 劳务报酬所得、稿酬所得、特许权使用费所得的预扣预缴

扣缴义务人向居民个人支付劳务报酬所得、稿酬所得、特许权使用费所得时,按次或者按月预扣预缴税款。

① 每次收入不超过 4 000 元的,

$$应纳税所得额=每次收入-800 元$$

② 每次收入在 4 000 元以上的,

$$应纳税所得额=每次收入 \times (1-20\%)$$

其中,稿酬所得的预扣预缴应纳税所得额按 70% 计算。

$$预扣预缴应纳税额=预扣预缴应纳税所得额 \times 适用税率$$

劳务报酬所得适用 20%~40% 的超额累进预扣率,如表 6-4 所示。稿酬所得、特许权使用费所得适用 20% 的预扣率。

劳务报酬所得应预扣预缴税额=预扣预缴应纳税所得额×预扣率-速算扣除数
稿酬所得、特许权使用费所得应预扣预缴税额=预扣预缴应纳税所得额×20%

表 6-4 居民个人劳务报酬所得预扣预缴税率表

级数	预扣预缴应纳税所得额	预扣率/%	速算扣除数/元
1	不超过 20 000 元的	20	0
2	超过 20 000 元至 50 000 元的部分	30	2 000
3	超过 50 000 元的部分	40	7 000

【例 6-3】王先生 2020 年 4 月取得劳务报酬所得 3 000 元,稿酬所得 2 000 元。计算支付王先生所得应预扣预缴的税款。

劳务报酬所得:

预扣预缴应纳税所得额=3 000-800=2 200(元)

应预扣预缴税额=2 200×20%=440(元)

稿酬所得:

预扣预缴应纳税所得额=(2 000-800)×70%=840(元)

应预扣预缴税额=840×20%=168(元)

【例 6-4】王先生 2020 年 9 月取得劳务报酬所得 28 000 元,特许权使用费所得 6 300

元。计算支付王先生所得应预扣预缴的税款。

劳务报酬所得：

预扣预缴应纳税所得额＝28 000×（1－20%）＝22 400（元）

应预扣预缴税额＝22 400×30%－2 000＝4 720（元）

特许权使用费所得：

预扣预缴应纳税所得额＝6 300×（1－20%）＝5 040（元）

应预扣预缴税额＝5 040×20%＝1 008（元）

（3）综合所得的汇算清缴

应纳税所得额＝收入额－费用6万元－专项扣除－专项附加扣除－其他扣除

其中，收入额，工资、薪金所得全额计入收入额；劳务报酬所得和特许权使用费所得以收入减除20%的费用后的余额为收入额；稿酬所得的收入额在减除20%的费用的基础上，再减按70%计算。

应纳税额＝应纳税所得额×适用税率－速算扣除数

汇算清缴税额＝应纳税额－全年累计已预扣预缴税额

【例6-5】资料见例6-2、例6-3和例6-4，对2020年王先生取得综合所得进行个人所得税汇算清缴。

① 年收入额＝16 000×12＋（3 000＋28 000）×（1－20%）＋2 000×（1－20%）×70%＋6 300×（1－20%）＝222 960（元）

② 综合所得年应纳税所得额＝222 960－60 000－2 500×12－3 000×12＝96 960（元）

③ 应纳税额＝96 960×10%－2 520＝7 176（元）

④ 预扣预缴税额＝4 080＋（440＋4 720）＋168＋1 008＝10 416（元）

⑤ 年度汇算应补（退）税额＝7 176－10 416＝－3 240（元）

2021年3月1日至6月30日王先生向主管税务机关办理综合所得年度汇算清缴，申请退税3 136元。

想一想：王先生2020年综合所得汇算清缴时为什么退税？主要原因有哪些？

3. 非居民个人取得工资、薪金所得，劳务报酬所得，稿酬所得和特许权使用费所得应纳税额的计算

扣缴义务人向非居民个人支付工资、薪金所得，劳务报酬所得，稿酬所得和特许权使用费所得时，按月或者按次代扣代缴个人所得税。

非居民个人的工资、薪金所得，以每月收入额减除费用5 000元后的余额为应纳税所得额；劳务报酬所得、稿酬所得、特许权使用费所得，以每次收入额为应纳税所得额。其中，劳务报酬所得、稿酬所得、特许权使用费所得以收入减除20%的费用后的余额为收入额。

稿酬所得的收入额减按70%计算。

想一想：收入、收入额、应纳税所得额之间的关系如何？

非居民个人工资、薪金所得，劳务报酬所得，稿酬所得和特许权使用费所得适用税率见表6-2。

$$应纳税额 = 应纳税所得额 \times 税率 - 速算扣除数$$

【例6-6】外籍专家4月至5月来我国工作，就职于A公司。5月份从A公司取得工资48 000元，从其他企业取得劳务报酬30 000元。计算该外籍专家当月应缴纳的个人所得税。

当月工资、薪金所得应纳税额＝（48 000－5 000）×30%－4 410＝8 490（元）
当月劳务报酬所得应纳税额＝30 000×（1－20%）×20%－1 410＝3 390（元）

想一想：同是"劳务报酬所得"，居民个人的预扣预缴与非居民个人应纳税额的计算有何异同？

4. 经营所得应纳税额的计算

纳税人取得经营所得，按年计算个人所得税，由纳税人在月度或者季度终了后15日内向税务机关报送纳税申报表，并预缴税款；在取得所得的次年3月31日前办理汇算清缴。

经营所得，以每一纳税年度的收入总额减除成本、费用及损失后的余额，为应纳税所得额。

成本、费用，是指生产、经营活动中发生的各项直接支出和分配计入成本的间接费用及销售费用、管理费用、财务费用。

损失，是指生产、经营活动中发生的固定资产和存货的盘亏、毁损、报废损失，转让财产损失，坏账损失，自然灾害等不可抗力因素造成的损失及其他损失。

$$全年应纳税所得额 = 全年收入总额 - 成本、费用及损失$$
$$应纳税额 = 全年应纳税所得额 \times 适用税率 - 速算扣除数$$

经营所得适用税率见表6-3。

取得经营所得的个人，没有综合所得的，计算其每一纳税年度的应纳税所得额时，应当减除费用6万元、专项扣除、专项附加扣除及依法确定的其他扣除。专项附加扣除在办理汇算清缴时减除。

从事生产、经营活动，未提供完整、准确的纳税资料，不能正确计算应纳税所得额的，由主管税务机关核定应纳税所得额或者应纳税额。

【例6-7】某餐厅老板为个体工商户，2020年取得经营收入180万元，成本、费用及损失合计为138万元，1—11月累计已预缴个人所得税3.9万元。除经营所得外，该餐厅老板本人没有其他收入。2020年该餐厅老板实际缴纳基本养老保险和基本医疗保险4.6万元，符合条件的专项附加扣除为2.4万元。计算该餐厅老板年终汇算清缴应缴纳的个人所得税。

全年应纳税所得额＝180－138－6－4.6－2.4＝29（万元）

应纳税额＝29×10 000×20％－10 500＝47 500（元）

年度汇算应补税额＝47 500－39 000＝8 500（元）

想一想：个人独资企业和合伙企业投资者及其家庭发生的生活费用与企业生产经营费用混合在一起，并且难以划分的，是否允许在税前扣除？

5. 财产租赁所得应纳税额的计算

纳税人取得财产租赁所得，按月计算个人所得税，适用20％的比例税率。

每次收入不超过4 000元的：

$$应纳税所得额＝每次收入额－800元$$

每次收入超过4 000元的：

$$应纳税所得额＝每次收入额×（1－20％）$$

在确定财产租赁的应纳税所得额时，纳税人在出租财产过程中缴纳的税金和教育费附加，可持完税凭证，从其财产租赁收入中扣除。此外，还准予扣除能够提供有效、准确凭证，证明由纳税人负担的该出租财产实际开支的修缮费用。允许扣除的修缮费用，以每次800元为限。一次扣除不完的，准予在下一次继续扣除，直到扣完为止。

【例6-8】 赵某于2020年1月将其在市区的一处商铺出租，租期1年，赵某每月取得租金收入3 500元。计算赵某全年租金收入应缴纳的个人所得税。

每月应纳税额＝（3 500－800）×20％＝540（元）

全年应纳税额＝540×12＝6 480（元）

想一想：如果在出租的第三个月发生修缮费用2 000元，由赵某承担，有维修部门的正式收据，则赵某如何纳税？

6. 财产转让所得应纳税额的计算

纳税人取得财产转让所得，按次计算个人所得税，适用20％的比例税率。

财产转让所得应纳税额的计算公式为

$$应纳税额＝（每次财产转让收入额－财产原值－合理税费）×20％$$

财产原值，按照下列方法确定。

① 有价证券，为买入价及买入时按照规定交纳的有关费用。

② 建筑物，为建造费或者购进价格及其他有关费用。

③ 土地使用权，为取得土地使用权所支付的金额、开发土地的费用及其他有关费用。

④ 机器设备、车船，为购进价格、运输费、安装费及其他有关费用。

其他财产，参照上述方法确定财产原值。

纳税人未提供完整、准确的财产原值凭证，不能按照上述规定的方法确定财产原值的，由主管税务机关核定财产原值。

合理费用，是指卖出财产时按照规定支付的有关税费。

【例 6-9】 陈某将自有的已居住 2 年的一套住房转让，取得转让收入 160 万元，转让过程中按规定交纳的各种税费为 7.2 万元，支付中介机构介绍费 0.8 万元。经有关机构评估，该房屋的原值为 105 万元。计算陈某转让住房应纳的个人所得税。

应纳税所得额＝160－105－7.2－0.8＝47（万元）

应纳税额＝47×20％＝9.4（万元）

7. 利息、股息、红利所得，偶然所得应纳税额的计算

利息、股息、红利所得和偶然所得，以每次收入额为应纳税所得额，不得从收入额中扣除费用。应纳税额的计算公式为

$$应纳税额 = 应纳税所得额（每次收入额）\times 适用税率$$

【例 6-10】 李某购买 A 公司发行的企业债券，5 月份取得利息收入 12 000 元。计算李某取得债券利息收入应缴纳的个人所得税。

应纳税额＝12 000×20％＝2 400（元）

8. 扣除捐赠款的计税方法

个人发生的公益捐赠支出，可以在计算应纳税所得额时扣除。

公益捐赠支出，是指个人通过中华人民共和国境内公益性社会组织、县级以上人民政府及其部门等国家机关，向教育、扶贫、济困等公益慈善事业的捐赠。

个人发生的公益捐赠额未超过纳税人申报的应纳税所得额 30％的部分，可以从其应纳税所得额中扣除；国务院规定对公益慈善事业捐赠实行全额税前扣除的，从其规定。个人同时发生按 30％扣除和全额扣除的公益捐赠支出，自行选择扣除次序。

（1）居民个人公益捐赠支出的扣除

① 居民个人发生的公益捐赠支出，可以在其取得的综合所得、经营所得和分类所得（财产租赁所得、财产转让所得、利息股息红利所得、偶然所得）项目中扣除。在当期一个所得项目扣除不完的公益捐赠支出，可以按规定在其他所得项目中继续扣除。

② 居民个人发生的公益捐赠支出，在综合所得、经营所得中扣除的，扣除限额分别为当年综合所得、当年经营所得应纳税所得额的 30％；在分类所得中扣除的，扣除限额为当月分类所得应纳税所得额的 30％。

③ 居民个人根据各项所得的收入、公益捐赠支出、适用税率等情况，自行决定在综合所得、分类所得、经营所得中扣除的公益捐赠支出的顺序。

(2) 非居民个人公益捐赠支出的扣除

非居民个人发生的公益捐赠支出,未超过其在公益捐赠支出发生的当月应纳税所得额30%的部分,可以从其应纳税所得额中扣除。扣除不完的公益捐赠支出,可以在经营所得中继续扣除。

【例6-11】资料见例6-1和例6-10,李某5月份取得利息收入12 000元,将10 000元通过县人民政府捐赠给受灾地区。李某选择先在分类所得、后在综合所得中扣除捐赠支出。试计算李某应缴纳的个人所得税。

李某5月份取得利息所得:

允许扣除捐赠的限额=12 000×30%=3 600(元)

利息所得应纳税额=(12 000-3 600)×20%=1 680(元)

尚有6 400元的捐赠未扣除。

2021年3月李某就其2020年的综合所得汇算清缴。

应纳税所得额=12 000×12-60 000-1 800×12-2 500×12=32 400(元)

允许扣除捐赠的限额=32 400×30%=9 720(元)

应纳税额=(32 400-6 400)×3%=780(元)

9. 境外缴纳税额抵免的计税方法

为了避免对居民个人境外所得的重复征税,同时维护我国的税收权益,我国在对居民个人的境外所得行使税收管辖权时,对该所得在境外已纳税额采取了分不同情况从应征税额中予以扣除的做法。

税法规定,居民个人从中国境外取得的所得,可以从其应纳税额中抵免已在境外缴纳的个人所得税税额,但抵免额不得超过该纳税人境外所得依照我国税法规定计算的应纳税额。

居民个人从中国境外取得所得的,应当在取得所得的次年3月1日至6月30日内申报纳税。

(1) 可抵免的境外所得税税额

可抵免的境外所得税税额,是指居民个人取得境外所得,依照该所得来源国(地区)税收法律应当缴纳且实际已经缴纳的所得税性质的税额。可抵免的境外所得税额不包括以下情形。

① 按照境外所得税法律属于错缴或错征的境外所得税税额。

② 按照我国政府签订的避免双重征税协定及内地与香港、澳门签订的避免双重征税安排规定不应征收的境外所得税税额。

③ 因少缴或迟缴境外所得税而追加的利息、滞纳金或罚款。

④ 境外所得税纳税人或者其利害关系人从境外征税主体得到实际返还或补偿的境外所得税税款。

⑤ 按照我国《个人所得税法》及其实施条例的规定,已经免税的境外所得负担的境外所得税税款。

(2) 抵免限额

纳税人境外所得依照我国税法规定计算的应纳税额,是居民个人抵免已在境外缴纳的综合所得、经营所得及其他所得的所得税税额的限额。

居民个人从中国境内和境外取得的综合所得、经营所得，应当分别合并计算应纳税额；从中国境内和境外取得的其他所得，应当分别单独计算应纳税额。

除财政、税务主管部门另有规定外，来源于中国境外一个国家（地区）的综合所得抵免限额、经营所得抵免限额及其他所得抵免限额之和，为来源于该国家（地区）所得的抵免限额。

居民个人来源于一国（地区）的综合所得、经营所得及其他分类所得项目的应纳税额为其抵免限额，按照下列公式计算：

来源于一国（地区）综合所得的抵免限额＝中国境内和境外综合所得合并计算的综合所得应纳税额×（来源于该国（地区）的综合所得收入额÷中国境内和境外综合所得收入额合计）

来源于一国（地区）经营所得的抵免限额＝中国境内和境外经营所得合并计算的经营所得应纳税额×（来源于该国（地区）的经营所得应纳税所得额÷中国境内和境外经营所得应纳税所得额合计）

来源于一国（地区）其他分类所得的抵免限额＝该国（地区）的其他分类所得单独计算的应纳税额

来源于一国（地区）所得的抵免限额＝来源于该国（地区）综合所得抵免限额＋来源于该国（地区）经营所得抵免限额＋来源于该国（地区）其他分类所得抵免限额

（3）补税与结转补扣

居民个人一个纳税年度内来源于一国（地区）的所得实际已经缴纳的所得税税额，低于按规定计算出的来源于该国（地区）该纳税年度所得的抵免限额的，应以实际缴纳税额作为抵免额进行抵免；超过来源于该国（地区）该纳税年度所得的抵免限额的，应在限额内进行抵免，超过部分可以在以后5个纳税年度内结转抵免

【例6-12】承例6-1，李某持有A国某公司股票，6月份取得股息12 000元，在A国缴纳个人所得税1 800元；9月转让B国一套公寓取得收入650万元，该公寓的买价及转让时发生的费用共计490万元，在B国缴纳个人所得税40万元。计算李某2020年度在我国境内应缴纳的个人所得税。

来源于A国股息所得的抵免限额＝12 000×20％＝2 400（元）

李某已在A国缴纳个人所得税1 800元，低于抵免限额，可以全额抵扣，并需要在我国补缴所得税600元。

来源于B国财产转让所得的抵免限额＝（650－490）×20％＝32（万元）

李某已在B国缴纳个人所得税40万元，大于抵免限额，只能抵扣32万元，其超过限额的8万元，不能在本年度抵扣，但可在以后5个纳税年度在B国扣除限额的余额中补减。

2020年度李某在我国境内应缴纳个人所得税＝972＋（2 400－1 800）＝1 572（元）

10. 特别纳税调整

纳税人有下列情形之一的，税务机关有权按照合理方法进行纳税调整。

① 个人与其关联方之间的业务往来不符合独立交易原则而减少本人或者其关联方应纳税额，且无正当理由。

② 居民个人控制的，或者居民个人和居民企业共同控制的设立在实际税负明显偏低的国家（地区）的企业，无合理经营需要，对应当归属于居民个人的利润不做分配或者减少分配。

③ 个人实施其他不具有合理商业目的的安排而获取不当税收利益。

税务机关依照上述规定做出纳税调整，需要补征税款的，应当补征税款，并依法加收利息。

加收的利息，应当按照税款所属纳税申报期最后一日中国人民银行公布的与补税期间同期的人民币贷款基准利率计算，自税款纳税申报期满次日起至补缴税款期限届满之日止按日加收。纳税人在补缴税款期限届满前补缴税款的，利息加收至补缴税款之日。

6.2.3 个人所得税的申报与缴纳

我国个人所得税采用源泉扣缴和自行申报纳税两种方式。

1. 源泉扣缴

扣缴义务人应当依法办理全员全额扣缴申报，在代扣税款的次月15日内，向主管税务机关报送其支付所得的所有个人的有关信息、支付所得数额、扣除事项和数额、扣缴税款的具体数额和总额及其他相关涉税信息资料。

（1）源泉扣缴的范围

除经营所得外，扣缴义务人在向个人支付应税所得项目时，不论纳税人是否属于本单位人员，均应代扣代缴其应纳的个人所得税税款。

（2）扣缴义务人的法定义务

扣缴义务人向个人支付应税所得时，应依法预扣或者代扣税款，按时缴库，并专项记载备查。

居民个人向扣缴义务人提供专项附加扣除信息的，扣缴义务人按月预扣预缴税款时应当按照规定予以扣除，不得拒绝。

扣缴义务人应当按照纳税人提供的信息计算办理扣缴申报，不得擅自更改纳税人提供的信息。

扣缴义务人每月或者每次预扣、代扣的税款，应当在次月15日内缴入国库，并向税务机关报送《个人所得税扣缴申报表》。

（3）代扣代缴税款的手续费

扣缴义务人依法扣缴税款，税务机关按不超过代扣税款的2%支付手续费，且支付给单个扣缴义务人年度最高限额70万元。扣缴义务人领取的扣缴手续费可用于提升办税能力、奖励办税人员。

2. 自行申报纳税

纳税人在税法规定的纳税期限内，自行向税务机关申报取得的应税所得项目和数额，如实填写纳税申报表，并按税法规定计算应纳税额，据此缴纳个人所得税。

（1）自行申报的范围

有下列情形之一的，纳税人应当依法办理纳税申报。

① 取得综合所得需要办理汇算清缴。
② 取得应税所得没有扣缴义务人。
③ 取得应税所得，扣缴义务人未扣缴税款。
④ 取得境外所得。
⑤ 因移居境外注销中国户籍。
⑥ 非居民个人在中国境内从两处以上取得工资、薪金所得。
⑦ 国务院规定的其他情形。

（2）申报纳税地点

申报纳税地点一般为收入来源地的税务机关。

居民个人办理综合所得汇算清缴时，应当向任职、受雇单位所在地主管税务机关申报；纳税人有两处以上任职、受雇单位的，选择向其中一处任职、受雇单位所在地主管税务机关申报；纳税人没有任职、受雇单位的，向户籍所在地或经常居住地主管税务机关申报。

纳税人取得经营所得，向经营管理所在地主管税务机关申报。

3. 自然人纳税人识别号

自然人纳税人识别号是自然人纳税人办理各类涉税事项的唯一代码标识，也是税务机关开展征管工作的基础。

有中国公民身份证号码的，以其中国公民身份证号码作为纳税人识别号；没有中国公民身份证号码的，由税务机关赋予其纳税人识别号。

纳税人首次办理涉税事项时，应当向税务机关或者扣缴义务人出示有效身份证件，并报送相关基础信息。

6.3 个人所得税的会计核算

对于个人而言，个人所得税的缴纳不涉及会计核算问题，因而个人所得税的会计处理主要是指企业代扣代缴职工或其他个人的个人所得税所涉及的会计核算，以及个体工商户、个人独资和合伙企业的生产经营所得缴纳个人所得税的会计核算。

6.3.1 企业代扣代缴个人所得税的会计核算

企事业单位为了核算代扣代缴的个人所得税，一般应设置"应交税费——代扣代缴个人所得税"账户，贷方登记按规定应代扣的个人所得税，借方登记已缴纳代扣的个人所得税，期末贷方余额为尚未上缴代扣的个人所得税额。

1. 支付工资、薪金所得代扣代缴个人所得税的核算

企业在向职工支付工资、薪金时，代扣个人所得税，借记"应付职工薪酬"账户，贷记"应交税费——代扣代缴个人所得税"账户；上缴代扣的个人所得税时，借记"应交税费——代扣代缴个人所得税"账户，贷记"银行存款"账户。

企业为职工代扣代缴个人所得税有两种情况：一种是职工自己承担个人所得税，企业只负有扣缴义务；另一种是企业既承担职工的个人所得税，又负有扣缴义务。

【例 6-13】 1月份甲企业预扣预缴个人所得税共计 52 000 元，应如何进行会计处理？
1月份发放工资时，预扣预缴个人所得税：

借：应付职工薪酬　　　　　　　　　　　　　　　　　　　　　52 000
　　贷：应交税费——代扣代缴个人所得税　　　　　　　　　　　　52 000

2月15日前申报上缴个人所得税：

借：应交税费——代扣代缴个人所得税　　　　　　　　　　　　　52 000
　　贷：银行存款　　　　　　　　　　　　　　　　　　　　　　　52 000

想一想：雇主为雇员负担的个人所得税税款，计入"应付职工薪酬"账户或是计入"管理费用"账户，在计算企业所得税时有何不同？

2. 支付其他所得代扣代缴个人所得税的核算

企业支付给没有雇佣关系的个人应税所得时，将代扣代缴的个人所得税计入"管理费用""销售费用""应付股利"等账户。

【例 6-14】 承例 6-3，某企业向王先生支付劳务报酬 3000 元时预扣预缴个人所得税，则甲企业应如何进行会计处理？

支付劳务报酬时：

借：管理费用　　　　　　　　　　　　　　　　　　　　　　　　440
　　贷：应交税费——代扣代缴个人所得税　　　　　　　　　　　　　440

实际上缴时：

借：应交税费——代扣代缴个人所得税　　　　　　　　　　　　　　440
　　贷：银行存款　　　　　　　　　　　　　　　　　　　　　　　　440

6.3.2　经营所得个人所得税的会计核算

个体工商户、个人独资和合伙企业，其生产经营所得应缴纳的个人所得税，通过"所得税费用"和"应交税费——应交个人所得税"等账户核算。

【例 6-15】 承例 6-7，则该餐厅老板应如何进行会计处理？

借：所得税费用　　　　　　　　　　　　　　　　　　　　　　47 500
　　贷：应交税费——应交个人所得　　　　　　　　　　　　　　　47 500

补缴税款时，

借：应交税费——应交个人所得　　　　　　　　　　　　　　　　　8 500
　　贷：银行存款　　　　　　　　　　　　　　　　　　　　　　　　8 500

本 章 小 结

我国现行个人所得税采用的是分类综合所得税制，将个人取得的各种所得划分为9类，将居民个人取得的工资、薪金所得，劳务报酬所得，稿酬所得和特许权使用费所得综合征税，对其余所得项目分类征税。对不同的应税项目分别适用不同的费用减除规定、不同的税率和不同的计税方法。对纳税人的应纳税额分别采取由支付单位源泉扣缴和纳税人自行申报两种方法。

企业作为个人所得税的扣缴义务人，应设置"应交税费——代扣代缴个人所得税"账户，核算企业代扣代缴职工或其他个人的个人所得税。个体工商户、个人独资和合伙企业，其生产经营所得应缴纳的个人所得税，应通过"应交税费——应交个人所得税"账户核算。

习　　题

一、思考与讨论题

1. 试比较个人所得税的三种税制模式。
2. 个人所得税的纳税人有哪些？怎样判定居民纳税人和非居民纳税人？
3. 个人所得税的应税项目有哪些？居民个人的综合所得包括哪几项？
4. 个人所得税的税率是如何设置的？
5. 个人所得税专项附加扣除有哪些项目？专项附加扣除需要保留哪些资料？
6. 以劳务报酬所得为例，分析居民个人综合所得的预扣预缴与汇算清缴有哪些不同。
7. 如何确定个人所得税的"次"？
8. 企业如何进行代扣代缴个人所得税的会计处理？

二、单项选择题

1. 为了调节纳税人税收负担的纵向公平问题，税率形式应采用（　　）。
   A. 比例税率　　　　B. 累进税率　　　　C. 边际税率　　　　D. 固定税率
2. 个人参加笔会现场作画取得的所得属于（　　）。
   A. 稿酬所得　　　　　　　　　　　　　B. 劳务报酬所得
   C. 工资、薪金所得　　　　　　　　　　D. 特许权使用费所得

3. 下列所得中，（　　）不属于稿酬所得。
   A. 文学作品发表取得的所得
   B. 书画作品发表取得的所得
   C. 摄影作品发表取得的所得
   D. 文学作品手稿原件公开拍卖取得的所得
4. 个人所得税的纳税义务人不包括（　　）。
   A. 一人有限公司　　　　　　　　B. 合伙企业的合伙人
   C. 个体工商户　　　　　　　　　D. 个人独资企业的投资者
5. 中国公民李某已享受住房贷款利息专项附加扣除，当年不得扣除的项目有（　　）。
   A. 子女教育　　B. 大病医疗　　C. 继续教育　　D. 住房租金
6. 下列项目中，可以免征个人所得税的是（　　）。
   A. 民间借贷利息
   B. 个人举报、协查各种违法犯罪行为而获得的奖金
   C. 在商场参加抽奖获得的奖品
   D. 本单位自行规定发给的补贴、津贴

三、多项选择题

1. 根据《个人所得税法》的规定，下列属于来源于中国境内的所得的有（　　）。
   A. 美国某职员在中国境内的公司任职而取得的工资所得
   B. 日本某商人转让其在中国境内的房屋而取得的所得
   C. 英国某作家提供其在中国境内使用的著作权而取得的所得
   D. 法国一旅游者购买我国的彩票而取得的中奖所得
2. 工资、薪金所得包括（　　）。
   A. 年终加薪　　　　　　　　　　B. 劳动分红
   C. 单位集资利息　　　　　　　　D. 独生子女补贴
3. 下列（　　）发生的符合条件的大病医疗支出，可以由纳税人扣除。
   A. 配偶　　　B. 父母　　　C. 未成年子女　　　D. 兄弟姐妹
4. 对于个人的财产转让所得，在计算征收个人所得税时，准予从收入中扣除的财产原值及合理费用有（　　）。
   A. 有价证券的原值
   B. 建筑物的建造费用及相关费用
   C. 机器设备的购进价格及运输费
   D. 转让土地使用权所取得的价外收入
5. 下列各项中，纳税人应当自行申报缴纳个人所得税的有（　　）。
   A. 从中国境外取得所得的
   B. 年综合所得不足6万元的
   C. 取得应税所得没有扣缴义务人的
   D. 因移居境外注销中国户籍的
6. 下列利息中，属于应征税利息的有（　　）。
   A. 国家发行的金融债券利息　　　　B. 公司债券利息

C. 企业集资利息　　　　　　　　　　D. 储蓄存款利息

四、判断题

1. 凡在我国境内无住所的个人，均为个人所得税非居民纳税人。（　　）
2. 企业支付劳务报酬、稿酬等各项所得，在向纳税人支付时代扣代缴个人所得税，并计入该企业的有关费用账户。（　　）
3. 企业年底以实物形式发放给职工的奖金，不需要缴纳个人所得税。（　　）
4. 赡养老人的专项附加扣除，被赡养人包括子女均已去世的年满60岁的祖父母、外祖父母。（　　）
5. 无住所个人在中国境内停留的当天不足24小时的，不计入中国境内居住天数。（　　）
6. 实行查账征收方式的个人独资企业和合伙企业改为核定征收方式后，在查账征收方式下认定的年度经营亏损未弥补完的部分，继续在规定期限内弥补。（　　）

五、实务题

1. 林女士将一商铺出租，按市场价格每月收取租金4 500元，2月份发生修缮费1 800元。

要求：计算林女士全年租金收入应缴纳的个人所得税。

2. 杨先生通过拍卖行将一幅祖传的字画拍卖，取得收入90万元，拍卖时支付相关税费6万元，主管税务机关核定杨先生收藏该字画发生的费用为12.5万元。

要求：计算杨先生字画拍卖所得应缴纳的个人所得税。

3. 黄先生从南非取得股息14万元（税前），已在南非缴纳个人所得税0.84万元。

要求：计算黄先生取得的股息收入需要在我国缴纳的个人所得税。

4. 某居民个人，2020年企业每月支付工资均为10 000元，每月"三险一金"等专项扣除为1 500元，享受子女教育专项附加扣除1 000元，没有减免收入及减免税额等情况。

要求：

(1) 计算前三个月每月企业应预扣预缴的税额，并进行会计处理。

(2) 如果2月份发放年终奖48 000元，计算前三个月每月应预扣预缴的税额。

5. 杰克为非居民个人，7、8月份在我国境内工作期间取得境内公司发放的工资30 000元。7月份为某培训学校讲授口语，取得收入55 000元。8月份在商场参加购物抽奖活动，获得价值为1 300元的手表。

要求：计算杰克各项所得应缴纳的个人所得税。

6. 李某与吴某共同创办了一家合伙企业，合伙协议约定利润分配比例为李某60%、吴某40%。2020年合伙企业实现收入总额510万元，成本费用为420万元，其中列支李某工资12万元，其他事项纳税调整增加额为8万元。

2020年李某没有综合所得项目收入，实际缴纳基本养老保险和基本医疗保险1.6万元，符合条件的专项附加扣除3万元。吴某在一家公司上班，2020年的工资薪金为20万元，实际缴纳"三险一金"4万元，符合条件的专项附加扣除为2.4万元，已由单位在发放工资预扣预缴个人所得税时进行了扣除。

要求：计算2020年李某与吴某来源于合伙企业的经营所得应缴纳的个人所得税，并进行相应的会计处理。

六、案例分析

1. 中国居民陈先生在某企业任职，2020年每月工资收入均为18 000元，每月缴纳"三险一金"2 700元，赡养老人专项附加扣除为2 000元。另外，5月取得劳务报酬30 000元，8月取得劳务报酬2 500元，11月取得稿酬6 300元。陈先生2020年发生符合专项附加扣除条件的大病医疗支出为31 600元。

要求：

（1）计算陈先生每月所得应预扣预缴的个人所得税。

（2）对2020年度陈先生取得的综合所得进行个人所得税汇算清缴，并填写《个人所得税年度自行纳税申报表（A表）》。

2. 中国居民王先生2020年取得的收入如下。

① 在A公司任职，每月工资收入均为9 000元，每月缴纳"三险一金"1 500元，享受子女教育专项附加扣除1 000元，年终奖52 000元，王先生选择将年终奖并入当年综合所得纳税。

② 投资B公司，3月份取得2019年度分配股利30 000元。

③ 借款给C公司，7月份取得借款利息所得20 000元。

④ 10月份，出版专著取得稿酬所得8 000元。

2020年7月，王先生通过县人民政府慈善捐款20 000元。王先生按其收入规模和适用税率的情况，选择先在分类所得、后在综合所得中扣除捐赠支出，工资薪金所得选择在年度汇算时扣除捐赠支出。

要求：计算王先生2020年应缴纳的个人所得税。

第 7 章

流转环节其他税种会计

【学习要求】
1. 掌握城市维护建设税、资源税、关税、土地增值税、烟叶税等流转环节中涉及的其他税种的计算与缴纳。
2. 掌握流转环节其他税种核算的账户设置及主要业务的会计处理。

7.1 城市维护建设税和教育费附加会计

7.1.1 城市维护建设税概述

城市维护建设税（city maintenance and construction tax）简称城建税，是国家对缴纳增值税、消费税的单位和个人就其实际缴纳的"二税"税额为计税依据而征收的一种税。城市维护建设税具有以下 3 个特点：一是具有特定目的；二是属于一种附加税；三是根据城镇规模设计税率。

1. 城市维护建设税的纳税人

城建税的纳税人是指负有缴纳"二税"义务的单位和个人，包括国有企业、集体企业、私有企业、股份制企业、行政事业单位、军事单位、社会团体及个体工商户及其他个人。

增值税、消费税的代扣代缴、代收代缴义务人同时也是城建税的代扣代缴、代收代缴义务人。

2. 城市维护建设税的税率

城建税按照纳税人所在地的不同，分别设置了 3 档地区差别比例税率：市区为 7%、县城和镇为 5%、乡村为 1%。但是对下列两种情况，可按缴纳"二税"所在地的规定税率就地缴纳城建税：一是由受托方代扣代缴、代收代缴"二税"的，其代扣代缴、代收代缴的城建税按受托方所在地适用税率执行；二是流动经营等无固定纳税地点的单位和个人，在经营地缴纳"二税"的,其城建税的缴纳按经营地适用税率执行。

3. 城市维护建设税的优惠政策

城建税原则上不单独减免,但因城建税具有附加税性质,当主税发生减免时,城建税也相应发生减免。城建税的税收减免主要有以下几种情况。

① 随"二税"的减免而减免;对于因减免税而需要进行"二税"退库的,城建税也可同时退库。

② 对海关代征的进口产品增值税、消费税,不征收城建税;对出口产品退还增值税、消费税的,不退还已缴纳的城建税。

③ 对"二税"实行先征后返、先征后退、即征即退办法的,除另有规定外,对随"二税"附征的城建税和教育费附加,一律不予退(返)还。

4. 城市维护建设税的计算

城建税的计税依据是纳税人实际缴纳的"二税"税额,但不包括纳税人违反"二税"有关税法规定而加收的滞纳金和罚款。城建税应纳税额的计算公式如下。

$$应纳税额=(纳税人实际缴纳的增值税、消费税税额)\times 适用税率$$

【例7-1】某企业位于县城,5月份经当地税务稽查分局检查发现,该企业欠缴增值税30 000元,偷漏消费税20 000元。税务机关追缴了增值税款和消费税款,并处罚款5 000元。计算该企业应补缴的城市维护建设税。

$$应补缴的城建税=(30\ 000+20\ 000)\times 5\% = 2\ 500(元)$$

5. 城市维护建设税的申报与缴纳

(1) 纳税义务发生时间

纳税人发生了增值税、消费税纳税义务的同时,就发生了城建税的纳税义务。

(2) 纳税期限

城建税的纳税期限与增值税、消费税的纳税期限一致,但城建税与增值税、消费税的缴税入库时间不一定完全一致。

(3) 纳税地点

纳税人缴纳"二税"的纳税地点就是城建税的纳税地点。但是,属于下列情况的,其纳税地点有不同的规定。

① 代扣代缴、代收代缴"二税"的单位和个人,其城建税的纳税地点在代扣代收地。

② 跨省开采的油田,下属生产单位与核算单位不在同一省的,其生产的原油,在油井所在地缴纳增值税,其应纳税款由核算单位按照各油井的产量和规定税率计算汇拨各油井缴纳。因此,各油井应缴纳的城建税,也应由核算单位计算并随同增值税一并汇拨油井所在地,由油井在缴纳增值税的同时,一并缴纳城建税。

③ 纳税人跨地区提供建筑服务、销售和出租不动产的,应在建筑服务发生地、不动产所在地预缴增值税时,以预缴增值税税额为计税依据,并按预缴增值税所在地的城建税适用税率就地计算缴纳城建税。预缴增值税的纳税人在其机构所在地申报缴纳增值税时,以其实际缴纳的增值税税额为计税依据,并按机构所在地的城建税适用税率就地计算缴纳城建税。

④ 对流动经营等无固定纳税地点的单位和个人,应随同"二税"在经营地按适用税率缴纳。

7.1.2 教育费附加概述

教育费附加(additional education fee)是对缴纳增值税、消费税的单位和个人,以其实际缴纳的"二税"税额为计税依据而征收的一种附加费。教育费附加是为发展教育事业而征收的一种专项资金。

1. 教育费附加的纳税人、税率和优惠政策

教育费附加的纳税人是指负有缴纳"二税"义务的单位和个人。

教育费附加率为3‰,对从事生产卷烟的单位减半征收教育费附加。

教育费附加的减免规定具体如下。

① 对海关征收的进口产品增值税、消费税,不征收教育费附加。

② 对由于减免"二税"而发生的退税,可同时退还已征收的教育费附加。但对出口产品退还增值税、消费税的,不退还已征收的教育费附加。

2. 教育费附加的计算

教育费附加的计算公式如下。

应纳教育费附加=(纳税人实际缴纳的增值税、消费税税额)×教育费附加率

【例7-2】某企业位于市区,7月份缴纳增值税52万元、消费税17万元。计算该企业应纳的城建税和教育费附加。

$$应纳城建税=(52+17)×7‰=4.83(万元)$$
$$应纳教育费附加=(52+17)×3‰=2.07(万元)$$

教育费附加的纳税义务发生时间、纳税期限、纳税地点等方面的相关规定与城建税的规定基本一致。

7.1.3 城市维护建设税和教育费附加的会计核算

核算城市维护建设税,企业应在"应交税费"账户下设置"应交城市维护建设税"明细账户。计提城建税时,借记"税金及附加"账户,贷记"应交税费——应交城市维护建设税"账户;实际上缴城建税时,借记"应交税费——应交城市维护建设税"账户,贷记"银行存款"账户。

教育费附加的核算与城建税相同,企业应设置"应交税费——应交教育费附加"明细账户。

【例7-3】承例7-2,则该企业应纳的城建税和教育费附加的会计处理如下。

计提税费时,会计处理为

借：税金及附加 69 000
　　贷：应交税费——应交城市维护建设税 48 300
　　　　应交税费——应交教育费附加 20 700

缴纳税费时，会计处理为

借：应交税费——应交城市维护建设税 48 300
　　应交税费——应交教育费附加 20 700
　　贷：银行存款 69 000

7.2　资源税会计

7.2.1　资源税概述

资源税（resource tax）是对在我国领域及管辖的其他海域从事应税资源开发的单位和个人，因资源条件差异而形成的级差收入征收的一种税。我国现行的资源税主要具有以下特点。

① 只对特定资源征税。
② 具有受益税性质。
③ 实行源泉课征。

1. 资源税的纳税人

资源税的纳税人是指在中华人民共和国领域和中华人民共和国管辖的其他海域开发应税资源的单位和个人。

独立矿山、联合企业和其他收购未税矿产品的单位为资源税的扣缴义务人。

想一想：盐业缉私部门销售查获的私盐是否需要缴纳资源税？

---

2. 资源税的税目和税率

我国应税资源产品分为5类，即能源矿产、金属矿产、非金属矿产、水气矿产和盐。目前所列的税目有164个，涵盖了所有已经发现的矿种和盐。

现行资源税主要采用比例税率形式辅以定额税率。《资源税税目税率表》如表7-1所示。

《资源税税目税率表》中规定实行幅度税率的，其具体适用税率由省、自治区、直辖市人民政府统筹考虑该应税资源的品位、开采条件及对生态环境的影响等情况，在规定的税率幅度内提出，报同级人民代表大会常务委员会决定，并报全国人民代表大会常务委员会和国务院备案。《资源税税目税率表》中规定征税对象为原矿或者选矿的，应当分别确定具体适用税率。

《资源税税目税率表》中规定可以选择实行从价计征或者从量计征的，具体计征方式由省、自治区、直辖市人民政府提出，报同级人民代表大会常务委员会决定，并报全国人民代表大会常务委员会和国务院备案。

表 7-1 资源税税目税率表

税 目		征税对象	税 率
能源矿产	原油	原矿	6%
	天然气、页岩气、天然气水合物	原矿	6%
	煤	原矿或者选矿	2%~10%
	煤成（层）气	原矿	1%~2%
	铀、钍	原矿	4%
	油页岩、油砂、天然沥青、石煤	原矿或者选矿	1%~4%
	地热	原矿	1%~20%或者每立方米1~30元
金属矿产	黑色金属	铁、锰、铬、钒、钛	原矿或者选矿	1%~9%
	有色金属	铜、铅、锌、锡、镍、锑、镁、钴、铋、汞	原矿或者选矿	2%~10%
		铝土矿	原矿或者选矿	2%~9%
		钨	选矿	6.5%
		钼	选矿	8%
		金、银	原矿或者选矿	2%~6%
		铂、钯、钌、锇、铱、铑	原矿或者选矿	5%~10%
		轻稀土	选矿	7%~12%
		中重稀土	选矿	20%
		铍、锂、锆、锶、铷、铯、铌、钽、锗、镓、铟、铊、铪、铼、镉、硒、碲	原矿或者选矿	2%~10%
非金属矿产	矿物类	高岭土	原矿或者选矿	1%~6%
		石灰岩	原矿或者选矿	1%~6%或者每吨（或者每立方米）1~10元
		磷	原矿或者选矿	3%~8%
		石墨	原矿或者选矿	3%~12%
		萤石、硫铁矿、自然硫	原矿或者选矿	1%~8%
		天然石英砂、脉石英、粉石英、水晶、工业用金刚石、冰洲石、蓝晶石、硅线石（矽线石）、长石、滑石、刚玉、菱镁矿、颜料矿物、天然碱、芒硝、钠硝石、明矾石、砷、硼、碘、溴、膨润土、硅藻土、陶瓷土、耐火粘土、铁矾土、凹凸棒石黏土、海泡石黏土、伊利石黏土、累托石黏土	原矿或者选矿	1%~12%
		叶蜡石、硅灰石、透辉石、珍珠岩、云母、沸石、重晶石、毒重石、方解石、蛭石、透闪石、工业用电气石、白垩、石棉、蓝石棉、红柱石、石榴子石、石膏	原矿或者选矿	2%~12%
		其他黏土（铸型用黏土、砖瓦用黏土、陶粒用黏土、水泥配料用黏土、水泥配料用红土、水泥配料用黄土、水泥配料用泥岩、保温材料用黏土）	原矿或者选矿	1%~5%或者每吨（或者每立方米）0.1~5元

续表

税 目			征税对象	税 率
非金属矿产	岩石类	大理岩、花岗岩、白云岩、石英岩、砂岩、辉绿岩、安山岩、闪长岩、板岩、玄武岩、片麻岩、角闪岩、页岩、浮石、凝灰岩、黑曜岩、霞石正长岩、蛇纹岩、麦饭石、泥灰岩、含钾岩石、含钾砂页岩、天然油石、橄榄岩、松脂岩、粗面岩、辉长岩、辉石岩、正长岩、火山灰、火山渣、泥炭	原矿或者选矿	1%~10%
		砂石	原矿或者选矿	1%~5%或者每吨（或者每立方米）0.1~5元
	宝玉石类	宝石、玉石、宝石级金刚石、玛瑙、黄玉、碧玺	原矿或者选矿	4%~20%
水气矿产	二氧化碳气、硫化氢气、氦气、氢气		原矿	2%~5%
	矿泉水		原矿	1%~20%或者每立方米1~30元
盐	钠盐、钾盐、镁盐、锂盐		选矿	3%~15%
	天然卤水		原矿	3%~15%或者每吨（或者每立方米）1~10元
	海盐			2%~5%

① 纳税人开采或者生产应税产品自用的，应当依照资源税法规定缴纳资源税；但是，自用于连续生产应税产品的，不缴纳资源税。

纳税人自用应税产品应当缴纳资源税的情形，包括纳税人以应税产品用于非货币性资产交换、捐赠、偿债、赞助、集资、投资、广告、样品、职工福利、利润分配或者连续生产非应税产品等。

② 纳税人开采或者生产不同税目应税产品的，应当分别核算不同税目应税产品的销售额或者销售数量；未分别核算或者不能准确提供不同税目应税产品的销售额或者销售数量的，从高适用税率。

③ 应税产品为矿产品的，包括原矿和选矿产品。

纳税人以自采原矿（经过采矿过程采出后未进行选矿或者加工的矿石）直接销售，或者自用于应当缴纳资源税情形的，按照原矿计征资源税。

纳税人以自采原矿洗选加工为选矿产品（通过破碎、切割、洗选、筛分、磨矿、分级、提纯、脱水、干燥等过程形成的产品，包括富集的精矿和研磨成粉、粒级成型、切割成型的原矿加工品）销售，或者将选矿产品自用于应缴纳资源税情形的，按照选矿产品计征资源税，在原矿移送环节不缴纳资源税。

对于无法区分原生岩石矿种的粒级成型砂石颗粒，按照砂石税目征收资源税。

想一想：实行从量定额计征资源税有何优缺点？

3. 资源税的优惠政策

资源税实行"普遍征收，级差调节"的原则，减免项目比较少。

(1) 免征资源税

① 开采原油及在油田范围内运输原油过程中用于加热的原油、天然气。

② 煤炭开采企业因安全生产需要抽采的煤成（层）气。

(2) 减征资源税

① 从低丰度油气田开采的原油、天然气，减征 20％ 的资源税。

② 高含硫天然气、三次采油和从深水油气田开采的原油、天然气，减征 30％ 的资源税。

③ 稠油、高凝油减征 40％ 的资源税。

④ 从衰竭期矿山开采的矿产品，减征 30％ 的资源税。

根据国民经济和社会发展需要，国务院对有利于促进资源节约集约利用、保护环境等情形可以规定免征或者减征资源税，报全国人民代表大会常务委员会备案。

(3) 省、自治区、直辖市可以决定免征或者减征资源税

① 纳税人在开采或者生产应税产品过程中，因意外事故或者自然灾害等原因遭受重大损失。

② 纳税人开采共伴生矿、低品位矿、尾矿。

纳税人开采或者生产同一应税产品同时符合两项或者两项以上减征资源税优惠政策的，除另有规定外，只能选择其中一项执行。

纳税人的免税、减税项目，应当单独核算销售额或者销售数量；未单独核算或者不能准确提供销售额或者销售数量的，不予免税或者减税。

4. 资源税的计算

(1) 实行从价定率计征办法

实行从价计征的，应纳税额按照应税资源产品的销售额乘以具体适用税率计算。其计算公式为

$$应纳税额＝资源税应税产品的销售额 \times 适用税率$$

资源税应税产品的销售额，按照纳税人销售应税产品向购买方收取的全部价款确定，不包括增值税税款。

计入销售额中的相关运杂费用，凡取得增值税发票或者其他合法有效凭据的，准予从销售额中扣除。相关运杂费用是指应税产品从坑口或者洗选（加工）地到车站、码头或者购买方指定地点的运输费用、建设基金以及随运销产生的装卸、仓储、港杂费用。

纳税人申报的应税产品销售额明显偏低且无正当理由的，或者有自用应税产品行为而无销售额的，主管税务机关可以按下列方法和顺序确定其应税产品销售额：

① 按纳税人最近时期同类产品的平均销售价格确定；

② 按其他纳税人最近时期同类产品的平均销售价格确定；

③ 按后续加工非应税产品销售价格，减去后续加工环节的成本利润后确定；

④ 按应税产品组成计税价格确定，组成计税价格的计算公式为

$$组成计税价格＝成本 \times （1＋成本利润率）/（1－资源税税率）$$

上述公式中的成本利润率由省、自治区、直辖市税务机关确定。

⑤ 按其他合理方法确定。

【例 7-4】 某矿业公司为增值税一般纳税人，9月份开采天然气 8.9×10^7 m³，9月11日销售天然气 2.7×10^7 m³，收到货款。天然气的不含税价格为每立方米1.2元，天然气的资源税税率为6%。计算该矿业公司9月11日销售天然气应缴纳的资源税。

$$应纳资源税=2.7\times10^7\times1.2\times6\%=1\,944\,000（元）$$

（2）实行从量定额计征办法

地热、石灰岩、其他黏土、砂石、矿泉水、天然卤水等应税产品，可以选择实行从价计征或者从量计征。

实行从量计征的，应纳税额按照应税产品的销售数量乘以具体适用税率计算。其计算公式为

$$应纳税额=资源税应税产品的销售数量\times单位税额$$

应税产品的销售数量，包括纳税人开采或者生产应税产品的实际销售数量和自用于应当缴纳资源税情形的应税产品数量。

【例 7-5】 某砂石开采企业5月销售砂石 $7\,200$ m³，砂石的资源税税率为1.8元/m³。计算该企业5月应缴纳的资源税。

$$应纳资源税=7\,200\times1.8=12\,960（元）$$

（3）收购未税矿产品资源税的扣缴

扣缴义务人收购未税矿产品应在收购环节代扣代缴资源税的，其代扣代缴资源税的计算公式为

$$应代扣代缴资源税=收购未税矿产品的数量（价款）\times单位税额（税率）$$

（4）资源税的特殊计征办法

① 外购已税产品的税务处理。纳税人外购应税产品与自采应税产品混合销售或者混合加工为应税产品销售的，在计算应税产品销售额或者销售数量时，准予扣减外购应税产品的购进金额或者购进数量；当期不足扣减的，可结转下期扣减。纳税人应当准确核算外购应税产品的购进金额或者购进数量，未准确核算的，一并计算缴纳资源税。

纳税人核算并扣减当期外购应税产品购进金额、购进数量，应当依据外购应税产品的增值税发票、海关进口增值税专用缴款书或者其他合法有效凭据。

② 减税、免税计税依据的确定。纳税人开采或者生产同一应税产品，其中既有享受减免税政策的，又有不享受减免税政策的，按照免税、减税项目的产量占比等方法分别核算确定免税、减税项目的销售额或者销售数量。

5. **资源税的申报与缴纳**

资源税由税务机关依照资源税法和税收征收管理法的规定征收管理。税务机关与自然资源等相关部门应当建立工作配合机制，加强资源税征收管理。

（1）纳税义务发生时间

纳税人销售应税产品，纳税义务发生时间为收讫销售款或者取得索取销售款凭据的当日；自用应税产品的，纳税义务发生时间为移送应税产品的当日。

（2）纳税期限

资源税按月或者按季申报缴纳；不能按固定期限计算缴纳的，可以按次申报缴纳。

纳税人按月或者按季申报缴纳的，应当自月度或者季度终了之日起 15 日内，向税务机关办理纳税申报并缴纳税款；按次申报缴纳的，应当自纳税义务发生之日起 15 日内，向税务机关办理纳税申报并缴纳税款。

（3）纳税地点

纳税人应当向矿产品的开采地或者海盐的生产地的税务机关申报缴纳资源税。

7.2.2　资源税的会计核算

企业缴纳的资源税，应通过"应交税费——应交资源税"账户进行核算。该账户贷方反映企业应缴纳的资源税税额，借方反映企业实际缴纳或抵扣的资源税，贷方余额表示企业应缴未缴的资源税税额。

1. 销售应税产品的会计处理

企业按规定计算对外销售应税产品应缴纳的资源税时，借记"税金及附加"账户，贷记"应交税费——应交资源税"账户；按规定上缴资源税时，借记"应交税费——应交资源税"账户，贷记"银行存款"账户。

【例 7-6】承例 7-4，则相应的会计处理是怎样的？

9 月 11 日，收到货款时的会计处理为

借：银行存款	35 316 000
贷：主营业务收入	32 400 000
应交税费——应交增值税（销项税额）	2 916 000

计提资源税时的会计处理为

借：税金及附加	1 944 000
贷：应交税费——应交资源税	1 944 000

2. 自产自用应税产品的会计处理

对企业自产自用应税产品，其应纳资源税借记"税金及附加""生产成本"或"制造费用"等账户，贷记"应交税费——应交资源税"账户。

【例 7-7】某联合企业为增值税一般纳税人，12 月份企业职工食堂和宿舍供热等领用企业开采的原煤 600 t，原煤的售价为 70 元/t。原煤的资源税适用税率为 2%。计算该企业应纳的资源税并进行相应的会计处理。

该企业领用的 600 t 原煤应纳资源税为

$$600 \times 70 \times 2\% = 840（元）$$

借：应付职工薪酬	47 460
贷：主营业务收入	42 000

应交税费——应交增值税（销项税额）	5 460
借：税金及附加	840
贷：应交税费——应交资源税	840

3. 收购未税矿产品代扣代缴资源税的会计处理

独立矿山、联合企业收购未税矿产品，按实际支付的收购款，借记"材料采购"等账户，贷记"银行存款"账户；按代扣代缴的资源税，借记"材料采购"等账户，贷记"应交税费——应交资源税"账户。

【例7-8】某环保公司为增值税一般纳税人，其主要业务是通过收购当地石灰石用于电厂的除尘脱硫。7月份收购石灰石3 800 t，每吨收购价格为28元，取得的增值税专用发票上注明的不含税金额为106 400元，这批石灰石的资源税适用税率为1.5%，由于销售方不能提供"资源税管理证明"，该环保公司需要履行代扣代缴义务。计算该环保公司应代扣代缴的资源税并进行相应的会计处理。

$$应代扣代缴资源税 = 106\ 400 \times 1.5\% = 1\ 596（元）$$

借：原材料	106 400
应交税费——应交增值税（进项税额）	13 832
贷：应交税费——应交资源税	1 596
银行存款	118 636

7.3　关　税　会　计

7.3.1　关税概述

关税（customs duties）是海关对进出口国境或关境的货物、物品征收的一种税。国境指一个主权国家行使行政权力的领域范围。关境指一个国家征收关税的领域。一般情况下，关境等于国境。当存在自由港、自由区或关税同盟时，关境就有可能小于或大于国境。各国的关税主要有以下几个共同特点。

① 纳税上的统一性和一次性。按照全国统一的进出口关税条例和税则征收关税，在征收一次性关税后，货物就可在整个关境内流通，不再另行征收关税。

② 征收上的过"关"性。是否征收关税，是以货物是否通过关境为标准。

③ 税率上的复式性。各国关税普遍实行复式税则，对来自不同国家的进口商品，使用不同的税率，分别设有普通税率、最惠国税率、协定税率、特惠税率等。

④ 征管上的权威性。海关代表国家征收关税。

⑤ 对进出口贸易的调节性。许多国家通过制定和调整关税税率来调节进出口贸易。

1. 关税的纳税人

关税的纳税人是指进口货物的收货人、出口货物的发货人、进出境物品的所有人。

① 进出口货物的收货人、发货人是依法取得外贸经营权，并实际进口或者出口货物的法人或者其他社会团体。

② 进出境物品的所有人包括该物品的所有人和推定为所有人的人。

2. 关税的征税范围

关税的征税范围是准许进出境的货物和物品。

① 货物，是指贸易性商品。

② 物品包括入境旅客随身携带的行李和物品、个人邮递物品、各种运输工具上的服务人员携带进口的自用物品、馈赠物品及以其他方式进入国境的个人物品。

3. 关税的税率

关税税则又称海关税则，是一国政府制定并公布实施的对进出货物和物品征收关税的条例和税率的分类表。

我国现行关税税率分为进口货物税率、出口货物税率和特别关税。

① 进口货物税率分为最惠国税率、协定税率、特惠税率、普通税率、关税配额税率。

② 出口货物税率只对少数资源性产品及易于竞相杀价的产品采用一栏比例税率征收出口关税。

③ 特别关税包括报复性关税、反倾销关税与反补贴关税、保障性关税。

4. 关税的优惠政策

关税的优惠政策分为法定减免、特定减免和临时减免。

（1）法定减免

法定减免是指根据《中华人民共和国海关法》（以下简称《海关法》）、《中华人民共和国进出口关税条例》和《中华人民共和国海关进出口税则》规定的减免税。

① 关税税额在人民币 50 元以下的一票货物，免缴关税。

② 无商业价值的广告品和货样，免缴关税。

③ 外国政府、国际组织无偿赠送的物资免税。

④ 进出境运输工具装载的途中必需的燃料、物料和饮食用品可以免税。

⑤ 在海关放行前损失的货物，可免征关税。

⑥ 在海关放行前遭受损坏的货物，可以根据海关认定的受损程度减征关税。

⑦ 我国缔结或者参加的国际条约规定减征、免征关税的货物、物品，按照规定予以减免关税。

⑧ 法律规定减征、免征关税的其他货物、物品。

（2）特定减免

特定减免是指除法定减免之外，国家按照国际通行规则和我国实际情况，制定发布的特定或政策性减免税。主要包括：科教用品、残疾人专用品、慈善捐赠物资、加工贸易产品、边境贸易进口物资等的减免关税规定。

（3）临时减免

临时减免是指除法定减免和特定减免以外，由国务院针对某个纳税人、某类商品、某个项目或某批进出口货物的特殊情况，临时给予的减免。

想一想:"保税"和"免税"一样吗?

5. 关税的计算

1) 关税的计税依据

关税的计税依据是进出口货物的完税价格或进出口货物的数量。

《海关法》规定,进出口货物的完税价格,由海关以该货物的成交价格为基础审查确定。成交价格不能确定时,完税价格由海关依法估定。

(1) 进口货物完税价格的确定

根据《海关法》的规定,进口货物的完税价格包括货物的货价、货物运抵我国境内输入地点起卸前的运输及其相关费用、保险费。正常情况下,进口货物采用以成交价格为基础进行调整,从而确定进口货物完税价格的估价方法;对于进口货物的成交价格不符合规定条件或者成交价格不能确定的情况,海关采用以审查确定进口货物完税价格的估价方法。

① 成交价格估价方法。

进口货物的成交价格,是指卖方向我国境内销售该货物时买方为进口该货物向卖方实付、应付的,并且按照《中华人民共和国海关审定进出口货物完税价格办法》有关规定调整后的价款总额,包括直接支付的价款和间接支付的价款。

采用成交价格估价方法,以成交价格为基础审查确定进口货物的完税价格时,未包括在该货物实付、应付价格中的下列费用或者价值应当计入完税价格:

- 由买方负担的除购货佣金以外的佣金和经纪费;
- 由买方负担的与该货物视为一体的容器费用;
- 由买方负担的包装材料和包装劳务费用;
- 与该货物的生产和向我国境内销售有关的,在境外开发、设计等相关服务的费用;
- 与该货物有关,应当由买方直接或间接支付的特许权使用费;
- 卖方直接或间接从买方对该货物进口后转售、处置或使用所得中获得的收益。

进口货物的价款中单独列明的下列税收、费用,不计入该货物的完税价格:

- 厂房、机械、设备等货物进口后的基建、安装、装配、维修和技术援助费用,保修费用除外;
- 货物运抵境内输入地点之后的运输费用及其相关费用、保修费;
- 进口关税、进口环节海关代征税及其他国内税;
- 为在境内复制进口货物而支付的费用;
- 境内、外技术培训及境外考察费用;
- 符合条件的利息。

② 进口货物海关估价方法。

进口货物的成交价格不符合规定条件或者成交价格不能确定的,海关经了解有关情况,并且与纳税义务人进行价格磋商后,依次以相同货物成交价格估价方法、类似货物成交价格估价方法、倒扣价格估价方法、计算价格估价方法及其他合理方法审查确定该货物的完税价格。

纳税义务人向海关提供有关资料后,可以提出申请,颠倒倒扣价格估价方法和计算价格估价方法的适用次序。

③ 进口货物完税价格中的运输及相关费用、保险费的计算。

- 进口货物的运输及其相关费用,应当按照由买方实际支付或者应当支付的费用计算。如果进口货物的运输及其相关费用无法确定的,海关应当按照该货物进口同期的正常运输成本审查确定。
- 运输工具作为进口货物,利用自身动力进境的,海关在审查确定完税价格时,不再另行计入运输及其相关费用。
- 进口货物的保险费,应当按照实际支付的费用计算。如果进口货物的保险费无法确定或者未实际发生,海关应当按照"货价加运费"两者总额的 3‰ 计算保险费,其计算公式如下。

$$保险费 = (货价 + 运费) \times 3‰$$

- 邮运进口的货物,应当以邮费作为运输及其相关费用、保险费。

(2) 出口货物完税价格的确定

出口货物的完税价格,由海关以货物向境外销售的成交价格为基础确定,并应包括货物运至我国境内输出地点装载前的运输及相关费用、保险费,但不包含出口关税。

出口货物的成交价格不能确定时,其完税价格由海关依次使用下列方法估定。

① 同时或大约同时向同一国家或地区出口的相同货物的成交价格。
② 同时或大约同时向同一国家或地区出口的类似货物的成交价格。
③ 根据境内生产的相同或类似货物的成本、利润和一般费用、境内发生的运输及相关费用、保险费等计算的价格。
④ 按照合理方法估定的价格。

2) 关税应纳税额的计算

(1) 应纳进口关税的计算

① 从价关税应纳税额。

$$应纳税额 = 应税进口货物数量 \times 单位完税价格 \times 适用税率$$

② 从量关税应纳税额。

$$应纳税额 = 应税进口货物数量 \times 单位税额$$

③ 复合关税应纳税额。

$$应纳税额 = 应税进口货物数量 \times 单位税额 + 应税进口货物数量 \times 单位完税价格 \times 适用税率$$

④ 滑准关税应纳税额。

$$应纳税额 = 应税进口货物数量 \times 单位完税价格 \times 滑准关税税率$$

想一想:如何计算进境物品的进口税?

【例 7-9】 某企业 6 月 10 日报关进口货物一批，离岸价为 550 000 美元，支付国外运费 34 500 美元，保险费 11 500 美元，该货物适用的关税税率为 20%，增值税税率为 13%。进口报关当日中国人民银行公布的市场汇价为 1 美元＝6.80 元人民币，计算该企业进口这批货物报关时应缴纳的税金。

进口关税完税价格＝(550 000＋34 500＋11 500)×6.80＝4 052 800（元）
应纳进口关税＝4 052 800×20%＝810 560（元）
进口应纳增值税＝(4 052 800＋810 560)×13%＝632 236.8（元）

【例 7-10】 甲企业委托某外贸公司代理进口一批材料，这批材料的离岸价为 250 000 美元，另支付运输费 12 000 美元、包装费 1 600 美元、保险费 2 400 美元。这批材料的关税税率为 10%，增值税税率为 13%，外汇牌价为 1 美元＝6.80 元人民币。外贸公司按货价的 2% 收取手续费。计算进口这批材料应缴纳的税金。

关税完税价格＝(250 000＋12 000＋1 600＋2 400)×6.80＝1 808 800（元）
应纳进口关税＝1 808 800×10%＝180 880（元）
进口应纳增值税＝(1 808 800＋180 880)×13%＝258 658.4（元）

（2）应纳出口关税的计算

应纳税额＝应税出口货物数量×单位完税价格×适用税率

【例 7-11】 某生产企业有进出口经营权，对外出口一批货物，离岸价为 230 000 元，该货物出口关税税率为 15%。海关开出关税税款的缴纳凭证，企业以银行转账支票付讫税款。计算出口这批货物应缴纳的税金。

应纳出口关税＝[230 000/(1＋15%)]×15%＝30 000（元）

6. 关税的申报与缴纳

进口货物的纳税人应当从运输工具申报进境之日起 14 天以内，出口货物的纳税人除了海关特准的外，应当在货物运抵海关监管区后、装货的 24 小时以前，向货物的进（出）境地海关申报。

纳税人应当自海关填发税款缴款书之日起 15 日内，向指定银行缴纳税款。

关税纳税人因不可抗力或者在国家税收政策调整的情况下，不能按期纳税的，经海关总署批准，可以延期纳税，但最长不得超过 6 个月。

7.3.2 关税的会计核算

企业应当在"应交税费"账户下设置"应交进口关税"和"应交出口关税"两个明细账户，分别核算企业发生的和实际缴纳的进出口关税，其贷方反映企业在进出口报关时经海关核准应缴纳的进出口关税，其借方反映企业实际缴纳的进出口关税，余额在贷方，反映企业应交而未交的进出口关税。

对于进口关税,应当计入进口货物的成本;而对于出口关税,通常应当计入企业的销售税金。

1. 自营进口业务关税的核算

企业自营进口货物缴纳的进口关税构成进口货物的采购成本。企业在计算应缴纳进口关税时,应借记"材料采购"等账户,贷记"应交税费——应交进口关税"账户;企业缴纳进口关税时,借记"应交税费——应交进口关税"账户,贷记"银行存款"账户。

【例 7-12】 承例 7-9,则该企业应如何进行会计处理?

购进货物并计算进口关税时,会计处理为

借:材料采购　　　　　　　　　　　　　　　　　　　　　4 863 360
　　贷:应交税费——应交进口关税　　　　　　　　　　　　810 560
　　　　应付账款　　　　　　　　　　　　　　　　　　　4 052 800

缴纳进口税金时,会计处理为

借:应交税费——应交增值税(进项税额)　　　　　　　　632 236.8
　　　　　　　应交进口关税　　　　　　　　　　　　　　810 560
　　贷:银行存款　　　　　　　　　　　　　　　　　　1 442 796.8

2. 自营出口业务关税的核算

由于出口关税是对销售环节征收的一种税金,因此出口关税的核算应通过"税金及附加"等账户进行。企业计算出应缴纳的出口关税时,借记"税金及附加"等账户,贷记"应交税费——应交出口关税"账户;实际缴纳出口关税时,借记"应交税费——应交出口关税"账户,贷记"银行存款"账户。

【例 7-13】 承例 7-11,则该企业应如何进行会计处理?

出口货物时,会计处理为

借:应收账款　　　　　　　　　　　　　　　　　　　　　230 000
　　贷:主营业务收入　　　　　　　　　　　　　　　　　230 000

计提出口关税时,会计处理为

借:税金及附加　　　　　　　　　　　　　　　　　　　　30 000
　　贷:应交税费——应交出口关税　　　　　　　　　　　30 000

实际缴纳出口关税时,会计处理为

借:应交税费——应交出口关税　　　　　　　　　　　　　30 000
　　贷:银行存款　　　　　　　　　　　　　　　　　　　30 000

3. 代理进出口关税的核算

在代理进出口业务中,进出口货物应缴纳的关税均由委托方负担。外贸企业对其代理的进出口业务并不负担盈亏，只是收取一定的手续费。因此，外贸企业代理进出口业务向海关缴纳的关税，只是先由其代缴，然后向委托方如数收回。

外贸企业在代理进出口业务计算应缴纳的关税时，借记"应收账款"账户，贷记"应交税费——应交进（出）口关税"账户；实际代缴时，借记"应交税费——应交进（出）口关税"账户，贷记"银行存款"账户；实际收到委托方的税款时，借记"银行存款"账户，贷记"应收账款"账户。

【例 7 - 14】承例 7 - 10，则外贸公司和甲企业应如何进行会计处理？

代理支付货款时的会计处理为

借：应收账款——甲企业	1 808 800
贷：银行存款	1 808 800

计算并缴纳进口税金时的会计处理为

借：应收账款——甲企业	439 538.4
贷：应交税费——应交增值税	258 658.4
应交进口关税	180 880
借：应交税费——应交增值税	258 658.4
应交进口关税	180 880
贷：银行存款	439 538.4

确认代理费收入时的会计处理为

借：应收账款——甲企业	36 176
贷：主营业务收入	36 176

委托方——甲企业的会计处理如下。

实际收到外贸公司报来的账单和税收缴款书时的会计处理为

借：材料采购	2 025 856
应交税费——应交增值税（进项税额）	258 658.4
贷：应付账款	2 284 514.4

实际支付款项时的会计处理为

借：应付账款	2 284 514.4
贷：银行存款	2 284 514.4

7.4　土地增值税会计

7.4.1　土地增值税概述

土地增值税（land value appreciation tax）是对转让国有土地使用权、地上建筑物及其附着物并取得收入的单位和个人,就其转让房地产所取得的增值额征收的一种税。土地增值税具有以下特点。

① 以转让房地产取得的增值额为征税对象。
② 采用扣除法和评估法计算增值额。
③ 实行超率累进税率。
④ 实行按次征收。

1. 土地增值税的纳税人

土地增值税的纳税人为转让国有土地使用权、地上建筑物及其附着物并取得收入的单位和个人。

2. 土地增值税的征税范围

土地增值税的征税范围包括:转让国有土地使用权;地上的建筑物及其附着物连同国有土地使用权一并转让。

这里所说的"转让",是指以出售或者其他方式的有偿转让,不包括以继承、赠与等方式的无偿转让。"地上建筑物"是指建于土地上的一切建筑物,包括地上、地下的各种附属设施。"附着物"是指附着于土地上的不能移动或一经移动即遭损坏的物品。

想一想:"土地使用权出让"与"土地使用权转让"有何区别?"土地使用权出让"行为是否缴纳土地增值税?

---

3. 土地增值税的税率

土地增值税税率实行4级超率累进税率,以征税对象的增值率为累进依据,规定30%~60%的4档税率,具体如表7-2所示。

表7-2 土地增值税税率表

级 数	增值额与扣除项目金额的比率	税率/%	速算扣除系数/%
1	不超过50%的部分	30	0
2	超过50%~100%的部分	40	5
3	超过100%~200%的部分	50	15
4	超过200%的部分	60	35

4. 土地增值税的优惠政策

① 纳税人建造普通标准住宅出售,增值额未超过扣除项目金额20%的,免征土地增值税;超过20%的,应就其全部增值额按规定计征。
② 因国家建设需要依法征用、收回的房地产,免征土地增值税。
③ 对个人因工作调动或改善居住条件转让原自用住房,经向税务机关申报核实后,凡居住已满5年或5年以上的,免征土地增值税;居住满3年、未满5年的,减半征收土地增值税;居住不满3年的,按规定计征土地增值税。

5. 土地增值税的计算

1) 土地增值税的计税依据

土地增值税的计税依据是纳税人转让房地产所取得的增值额,即纳税人转让房地产所取

得的收入额减除规定的扣除项目金额后的余额,可用计算公式表示为

$$土地增值额＝房地产转让收入－扣除项目金额$$

(1) 房地产转让收入的确定

纳税人转让房地产取得的收入,是指转让房地产取得的全部价款及有关的经济收益。从收入的形式上看,包括货币收入、实物收入和其他收入。其中,实物形态的财产应进行估价;其他收入,如专利权、商标权等的价值需要进行专门的评估。

(2) 扣除项目的确定

计算土地增值额,准予从房地产转让收入额减除的项目主要包括以下几项。

① 取得土地使用权所支付的金额,包括纳税人为取得土地使用权所支付的地价款和按国家统一规定交纳的有关费用。

② 房地产开发成本。它是指纳税人房地产开发项目实际发生的成本,包括土地征用及拆迁补偿费、前期工程费、建筑安装工程费、基础设施费、公共配套设施费、开发间接费用等。

③ 房地产开发费用。它是指与房地产开发项目有关的销售费用、管理费用、财务费用。作为土地增值税扣除项目的房地产开发费用,是按照税法规定的标准进行扣除的,具体规定如下。

财务费用中的利息支出,凡能够按转让房地产项目计算分摊并能够提供金融机构贷款证明的,允许据实扣除,但最高不能超过按商业银行同类同期贷款利率计算的金额。其他房地产开发费用,按取得土地使用权所支付的金额和房地产开发成本两项金额之和的5%以内计算扣除。用公式表示为

$$允许扣除的房地产开发费用＝利息＋(取得土地使用权所支付的金额＋房地产开发成本)×5\%以内$$

凡不能按转让房地产项目计算分摊利息支出或不能提供金融机构贷款证明的,房地产开发费用按取得的土地使用权所支付的金额与房地产开发成本之和的10%以内计算扣除。用公式表示为

$$允许扣除的房地产开发费用＝(取得土地使用权所支付的金额＋房地产开发成本)×10\%以内$$

想一想:土地增值税扣除项目中的"房地产开发费用"与房地产企业财务会计制度中的"管理费用、财务费用、销售费用"是何关系?

---

④ 与转让房地产有关的税金,包括转让房地产时缴纳的城市维护建设税、印花税和教育费附加。房地产开发企业按照财务会计制度的有关规定,转让房地产时缴纳的印花税已列入管理费用,不再单独扣除。其他纳税人缴纳的印花税允许在此扣除。

⑤ 财政部规定的其他扣除项目。对从事房地产开发的纳税人,可按取得土地使用权时所支付的金额和房地产开发成本之和,加计20%扣除。

⑥ 转让旧房及建筑物的扣除项目。包括旧房及建筑物的评估价格、取得土地使用权支付的地价款和按国家统一规定交纳的有关费用,以及转让环节缴纳的税金。

旧房及建筑物的评估价格,是指转让已使用的房屋及建筑物时,由政府批准设立的房地

产评估机构评定的重置成本乘以成新度折扣率后的价格,评估价格须经当地税务机关确认。评估价格的计算方法为

$$评估价格 = 重置成本价 \times 成新度折扣率$$

2) 土地增值税应纳税额的计算

土地增值税以纳税人转让房地产所取得的增值额为计税依据,按照超率累进税率计算应纳税额。其应纳税额的计算公式为

$$应纳税额 = \sum(每级距的土地增值额 \times 适用的税率)$$

与个人所得税"工资、薪金所得"应纳税额的计算一样,土地增值税应纳税额的计算也可以采用速算扣除法,计算公式为

$$应纳税额 = 土地增值额 \times 适用税率 - 扣除项目金额 \times 速算扣除系数$$

【例7-15】某房地产开发公司出售一幢写字楼,取得不含税收入10 000万元。开发该写字楼有关支出为:支付地价款及各种费用1 000万元;房地产开发成本3 000万元;财务费用中的利息支出500万元,其中有50万元属加罚的利息;转让环节缴纳的有关税费555万元。房地产开发公司所在地政府规定的费用扣除比例为5%。计算该公司应纳的土地增值税。

房地产转让收入为10 000万元。

扣除项目金额 = 1 000 + 3 000 + [500 - 50 + (1 000 + 3 000) × 5%] + 555 + (1 000 + 3 000) × 20%
= 6 005(万元)

增值额 = 10 000 - 6 005 = 3 995(万元)

增值率 = (3 995/6 005) × 100% = 66.53%

应纳土地增值税 = 3 002.5 × 30% + 992.5 × 40% = 1 297.75(万元)

或

应纳土地增值税 = 3 995 × 40% - 6 005 × 5% = 1 297.75(万元)

【例7-16】某企业转让一幢20世纪80年代建造的厂房,当时造价为150万元,无偿取得土地使用权。如果按现时材料、人工费计算,建造同样的厂房需要900万元,该厂房7成新,以750万元出售,支付有关税费计41.5万元。计算企业转让厂房应缴纳的土地增值税。

评估价格 = 900 × 70% = 630(万元)

扣除项目金额 = 630 + 41.5 = 671.5(万元)

增值额 = 750 - 671.5 = 78.5(万元)

增值率 = (78.5/671.5) × 100% = 11.69%

应纳税额 = 78.5 × 30% = 23.55(万元)

6. 土地增值税的申报与缴纳

（1）纳税义务发生时间

土地增值税的纳税义务发生时间为纳税人取得房地产转让收入或取得预售房地产价款的当天。

（2）纳税期限

房地产开发企业按月或按季预缴土地增值税的，申报纳税期限为月份或季度终了后 10 日内；纳税人预售房地产所取得的收入，凡当地税务机关规定不预征土地增值税的，也应在取得收入时先到税务机关登记或备案。

非房地产开发企业按次缴纳土地增值税的，申报纳税期限为房地产转让合同签订之日起 7 日内。

（3）纳税地点

纳税人发生转让房地产的应税行为，应向房地产所在地（坐落地）主管税务机关申报纳税。纳税人转让的房地产坐落在两个或两个以上地区的，应按房地产所在地分别申报纳税。

7.4.2 土地增值税的会计核算

企业应当在"应交税费"账户下设"应交土地增值税"明细账户，专门用来核算土地增值税的发生和缴纳情况，其贷方反映企业计算出的应交土地增值税，借方反映企业实际缴纳的土地增值税，余额在贷方，反映企业应交而未交的土地增值税。

（1）主营和兼营房地产业务企业应纳土地增值税的会计核算

土地增值税是在转让房地产的流转环节缴纳的价内税。主营房地产业务的企业和兼营房地产业务的企业，应由当期营业收入负担的土地增值税，借记"税金及附加"账户，贷记"应交税费——应交土地增值税"账户。

（2）其他企业转让房地产应纳土地增值税的核算

对于企业转让其已经作为固定资产等入账的土地使用权、房屋等，其应当缴纳的土地增值税应当记入"固定资产清理"等账户。

企业缴纳土地增值税时，借记"应交税费——应交土地增值税"账户，贷记"银行存款"等账户。

【例 7-17】承例 7-15，则房地产开发公司应如何进行会计处理？

收入实现时的会计处理为

借：银行存款	109 000 000
贷：主营业务收入	100 000 000
应交税费——应交增值税（销项税额）	9 000 000

计提土地增值税时的会计处理为

借：税金及附加	12 977 500
贷：应交税费——应交土地增值税	12 977 500

缴纳土地增值税时的会计处理为

借：应交税费——应交土地增值税　　　　　　　　　　　　12 977 500
　　贷：银行存款　　　　　　　　　　　　　　　　　　　　12 977 500

【例 7-18】承例 7-16，则该企业应如何进行会计处理？
计提土地增值税时的会计处理为

借：固定资产清理　　　　　　　　　　　　　　　　　　　235 500
　　贷：应交税费——应交土地增值税　　　　　　　　　　　　235 500

缴纳土地增值税时的会计处理为

借：应交税费——应交土地增值税　　　　　　　　　　　　　235 500
　　贷：银行存款　　　　　　　　　　　　　　　　　　　　　235 500

7.5　烟叶税会计

7.5.1　烟叶税概述

烟叶税（tobacco leaf tax）是以纳税人收购烟叶支付的价款为计税依据征收的一种税。烟叶税具有单一性、简便性和地方性等特点。

1. 烟叶税的征税对象和纳税人

烟叶税的征税对象是指烤烟叶、晾晒烟叶，在中华人民共和国境内，依照《中华人民共和国烟草专卖法》的规定收购烟叶的单位为烟叶税的纳税人。

2. 烟叶税的计算

烟叶税实行从价定率计征，其税率为 20%。烟叶税的计税依据为纳税人收购烟叶实际支付的价款总额。

实际支付的价款总额包括纳税人支付给烟叶生产销售单位和个人的烟叶收购价款和价外补贴。其中，价外补贴统一按烟叶收购价款的 10% 计算。

烟叶税的应纳税额按照纳税人收购烟叶实际支付的价款总额乘以税率计算。应纳税额的计算公式为

$$应纳税额 = 收购价款 \times (1 + 10\%) \times 20\%$$

3. 烟叶税的申报与缴纳

烟叶税的纳税义务发生时间为纳税人收购烟叶的当天。烟叶税按月计征，纳税人应当于纳税义务发生月终了之日起 15 日内申报并缴纳税款。纳税人收购烟叶，应当向烟叶收购地的主管税务机关申报纳税。

7.5.2　烟叶税的会计核算

烟叶税的应纳税额构成收购单位的采购成本，烟叶税的会计核算主要涉及"材料采购"

和"应交税费"等账户。

【例 7-19】 某烟草公司为增值税一般纳税人，9月份收购烟叶 5 000kg，烟叶收购价格为 6.4 元/kg，货款已全部支付。烟叶收购价格与价外补贴在收购发票上分别注明。烟草公司相应的会计处理如下。

烟叶税应纳税额＝5 000×6.4×（1＋10％）×20％＝7 040（元）

收购烟叶的进项税额＝[5 000×6.4×（1＋10％）＋7 040]×9％＝3 801.6（元）

借：材料采购　　　　　　　　　　　　　　　　　　　　　　38 438.4
　　应交税费——应交增值税（进项税额）　　　　　　　　　　3 801.6
　贷：应交税费——应交烟叶税　　　　　　　　　　　　　　　7 040
　　　银行存款　　　　　　　　　　　　　　　　　　　　　　35 200

本 章 小 结

> 企业在流转环节中涉及的其他税种主要包括：城市维护建设税、资源税、关税、土地增值税、烟叶税。除城市维护建设税外，上述其他税种不是企业普遍缴纳的，但是各税种的计算与缴纳都需要通过"应交税费"账户核算。企业销售环节中缴纳的城市维护建设税、资源税、关税、土地增值税，一般借记"税金及附加"账户；而企业采购环节中缴纳的资源税、关税、烟叶税，借记"材料采购"等账户，计入货物的采购成本。

习 题

一、思考与讨论题

1. 简述城市维护建设税的计税依据及其会计处理方法。
2. 资源税的计税依据是如何确定的？
3. 试分析增值税、消费税、资源税三个税种之间的关系。
4. 简述关税完税价格的确定原则和调整方法。
5. 简述关税应纳税额的计算方法及会计处理方法。
6. 简述土地增值税的计算程序及其会计处理方法。

二、单项选择题

1. 下列各项中，属于资源税纳税人的是（　　）。
　　A. 销售自产天然气的生产企业　　　　B. 进口原油的外贸企业
　　C. 销售蜂窝煤的生产企业　　　　　　D. 出口外购原煤的外贸企业

2. 下列生产或开采的资源产品中，不征收资源税的是（　　）。
   A. 铁矿　　　　　　B. 矿泉水　　　　　C. 花岗岩　　　　　D. 食盐
3. 纳税人应当自海关填发税款缴款书之日起（　　）内缴纳关税税款。
   A. 1 日　　　　　　B. 7 日　　　　　　C. 10 日　　　　　　D. 15 日
4. 纳税人如果转让的房地产坐落地与其机构所在地或经营所在地不一致时，则应在（　　）的税务机关申报缴纳土地增值税。
   A. 经营所在地所管辖　　　　　　　　B. 机构所在地所管辖
   C. 房地产坐落地所管辖　　　　　　　D. 房地产转让实现地
5. 土地增值税的税率形式为（　　）。
   A. 全额累进税率　　　　　　　　　　B. 超额累进税率
   C. 全率累进税率　　　　　　　　　　D. 超率累进税率
6. 扣缴义务人代扣代缴资源税的纳税环节为（　　）。
   A. 开采环节　　　　　　　　　　　　B. 收购环节
   C. 移送使用环节　　　　　　　　　　D. 销售环节

三、多项选择题

1. 下列税金中，通过"税金及附加"账户核算的有（　　）。
   A. 消费税　　　　B. 资源税　　　　C. 增值税　　　　D. 城市维护建设税
2. 可以作为城市维护建设税计税依据的项目有（　　）。
   A. "二税"实纳税额
   B. 纳税人滞纳"二税"而加收的滞纳金
   C. 纳税人偷逃"二税"被处的罚款
   D. 纳税人偷逃"二税"被查补的税款
3. 某煤矿生产、销售原煤 120 万 t，应缴纳（　　）。
   A. 城市维护建设税　　　　　　　　　B. 资源税
   C. 消费税　　　　　　　　　　　　　D. 增值税
4. 下列项目中，应征收资源税的有（　　）。
   A. 进口原油　　　　　　　　　　　　B. 石灰岩
   C. 人造原油　　　　　　　　　　　　D. 海盐
5. 我国进口关税的计征办法主要有（　　）。
   A. 从价税　　　　B. 从量税　　　　C. 复合税　　　　D. 滑准税
6. 下列各项中，属于土地增值税征税范围的有（　　）。
   A. 国有土地使用权出让　　　　　　　B. 旧房及建筑物的有偿转让
   C. 房地产的代建房行为　　　　　　　D. 单位之间互换房地产

四、判断题

1. 增值税、消费税的纳税人并不都是城市维护建设税的纳税人。（　　）
2. 由受托方代收代缴消费税的，其代收代缴的城市维护建设税按委托方所在地适用的税率执行。（　　）
3. 资源税应对应税资源在每一流转环节计算征收。（　　）
4. 某独立矿山将开采的铁矿石原矿用于加工铁矿粉，应缴纳资源税和增值税。（　　）

5. 某制药厂因政府实施城市规划，将其位于市区的房地产自行转让，对其取得的转让收入应予以免征土地增值税。（　　）

6. 进口货物的完税价格包括货物的成交价、货物运抵中国境内输入地点起卸前的运费及其相关费用、保险费。（　　）

五、实务题

1. 某外贸企业地处市区，5月份进口货物向海关缴纳关税153万元、消费税102万元、增值税173.40万元；出口货物按规定退回消费税100万元、增值税150万元；在国内销售货物缴纳增值税80万元。计算该企业5月份应缴纳的城市维护建设税。

2. 某公司从韩国海运进口一批高档化妆品，成交价格为20万美元（汇率1∶6.8），不包括对方付给的正常回扣10万元，从起运地至境内口岸运输费为0.1万美元，从境内口岸至输入地起卸前运输费为0.8万元，保险费按货价与运费的3‰计算确定。

要求：计算该公司进口这批高档化妆品应缴纳的流转税。（高档化妆品的关税税率为40%）

3. 某市一家有进出口经营权的外贸公司，10月发生以下经营业务：经有关部门批准从境外进口小轿车30辆，每辆小轿车15万元，运抵我国海关前发生的运输费用、保险费用共计10.38万元。向海关缴纳了相关税款，并取得了完税凭证。公司委托运输公司将小轿车从海关运回本单位，支付运输费用9万元，取得了增值税专用发票。当月售出22辆，每辆含税销售额为46.33万元，公司自用2辆并作为本企业固定资产。（小轿车关税税率为60%）

要求：计算该外贸公司10月份应缴纳的流转税及附加，并做相应的会计处理。

4. 某运输企业将其拥有的两个仓库出售给某公司，取得转让收入1 300万元。该仓库固定资产账面原值为500万元，已提折旧200万元。税务机关确认仓库的评估价格为600万元。

要求：计算该企业转让仓库应缴纳的土地增值税，并进行相应的会计处理。

5. 某矿山联合企业为增值税一般纳税人，12月生产经营情况如下。

① 购入采煤用原材料和低值易耗品，取得增值税专用发票，注明货款为7 000万元、增值税为910万元。支付原材料运输费200万元，取得运输公司开具的增值税专用发票，原材料和低值易耗品验收入库。

② 销售上月收购的原煤500 t，不含税单价为520元/t。

③ 开采天然气 4.5×10^7 m³，开采原煤450万t。

④ 采用直接收款销售原煤280万t，取得不含税销售额145 600万元。

⑤ 以原煤直接加工洗煤110万t，对外销售90万t，取得不含税销售额126 000万元。

⑥ 采用分期收款方式销售选煤4 000 t，不含税单价为1 200元/t，合同规定本月收回60%的货款，其余款项下月15日之前收回，并全额开具了增值税专用发票，本月实际收回货款216万元。

⑦ 将开采的原煤20万t对外投资。

⑧ 企业职工食堂和供热等用原煤2 500 t。

⑨ 销售天然气 3.7×10^7 m³，取得不含税销售额9 890万元。

（资源税适用税率：煤2%，天然气6%；洗选煤折算率80%。）

要求：计算该联合企业12月应缴纳的增值税和资源税。

6. 甲公司委托某进出口公司进口商品一批，进口货款 2 250 000 元已汇入进出口公司存款账户。进口商品的 CIF 价格为 240 000 美元，进口关税税率为 20%，当日的外汇牌价为 1 美元＝6.80 元人民币，代理手续费按货价的 2% 收取，现该批商品已运达，向委托单位办理结算。

要求：计算进口这批商品应缴纳的关税和增值税，并分别编制甲公司和进出口公司相关的会计分录。

六、案例分析

1. 市区某企业 20×1 年 8 月应纳增值税 52 万元，9 月初被税务机关查出同年 5 月 11 日为他人代开增值税专用发票，不含税价款 20 万元，此行为属逃税行为，应补缴增值税并处以 1 倍罚款，还要按滞纳天数加收滞纳金，城市维护建设税比照增值税进行补缴与处罚，并规定连同 8 月份税款在 9 月 10 日前一并入库。请计算该纳税人 8 月实际缴纳的城市维护建设税。

2. 某餐饮娱乐城地处市区，是集餐饮、娱乐、出租车运营等多项服务为一体的大型股份制企业。流转税的纳税期限为一个月，各项收入均分别核算，并分别计算纳税。4 月份，某会计师事务所受托对其本年 1—3 月份的纳税情况进行查核，发现情况如下。

① 邀请 A 市歌舞团部分演员来舞厅演出，支付演出费 58 000 元，企业将其冲减了舞厅收入。

② 将 10 套高档音响出租取得收入 56 000 元，企业将其计入歌厅的出租收入。

③ 以出租车运营收入坐支汽车修理费，冲减营运收入 1 000 元。

④ 实行会员制的保龄球馆收取会员单位交来的会员费 68 000 元，企业将其记入"预收账款"账户。

⑤ 某单位在餐饮部签单消费 24 000 元，企业因未办理结算而至今尚未入账。

根据税法规定，计算该企业应补（退）的各项流转税金及附加。

第 8 章

财产税和行为税会计

【学习要求】
1. 掌握房产税、城镇土地使用税、耕地占用税、车船税、印花税、契税和车辆购置税的计算与缴纳。
2. 掌握财产税和行为税核算的账户设置及主要业务的会计处理。

8.1 房产税会计

8.1.1 房产税概述

房产税（house property tax）是以房产为征税对象，依据房产价格或房产租金收入向房产所有人或经营人征收的一种财产税。我国现行的房产税具有以下几个特点。

① 房产税属于财产税中的个别财产税，其征税对象只是房屋。
② 房产税征收范围限于城镇的经营性房屋。
③ 房产税按房屋的经营使用方式规定了不同的征税方法。

1. 房产税的纳税人

房产税的纳税人是房产的产权所有人。产权属国家所有的，由经营管理单位纳税；产权属集体和个人所有的，由集体单位和个人纳税；产权出典的，由承典人纳税；产权所有人、承典人不在房产所在地的，或者产权未确定及租典纠纷未解决的，由房产代管人或者使用人纳税。

2. 房产税的征税范围

房产税的征税对象是房产。所谓房产，是指有屋面和围护结构（有墙或两边有柱），能够遮风避雨，可供人们在其中生产、工作、学习、娱乐、居住或储藏物资的场所。

房产税的征税范围为位于城市、县城、建制镇和工矿区的房产，不包括坐落在农村的房产。

想一想： 对于纳税人已提足折旧的房产尚在使用中，是否需要缴纳房产税？

3. 房产税的税率

房产税采用比例税率。从价计征的，年税率为1.2%；从租计征的，年税率为12%。对个人按市场价格出租的居民住房，暂按4%的税率征收房产税。

4. 房产税的优惠政策

目前，房产税的税收优惠政策有以下几种情况。

① 国家机关、人民团体、军队自用的房产免税，但上述免税单位的出租房产及非自身业务使用的生产、营业用房，不属于免税范围。
② 由国家财政部门拨付事业经费的单位，其自身业务范围内使用的房产免税。
③ 宗教寺庙、公园、名胜古迹自用的房产免税。
④ 个人所有的非营业用的房产免税。
⑤ 经财政部批准免税的其他房产。

5. 房产税的计算

房产税按年计算，其应纳税额的计算方法有以下两种。

（1）从价计征

从价计征是按房产原值减除一定比例后的余值计征，其计算公式为

$$年应纳税额 = 应税房产原值 \times (1-扣除比例) \times 1.2\%$$

房产原值是指纳税人按照会计制度的规定，在账簿"固定资产"账户中记载的房屋原价；减除一定比例，是减除10%～30%，具体减除幅度由省、自治区、直辖市人民政府确定。

（2）从租计征

从租计征是按房产租金收入计征，其计算公式为

$$年应纳税额 = 租金收入 \times 12\%$$

对投资联营的房产，在计征房产税时应予以区别对待：对于以房产投资联营，投资者参与投资利润分红、共担风险的，从价计征房产税；对以房产投资，收取固定收入、不承担联营风险的，从租计征房产税。

【例8-1】 甲企业20×1年度自有房屋10栋，其中8栋用于生产经营，房产原值800万元；2栋房屋租给乙公司作为经营用房，年租金收入40万元。计算甲企业20×1年应缴纳的房产税。（当地政府规定房产税计算余值的扣除比例为30%。）

$$自有房产年应纳税额 = 800 \times (1-30\%) \times 1.2\% = 6.72（万元）$$
$$出租房产年应纳税额 = 40 \times 12\% = 4.8（万元）$$
$$20 \times 1年应纳税额 = 6.72 + 4.8 = 11.52（万元）$$

想一想：例8-1中，（1）如果甲企业自20×1年4月份开始将2栋原值为1 800万元的房屋出租，当年取得租金30万元，20×1年甲企业应如何计算缴纳的房产税？

（2）如果乙企业将承租的2栋房屋转租，乙企业要缴纳房产税吗？

6. 房产税的申报与缴纳

（1）纳税义务发生时间

① 纳税人将原有房产用于生产经营，从生产经营之月起缴纳房产税。

② 纳税人自建的房屋，从建成之次月起缴纳房产税。

③ 纳税人委托施工企业建设的房屋，从办理验收手续之次月起缴纳房产税。

④ 纳税人购置新建商品房，从房屋交付使用之次月起缴纳房产税。

⑤ 纳税人购置存量房，自办理房屋权属转移、变更登记手续，房地产权属登记机关签发房屋权属证书之次月起缴纳房产税。

⑥ 纳税人出租、出借房产，自交付出租、出借房产之次月起缴纳房产税。

⑦ 房地产开发企业自用、出租、出借本企业建造的商品房，自房屋使用或交付之次月起缴纳房产税。

（2）纳税期限

房产税实行按年计算、分期缴纳的征收方法，具体纳税期限由省、自治区、直辖市人民政府确定。

（3）纳税地点

房产税在房产所在地缴纳。房产不在同一地方的纳税人，应按房产的坐落地点分别向房产所在地的地方税务机关缴纳。

8.1.2 房产税的会计核算

核算房产税应设置"应交税费——应交房产税"账户。分期计提房产税时，借记"税金及附加"账户，贷记本账户；缴纳房产税时，借记本账户，贷记"银行存款"账户。期末，"应交税费——应交房产税"账户的贷方余额，反映企业应交而未交的房产税。

【例8-2】承例8-1，如果该企业按季度预缴房产税，则该企业应如何进行会计处理？

每季度计提房产税时的会计处理为

借：税金及附加　　　　　　　　　　　　　　　　　　28 800
　　贷：应交税费——应交房产税　　　　　　　　　　　　28 800

缴纳房产税时的会计处理为

借：应交税费——应交房产税　　　　　　　　　　　　28 800
　　贷：银行存款　　　　　　　　　　　　　　　　　　28 800

8.2 城镇土地使用税会计

8.2.1 城镇土地使用税概述

城镇土地使用税（urban land use tax）是以城镇土地为征税对象，以实际占用的土地单位面积为计税标准，按规定税额对拥有土地使用权的单位和个人征收的一种税。我国现行城镇土地使用税具有以下几个特点。

① 城镇土地使用税对占用或使用土地的行为征税。
② 城镇土地使用税的征税对象是国有土地。
③ 城镇土地使用税的征税范围广泛。
④ 城镇土地使用税实行差别幅度税额。

1. 城镇土地使用税的纳税人

城镇土地使用税的纳税人是在中国境内的城市、县城、建制镇、工矿区范围内使用土地的单位和个人。拥有土地使用权的纳税人不在土地所在地的，由该土地的实际使用人和代管人纳税；土地使用权未确定或权属纠纷未解决的，由实际使用人纳税；土地使用权共有的，由共有各方分别纳税。

2. 城镇土地使用税的征税范围

城镇土地使用税的征税范围，包括在城市、县城、建制镇和工矿区内的国家所有和集体所有的土地。

① 城市是指国务院批准设立的市，包括市区和郊区。
② 县城是指县人民政府所在地。
③ 建制镇是指镇人民政府所在地。
④ 工矿区是指工商业比较发达，人口比较集中，符合国务院规定的建制镇标准，但尚未设立建制镇的大中型工矿企业所在地。工矿区需经省、自治区、直辖市人民政府批准。

3. 城镇土地使用税的税率

城镇土地使用税采用有差别的幅度定额税率，按照大、中、小城市及县城、建制镇和工矿区分别规定每平方米土地使用税的年应纳税额，具体规定如表8-1所示。

表8-1 城镇土地使用税定额税率表

级　　别	人　口	每平方米年税额/元
大城市	50万以上	1.5～30
中等城市	20万～50万	1.2～24
小城市	20万以下	0.9～18
县城、建制镇、工矿区	—	0.6～12

4. 城镇土地使用税的优惠政策

《中华人民共和国城镇土地使用税暂行条例》规定，下列用地免征城镇土地使用税。

① 国家机关、人民团体、军队自用的土地。
② 由国家财政部门拨付事业经费的单位自用的土地。
③ 宗教寺庙、公园、名胜古迹自用的土地。
④ 市政街道、广场、绿化地带等公共用地。
⑤ 直接用于农、林、牧、渔业的生产用地。
⑥ 经批准开山填海整治的土地和改造的废弃土地，从使用的月份起免缴土地使用税5～10年。

5. 城镇土地使用税的计算

城镇土地使用税实行从量定额征收，其计税依据是纳税人实际占用的土地面积，土地面积计量标准为每平方米。纳税人实际占用的土地面积按下列办法确定。

① 凡由省、自治区、直辖市人民政府确定的单位组织测定土地面积的，以测定的面积为准。

② 尚未组织测量，但纳税人持有政府部门核发的土地使用证书的，以证书确认的土地面积为准。

③ 尚未核发出土地使用证书的，应由纳税人申报土地面积，据以纳税，待核发土地使用证以后再做调整。

城镇土地使用税的应纳税额按纳税人实际占用的土地面积和规定的税额标准计算。其计算公式为

年应纳税额＝实际占用的应税土地面积×适用税额

想一想：纳税人实际占用的土地面积与《土地使用证书》所载面积不一致的，如何计算城镇土地使用税？

【例8-3】某市一家商场坐落在该市繁华地段，企业土地使用证书记载占用土地的面积为5 000 m²，经确定属一等地段；该商场另设两个统一核算的分店均坐落在市区三等地段，共占地9 000 m²；一座仓库位于市郊，属五等地段，占地面积为1 000 m²；另外，该商场自办托儿所占地面积2 600 m²，属三等地段。计算该商场全年应纳城镇土地使用税。（商场所在城市的城镇土地使用税单位税额为：一等地段年税额8元/m²；三等地段年税额5元/m²；五等地段年税额2元/m²。）

年应纳税额＝5 000×8＋9 000×5＋1 000×2＝87 000（元）

6. 城镇土地使用税的申报与缴纳

（1）纳税义务发生的时间

① 纳税人购置新建商品房，自房屋交付使用之次月起缴纳城镇土地使用税。

② 纳税人购置存量房，自办理房屋权属转移、变更登记手续，房地产权属登记机关签发房屋权属证书之次月起，缴纳城镇土地使用税。

③ 纳税人出租、出借房产，自交付出租、出借房产之次月起缴纳城镇土地使用税。

④ 房地产开发企业自用、出租、出借本企业建造的商品房，自房屋使用或交付之次月起缴纳城镇土地使用税。

⑤ 纳税人新征用的耕地，自批准征用之日起满一年时开始缴纳城镇土地使用税。

⑥ 纳税人新征用的非耕地，自批准征用次月起缴纳城镇土地使用税。

（2）纳税期限

城镇土地使用税实行按年计算、分期缴纳的征收方法，具体纳税期限由省、自治区、直辖市人民政府确定。

（3）纳税地点

城镇土地使用税在土地所在地缴纳。纳税人使用的土地不属于同一省、自治区、直辖市管辖的，由纳税人分别向土地所在地的税务机关缴纳；在同一省、自治区、直辖市管辖范围内，纳税人跨地区使用的土地，其纳税地点由各省、自治区、直辖市地方税务局确定。

8.2.2 城镇土地使用税的会计核算

企业缴纳的城镇土地使用税应通过"应交税费——应交城镇土地使用税"账户进行会计核算。该账户贷方反映企业应缴纳的城镇土地使用税，借方反映企业已经缴纳的城镇土地使用税；余额在贷方，表示应交而未交的城镇土地使用税。

企业按规定计算出应缴纳的城镇土地使用税时，借记"税金及附加"账户，贷记"应交税费——应交城镇土地使用税"账户；缴纳城镇土地使用税时，借记"应交税费——应交城镇土地使用税"账户，贷记"银行存款"账户。

【例 8-4】承例 8-3，如果该商场每半年缴纳一次城镇土地使用税，则该商场应如何进行会计处理？

半年计提城镇土地使用税时的会计处理为

借：税金及附加	43 500
贷：应交税费——应交城镇土地使用税	43 500

上缴税金时的会计处理为

借：应交税费——应交城镇土地使用税	43 500
贷：银行存款	43 500

8.3 耕地占用税会计

8.3.1 耕地占用税概述

耕地占用税（farm land occupation tax）是对占用耕地建房或从事其他非农业建设的单

位和个人，就其实际占用耕地面积一次性征收的一种税。

耕地占用税的征税目的在于限制非农业建设占用耕地，建立发展农业专项资金，促进农业生产的全面协调发展。作为一个出于特定目的、对特定的土地资源课征的税种，耕地占用税具有以下特点。

① 兼具资源税与特定行为税的性质。
② 采用地区差别税率。
③ 在占用耕地环节一次性课征。

1. 耕地占用税的纳税人

耕地占用税的纳税人是指在中华人民共和国境内占用耕地建设建筑物、构筑物或者从事非农业建设的单位和个人。

2. 耕地占用税的征税范围

耕地占用税的征税范围包括纳税人为建房或从事其他非农业建设而占用的国家所有和集体所有的耕地。耕地是指种植农业作物的土地，包括菜地、园地。其中，园地包括花圃、苗圃、茶园、果园、桑园和其他种植经济林木的土地。

占用鱼塘及其他农用土地建房或从事其他非农业建设，也视同占用耕地，依法征收耕地占用税。

3. 耕地占用税的税率

耕地占用税采用定额税率，按人均耕地占有面积，规定差别幅度税额。耕地占用税的税率如表 8-2 所示。

表 8-2　耕地占用税定额税率表

以县、自治县、不设区的市、市辖区为单位的人均耕地面积	每平方米税额/元
1 亩以下（含 1 亩）	10～50
1～2 亩（含 2 亩）	8～40
2～3 亩（含 3 亩）	6～30
3 亩以上	5～25

各地区耕地占用税的适用税额，由省、自治区、直辖市人民政府根据人均耕地面积和经济发展等情况，在规定的税额幅度内提出，报同级人民代表大会常务委员会决定，并报全国人民代表大会常务委员会和国务院备案。各省、自治区、直辖市耕地占用税适用税额的平均水平，不得低于《各省、自治区、直辖市耕地占用税平均税额表》规定的平均税额（见表 8-3）。

在人均耕地低于 0.5 亩的地区，省、自治区、直辖市可以根据当地经济发展情况，适当提高耕地占用税的适用税额。

占用基本农田的，应当按照适用税额加征 150%。

表 8-3　各省、自治区、直辖市耕地占用税平均税额表

地区	每平方米平均税额/元
上海	45
北京	40

续表

地区	每平方米平均税额/元
天津	35
江苏、浙江、福建、广东	30
辽宁、湖北、湖南	25
河北、安徽、江西、山东、河南、重庆、四川	22.5
广西、海南、贵州、云南、陕西	20
山西、吉林、黑龙江	17.5
内蒙古、西藏、甘肃、青海、宁夏、新疆	12.5

4. 耕地占用税的优惠政策

（1）免征耕地占用税

① 军事设施、学校、幼儿园、社会福利机构、医疗机构占用耕地，免征耕地占用税。

② 农村烈士遗属、因公牺牲军人遗属、残疾军人以及符合农村最低生活保障条件的农村居民，在规定用地标准以内新建自用住宅，免征耕地占用税。

（2）减征耕地占用税

① 铁路线路、公路线路、飞机场跑道、停机坪、港口、航道、水利工程占用耕地，减按每平方米 2 元的税额征收耕地占用税。

② 农村居民在规定用地标准以内占用耕地新建自用住宅，按照当地适用税额减半征收耕地占用税；其中农村居民经批准搬迁，新建自用住宅占用耕地不超过原宅基地面积的部分，免征耕地占用税。

占用园地、林地、草地、农田水利用地、养殖水面、渔业水域滩涂以及其他农用地建设直接为农业生产服务的生产设施的，不征收耕地占用税。

5. 耕地占用税的计算

耕地占用税以纳税人实际占用的属于耕地占用税征税范围的土地面积为计税依据，按应税土地当地适用税额计税，实行一次性征收。耕地占用税的计算公式为

$$应纳税额 = 应税土地面积 \times 适用税额$$

应税土地面积包括经批准占用面积和未经批准占用面积，以平方米为单位。

6. 耕地占用税的申报与缴纳

（1）纳税义务发生时间

① 经批准占用耕地的，纳税义务发生时间为纳税人收到自然资源主管部门办理占用耕地手续的书面通知的当日。

② 未经批准占用耕地的，纳税义务发生时间为自然资源主管部门认定的纳税人实际占用耕地的当日。

③ 因挖损、采矿塌陷、压占、污染等损毁耕地的，纳税义务发生时间为自然资源、农业农村等相关部门认定损毁耕地的当日。

（2）纳税期限

纳税人应当自纳税义务发生之日起 30 日内申报缴纳耕地占用税。

（3）纳税地点

纳税人占用耕地应当向耕地所在地税务机关申报纳税。

想一想：纳税人按规定向土地管理部门办理退还耕地的，已经缴纳的耕地占用税是否予以退还？

8.3.2 耕地占用税的会计核算

企业按规定缴纳的耕地占用税可以不通过"应交税费"账户核算。企业应缴纳的耕地占用税记入"在建工程"账户。

【例 8-5】甲公司 20×1 年为扩大生产规模，经批准占用耕地 9 000 m^2，该地区的耕地占用税单位税额为 35 元/m^2。计算甲公司应纳的耕地占用税并进行相应的会计处理。

耕地占用税的应纳税额 = 9 000 × 35 = 315 000（元）

甲公司的会计处理为

借：在建工程　　　　　　　　　　　　　　　　　　　　　　　315 000
　　贷：银行存款　　　　　　　　　　　　　　　　　　　　　　315 000

8.4　车船税会计

8.4.1　车船税概述

车船税（vehicle and vessel tax）是对在我国境内拥有车船的单位和个人所征收的一种税。车船税作为我国财产税制度的组成部分，在车船的保有环节采用从量定额的计征方式。

1. **车船税的纳税人**

车船税的纳税人是指在中国境内属于《车船税法》所附《车船税税目税额表》规定的车辆、船舶的所有人或者管理人。所称管理人，是指对车船具有管理权或者使用权，不具有所有权的单位和个人。

从事机动车第三者责任强制保险业务的保险机构为机动车车船税的扣缴义务人，应当在收取保险费时依法代收车船税，并出具代收税款凭证。

2. **车船税的征税范围和税率**

车船税的征税范围是指：

① 依法应当在车船管理部门登记的机动车辆和船舶；
② 依法不需要在车船管理部门登记、在单位内部场所行驶或者作业的机动车辆和船舶。

车船管理部门,是指公安、交通运输、农业、渔业、军队、武装警察部队等依法具有车船登记管理职能的部门;单位,是指依照中国法律、行政法规规定,在中国境内成立的行政机关、企业、事业单位、社会团体以及其他组织。

车船税的适用定额税率,如表8-4所示。车辆的具体适用税额由省、自治区、直辖市人民政府依照《车船税税目税额表》规定的税额幅度和国务院的规定确定。船舶的具体适用税额由国务院在《车船税税目税额表》规定的税额幅度内确定。

纳税人按照纳税地点所在的省、自治区、直辖市人民政府确定的具体适用税额缴纳车船税。

表8-4 车船税税目税额表

税 目		计税单位	年基准税额	备 注
乘用车[按发动机气缸容量(排气量)分档]	1.0 L(含)以下的	每 辆	60元至360元	核定载客人数9人(含)以下
	1.0 L以上至1.6 L(含)的		300元至540元	
	1.6 L以上至2.0 L(含)的		360元至660元	
	2.0 L以上至2.5 L(含)的		660元至1 200元	
	2.5 L以上至3.0 L(含)的		1 200元至2 400元	
	3.0 L以上至4.0 L(含)的		2 400元至3 600元	
	4.0 L以上的		3 600元至5 400元	
商用车	客 车	每 辆	480元至1 440元	核定载客人数9人以上,包括电车
	货 车	整备质量每吨	16元至120元	包括半挂牵引车、三轮汽车和低速载货汽车等
挂车		整备质量每吨	按照货车税额的50%计算	
其他车辆	专用作业车	整备质量每吨	16元至120元	不包括拖拉机
	轮式专用机械车		16元至120元	
摩托车		每 辆	36元至180元	
船舶	机动船舶	净吨位每吨	3元至6元	拖船、非机动驳船分别按照机动船舶税额的50%计算
	游 艇	艇身长度每米	600元至2 000元	

注:车辆整备质量尾数不超过0.5 t的,按照0.5 t计算;超过0.5 t的,按照1 t计算。整备质量不超过1 t的车辆,按照1 t计算。船舶净吨位尾数不超过0.5 t的不予计算,超过0.5 t的,按照1 t计算。净吨位不超过1 t的船舶,按照1 t计算。

3. 车船税的优惠政策

免征车船税的车船包括:捕捞、养殖渔船;军队、武装警察部队专用的车船;警用车船;依照有关法律规定应当予以免税的外国驻华使领馆、国际组织驻华代表机构及其有关人员的车船。

对节约能源、使用新能源的车船可以减征或者免征车船税;对受严重自然灾害影响纳税困难以及有其他特殊原因确需减税、免税的,可以减征或者免征车船税。具体办法由国务院规定,并报全国人民代表大会常务委员会备案。

省、自治区、直辖市人民政府根据当地实际情况,可以对公共交通车船,农村居民拥有并主要在农村地区使用的摩托车、三轮汽车和低速载货汽车定期减征或者免征车船税。

想一想：在机场、港口及其他企业内部场所行驶或者作业，并在车船管理部门登记的车船，是否需要缴纳车船税？

4. 车船税的计算

车船税实行从量计征，根据车船的种类和性能不同，车船税的计税依据分别为："辆""整备质量""净吨位""艇身长度"。

车船税应纳税额的计算公式为

$$年应纳税额＝计税依据×适用税额$$

【例 8-6】 某运输公司 20×2 年拥有载货汽车 12 辆，货车整备质量全部为 5 t；大型客车 10 辆；小型客车 18 辆。当地规定的车船税年税额为：载货汽车整备质量每吨 50 元；大型客车每辆 720 元，小型客车每辆 520 元。计算该公司 20×2 年应纳车船税。

20×2 年应纳车船税＝12×5×50＋10×720＋18×520＝19 560（元）

想一想：如果该企业 20×2 年 8 月份又购置了 2 辆大型客车，则 20×2 年的车船税如何缴纳？

5. 车船税的申报与缴纳

（1）纳税义务发生时间

车船税纳税义务发生时间为取得车船所有权或者管理权的当月。

（2）纳税期限

车船税按年申报，分月计算，一次性缴纳。纳税年度为公历 1 月 1 日至 12 月 31 日。具体申报纳税期限由省、自治区、直辖市人民政府规定。

（3）纳税地点

车船税的纳税地点为车船的登记地或者车船税扣缴义务人所在地。依法不需要办理登记的车船，车船税的纳税地点为车船的所有人或者管理人所在地。

8.4.2 车船税的会计核算

为了核算车船税的应交及已交等情况，应在"应交税费"账户下设置"应交车船税"明细账户。企业按规定计算应缴纳的车船税时，借记"税金及附加"账户，贷记本账户；实际交纳车船税时，借记本账户，贷记"银行存款"账户。

【例 8-7】 承例 8-6，则运输公司应如何进行会计处理？

计提车船税时的会计处理为

借：税金及附加　　　　　　　　　　　　　　　　　　　　19 560

贷：应交税费——应交车船税　　　　　　　　　　　　　　　19 560

实际缴纳车船税时的会计处理为

借：应交税费——应交车船税　　　　　　　　　　　　　　　19 560
　　贷：银行存款　　　　　　　　　　　　　　　　　　　　　19 560

8.5　印花税会计

8.5.1　印花税概述

印花税（stamp tax）是对经济活动和经济交往中书立、使用、领受具有法律效力的应税凭证的单位和个人所征收的一种税。印花税是一种具有行为税性质的凭证税，它主要具有以下特点。

① 覆盖面广。
② 税率低，税负轻。
③ 实行"三自"纳税办法，由纳税人自行完税。

1. 印花税的纳税人

印花税的纳税人是指在中国境内书立、使用、领受印花税法所列举凭证的单位和个人。按照书立、使用、领受应税凭证的不同，上述单位和个人分别确定为立合同人、立据人、立账簿人、领受人和使用人5种。

① 立合同人，指合同的当事人，是对应税凭证有直接权利义务关系的单位和个人，但不包括合同的担保人、证人、鉴定人。
② 立据人，产权转移书据的纳税人是立据人。
③ 立账簿人，是指设立并使用营业账簿的单位和个人。
④ 领受人，是指领取或接受并持有该凭证的单位和个人，权利、许可证照的纳税人是领受人。
⑤ 使用人，在国外书立、领受，但在国内使用的应税凭证，其纳税人是该凭证的使用人。

想一想： 对合同、书据等凭证，由两方或两方以上当事人共同书立的，如何确定纳税人？

2. 印花税的征税范围和税率

印花税的征税范围主要包括5大类：合同或具有合同性质的凭证、产权转移书据、营业账簿、权利许可证照和经财政部确定征税的其他凭证。

根据应税凭证性质的不同，印花税采用比例税率和定额税率两种形式。

① 比例税率。适用比例税率的有各类合同及具有合同性质的凭证、产权转移书据、营业账簿中记载资金的账簿。印花税的比例税率共有4个档次，即1‰、0.5‰、0.3‰、0.05‰。

② 定额税率。权利许可证照和营业账簿中的其他账簿等，适用定额税率，均为按件贴花，税额为5元。

印花税税目、税率表如表8-5所示。

表8-5 印花税税目、税率表

税　目	范　围	计税依据	税　率	纳税人	说　明
1. 购销合同	供应、预购、采购、购销结合及协作、调剂、补偿易货等活动	购销金额	0.3‰	立合同人	
2. 加工承揽合同	加工、定做、修缮、修理、印刷广告、测绘、测试等合同	加工或承揽收入	0.5‰	立合同人	
3. 建设工程勘察设计合同	勘察、设计合同	收取费用	0.5‰	立合同人	
4. 建筑安装工程承包合同	建筑、安装工程承包合同	承包金额	0.3‰	立合同人	
5. 财产租赁合同	租赁房屋、船舶、飞机、机动车辆、机械、器具、设备等合同	租赁金额	1‰	立合同人	
6. 货物运输合同	民航、铁路、海上、内河、公路运输和联运合同	运输费用	0.5‰	立合同人	单据作为合同使用的，按合同贴花
7. 仓储保管合同	仓储、保管合同	仓储保管费用	1‰	立合同人	仓单或栈单作为合同使用的，按合同贴花
8. 借款合同	银行及其他金融组织和借款人（不包括银行同业拆借）所签订的借款合同	借款金额	0.05‰	立合同人	单据作为合同使用的，按合同贴花
9. 财产保险合同	财产、责任、保证、信用等的保险合同	保险费用	1‰	立合同人	单据作为合同使用的，按合同贴花
10. 技术合同	技术开发、转让、咨询、服务等合同	记载金额	0.3‰	立合同人	
11. 产权转移书据	财产所有权和版权、商标专用权、专利权、专有技术使用权等转移书据	记载金额	0.5‰	立据人	
12. 营业账簿	记载资金的账簿	实收资本与资本公积的合计金额	0.5‰	立账簿人	
	其他账簿	件	5元		
13. 权利、许可证照	政府部门发给的房屋产权证、工商营业执照、商标注册证、专利证、土地使用证	件	5元	领受人	

想一想：购买商品房所签订的合同是按照"购销合同"还是按照"产权转移书据"征收印花税？

3. 印花税的优惠政策

① 已缴纳印花税的凭证的副本或者抄本免税，但副本或者抄本视同正本使用的，应另贴印花。

② 财产所有人将财产赠给政府、社会福利单位、学校所立的书据免税。

③ 国家指定的收购部门与村民委员会、农民个人书立的农副产品收购合同免税。

④ 无息、贴息贷款合同免税。

⑤ 外国政府或者国际金融组织向我国政府及国家金融机构提供优惠贷款所书立的合同免税。

⑥ 房地产管理部门与个人签订的用于生活居住的租赁合同免税。

⑦ 农牧业保险合同免税。

⑧ 特殊货运凭证免税。

4. 印花税的计算

根据应税凭证的性质，印花税的计算可采用从价定率和从量定额两种方法，其计算公式为

$$应纳税额 = 应税凭证计税金额 \times 适用税率$$

或

$$应纳税额 = 应税凭证件数 \times 适用税额$$

印花税计税依据的特殊规定如下。

① 应税凭证以"金额""收入""费用"作为计税依据的，应当全额计税，不得做任何扣除。

② 同一凭证，载有两个或两个以上经济事项而适用不同税目税率，如果分别记载金额的，应分别计算应纳税额，相加后按合计税额贴花；如果未分别记载金额的，按税率高的计税贴花。

③ 适用从价计征的应税凭证，未标明金额的，应按照凭证所记载数量及国家牌价计算金额；没有国家牌价的，按市场价格计算金额，然后按规定税率计算应纳税额。

④ 应税凭证所记载金额是外国货币的，应按凭证书立当日国家外汇管理局公布的外汇牌价折合成人民币计税。

⑤ 应纳税额不足1角的，免纳印花税；1角以上的，其税额尾数不满5分的不计，满5分的按1角计算。

⑥ 有些合同在签订时无法确定计税金额，可在签订时先按定额5元贴花，以后结算时再按实际金额计税，补贴印花。

⑦ 已贴花的凭证，凡修改后所载金额增加的部分，应当补贴印花。

想一想：建筑工程的总承包人签订的分包合同是否还需要贴花？

【例8-8】甲公司于20×1年9月开业，注册资金300万元，9月份发生的经济活动如下。

① 领受工商营业执照、房产证、土地使用证、商标注册证各一件。
② 资金账簿记载实收资本280万元，另有其他营业账簿8本。
③ 签订购销合同2份，共记载金额170万元。
④ 签订借款合同1份，借款金额20万元。
⑤ 与A企业签订技术转让合同1份，金额为30万元。
⑥ 签订货物运输合同2份，支付运费3万元，装卸费0.3万元。

试计算该公司9月份应缴纳的印花税。

领受权利、许可证照应缴纳的印花税：$4 \times 5 = 20$（元）

账簿应缴纳的印花税：$2\,800\,000 \times 0.5‰ + 8 \times 5 = 1\,440$（元）

购销合同应缴纳的印花税：$1\,700\,000 \times 0.3‰ = 510$（元）

借款合同应缴纳的印花税：$200\,000 \times 0.05‰ = 10$（元）

技术转让合同应缴纳的印花税：$300\,000 \times 0.3‰ = 90$（元）

货物运输应缴纳的印花税：$30\,000 \times 0.5‰ = 15$（元）

9月份应纳印花税税额 $= 20 + 1\,440 + 510 + 10 + 90 + 15 = 2\,085$（元）

5. 印花税的申报与缴纳

（1）纳税办法

印花税的纳税办法，根据税额的大小、贴花次数及税收征收管理的需要，分别采用以下3种纳税办法。

① 自行贴花办法。纳税人书立、领受或者使用应税凭证的同时，自行计算应纳税额，自行购买印花税票，自行一次贴足印花税票并加以注销或划销，即通常所说的"三自"纳税办法。这种办法一般适用于应税凭证较少或者贴花次数较少的纳税人。

② 汇贴或汇缴办法。这种办法一般适用于应纳税额较大或者贴花次数频繁的纳税人。一份凭证应纳税额超过500元的，应该向当地税务机关申请填写缴款书或者完税证明，将其中一联粘贴在凭证上或者由税务机关在凭证上加注完税标记代替贴花。

同一种应税凭证，需要频繁贴花的，应向当地税务机关申请按期汇总缴纳印花税。汇总缴纳的限期由当地税务机关确定，但最长期限不得超过1个月。

③ 委托代征办法。这种方法是通过税务机关的委托，经由发放或者办理应税凭证的单位代为征收印花税款。

（2）纳税义务发生时间

印花税纳税义务发生时间，是在应税凭证的书立或领受时贴花，具体地说就是指合同签订时、书据立据时、营业账簿启用时和权利许可证照领受时。如果合同是在国外签订，并且不便在国外贴花的，应在将合同带入境时办理纳税手续。

（3）纳税地点

印花税一般实行就地纳税。对于在全国性商品物资订货会（包括展销会、交易会等）上所签订合同应纳的印花税，由纳税人回其所在地后及时办理贴花完税手续；对地方主办、不涉及省际关系的订货会、展销会上所签订合同的印花税，其纳税地点由各省、自治区、直辖市人民政府自行确定。

想一想： 合同没有履行还需要贴花吗？

8.5.2 印花税的会计核算

印花税主要采用"三自"纳税办法，不会形成税款债务，不存在与税务机关清算和结算的问题，因此印花税可以不通过"应交税费"账户核算。企业缴纳的印花税直接借记"税金及附加"等账户，贷记"银行存款"或"库存现金"账户。如果一次购买印花税票或一次缴纳税额较大时，为了均衡费用，可先通过"待摊费用"账户进行核算，分期摊销时再记入"管理费用"账户。

【例8-9】 承例8-8，甲公司与A企业签订技术转让合同1份，金额为30万元。双方各自应缴纳印花税的会计处理如下。

计算缴纳印花税时，会计处理为

借：税金及附加　　　　　　　　　　　　　　　　　　　　　　　　　90
　　贷：银行存款　　　　　　　　　　　　　　　　　　　　　　　　　90

8.6　契　税　会　计

8.6.1　契税概述

契税（deed tax）是以所有权发生转移变动的不动产为征税对象，向产权承受人征收的一种税。契税属于财产转移税，契税对买方（承受人）课税，而不是对卖方课税。

1. 契税的纳税人

契税的纳税人是指在中国境内转移土地、房屋权属过程中，承受土地使用权或房屋所有权的单位和个人。承受是指以受让、购买、受赠、交换等方式取得土地、房屋权属的行为。

想一想： 为什么契税的纳税人是承受人？有何意义？

2. 契税的征税范围

契税的征税对象是在我国境内发生土地使用权和房屋所有权权属转移的土地和房屋，具体征税范围如下。

① 国有土地使用权出让，是指土地使用者向国家支付土地使用权出让费用，国家将国有土地使用权在一定年限内让予土地使用者的行为。

② 土地使用权转让，是指土地使用者以出售、赠与、交换或者其他方式将土地使用权转移给其他单位和个人的行为。土地使用权转让不包括农村集体土地承包经营权的转移。

③ 房屋买卖，是指房屋所有者有偿让渡房屋所有权的行为。房屋赠与和房屋交换均视同房屋买卖。

④ 视同土地使用权转让、房屋买卖的行为，具体包括：以土地、房屋权属作价投资、入股；以土地、房屋权属抵债；以获奖方式承受土地、房屋权属。

想一想：房产赠与行为、继承行为和遗赠行为是否都需要缴纳契税？

3. 契税的税率

契税实行3％～5％的幅度比例税率。各省、自治区、直辖市人民政府在3％～5％的幅度范围内根据本地区的实际情况确定。

4. 契税的优惠政策

有下列情形之一的，减征或者免征契税。

① 国家机关、事业单位、社会团体、军事单位承受土地、房屋用于办公、教学、医疗、科研和军事设施的，免征契税。

② 城镇职工按规定第一次购买公有住房的，免征契税。

③ 因不可抗力灭失住房而重新购买住房的，酌情准予减征或者免征契税。

④ 承受荒山、荒沟、荒丘、荒滩土地使用权，并用于农、林、牧、渔业生产的，免征契税。

5. 契税的计算

契税应纳税额的计算公式为

$$应纳税额 = 计税依据 \times 税率$$

契税的计税依据为不动产的价格。按照土地、房屋权属转移的不同情况，契税的计税依据具体确定如下。

① 国有土地使用权出让、土地使用权出售、房屋买卖，以成交价格为计税依据。成交价格是指土地、房屋权属转移合同确定的价格，包括承受者应支付的货币、实物、无形资产或者其他经济利益。

② 土地使用权赠与、房屋赠与，由征收机关参照土地使用权出售、房屋买卖的市场价格核定其计税依据。

③ 土地使用权交换、房屋交换，计税依据为所交换的土地使用权、房屋的价格差额，即交换价格相等的，免征契税；交换价格不相等的，由多交付货币、实物、无形资产或者其他经济利益的一方按价格的差额缴纳契税。

④ 以划拨方式取得土地使用权，经批准转让房地产时，由房地产转让者补缴契税，其计税依据为补缴的土地使用权出让费或者土地收益。

【例8-10】甲企业将其拥有的库房6间，与乙企业拥有的一座厂房相交换，双方协议规定由甲企业支付差价 120 万元，当地政府规定的契税税率为 3％，计算甲企业应缴纳的契税。

$$应纳税额＝1\,200\,000×3\%＝36\,000（元）$$

6. 契税的申报与缴纳

（1）纳税义务发生时间

契税的纳税义务发生时间，为纳税人签订土地、房屋权属转移合同的当天，或者纳税人取得其他具有土地、房屋权属转移合同性质凭证的当天。

纳税人因改变土地、房屋用途应当补缴已经减征、免征契税的，其纳税义务发生时间为改变土地、房屋用途的当天。

（2）纳税期限

纳税人应当自纳税义务发生之日起 10 日内，向土地、房屋所在地的契税征收机关办理纳税申报，并在契税征税机关核定的期限内缴纳税款。

纳税人符合减征或者免征契税规定的，应当在签订土地、房屋权属转移合同后 10 日内，向土地、房屋所在地的契税征收机关办理减征或者免征契税手续。

（3）纳税地点

契税的纳税地点是土地、房屋所在地的征收机关。

8.6.2 契税的会计核算

契税是在土地、房屋权属转移，由承受单位取得该项产权时缴纳的一种税。对购买单位而言，契税是取得不动产产权的一种必然支出。由于资产是按实际成本计价的，所以取得房产产权所支付的契税也应计入该项资产的实际成本。

因此，企业取得土地、房屋产权按规定计算缴纳的契税，可以借记"在建工程""固定资产""无形资产"等账户，贷记"应交税费——应交契税"账户。由于同税务机关没有结算业务，契税的核算也可以不通过"应交税费——应交契税"账户，企业在缴纳契税时，贷记"银行存款"账户。

【例 8-11】承例 8-10，则甲企业在实际缴纳契税时的会计处理如下。

借：固定资产——厂房　　　　　　　　　　　　　　　　　　　　36 000
　　贷：银行存款　　　　　　　　　　　　　　　　　　　　　　　36 000

8.7　车辆购置税会计

8.7.1　车辆购置税概述

车辆购置税（vehicle purchase tax）是对购置车辆的单位和个人征收的一种税。车辆购置税具有以下几个特点。

① 车辆购置税兼有财产税和行为目的税的性质。

② 车辆购置税实行价外征收，税负不转嫁。

③ 车辆购置税在购置车辆的特定环节实行一次课征。

1. 车辆购置税的纳税人

车辆购置税的纳税人是指在中华人民共和国境内购置汽车、有轨电车、汽车挂车、摩托车的单位和个人。

购置是指以购买、进口、自产、受赠、获奖或者其他方式取得并自用应税车辆的行为。

纳税人进口自用应税车辆，是指纳税人直接从境外进口或者委托代理进口自用的应税车辆，不包括在境内购买的进口车辆。

2. 车辆购置税的征税范围

车辆购置税的征税范围包括汽车、有轨电车、汽车挂车、排气量超过 150 mL 的摩托车。

地铁、轻轨等城市轨道交通车辆，装载机、平地机、挖掘机、推土机等轮式专用机械车，以及起重机（吊车）、叉车、电动摩托车，不属于应税车辆。

3. 车辆购置税的税率

车辆购置税实行统一比例税率，税率为 10%。

4. 车辆购置税的优惠政策

下列车辆免征车辆购置税。

① 依照法律规定应当予以免税的外国驻华使馆、领事馆和国际组织驻华机构及其有关人员自用的车辆。

② 中国人民解放军和中国人民武装警察部队列入装备订货计划的车辆。

③ 悬挂应急救援专用号牌的国家综合性消防救援车辆。

④ 设有固定装置的非运输专用作业车辆。

⑤ 城市公交企业购置的公共汽电车辆。

根据国民经济和社会发展的需要，国务院可以规定减征或者其他免征车辆购置税的情形，报全国人民代表大会常务委员会备案。

5. 车辆购置税的计算

车辆购置税实行从价定率的办法计算应纳税额，应纳税额的计算公式为

$$应纳税额 = 计税价格 \times 适用税率$$

车辆购置税的计税价格根据不同情况，按照下列规定确定。

① 纳税人购买自用应税车辆的计税价格，为纳税人实际支付给销售者的全部价款，不包括增值税税款。

实际支付给销售者的全部价款，依据纳税人购买应税车辆时相关凭证载明的价格确定。

② 纳税人进口自用应税车辆的计税价格，为关税完税价格加上关税和消费税。

③ 纳税人自产自用应税车辆的计税价格，按照纳税人生产的同类应税车辆的销售价格确定，不包括增值税税款。

没有同类应税车辆销售价格的，按照组成计税价格确定。组成计税价格计算公式如下。

组成计税价格＝成本×（1＋成本利润率）

属于应征消费税的应税车辆，其组成计税价格中应加计消费税税额。

成本利润率，由国家税务总局各省、自治区、直辖市和计划单列市税务局确定。

④ 纳税人以受赠、获奖或者其他方式取得自用应税车辆的计税价格，按照购置应税车辆时相关凭证载明的价格确定，不包括增值税税款。

纳税人申报的应税车辆计税价格明显偏低，又无正当理由的，由税务机关依照《中华人民共和国税收征收管理法》的规定核定其应纳税额。

纳税人以外汇结算应税车辆价款的，按照申报纳税之日的人民币汇率中间价折合成人民币计算缴纳税款。

【例 8-12】某公司 9 月份接受捐赠一辆小轿车公司自用，公司取得的增值税专用发票上注明价款为 12.5 万元。计算该公司应缴纳的车辆购置税。

应纳税额＝12.5×10％＝1.25（万元）

6. 车辆购置税的申报与缴纳

车辆购置税实行一车一申报制度，纳税人应当在向公安机关交通管理部门办理车辆注册登记前，缴纳车辆购置税。

（1）纳税义务发生时间和纳税期限

车辆购置税的纳税义务发生时间为纳税人购置应税车辆的当日。纳税人应当自纳税义务发生之日起 60 日内申报缴纳车辆购置税。

车辆购置税的纳税义务发生时间以纳税人购置应税车辆所取得的车辆相关凭证上注明的时间为准，具体按照下列情形确定。

① 购买自用应税车辆的为购买之日，即车辆相关价格凭证的开具日期。

② 进口自用应税车辆的为进口之日，即《海关进口增值税专用缴款书》或者其他有效凭证的开具日期。

③ 自产、受赠、获奖或者以其他方式取得并自用应税车辆的为取得之日，即合同、法律文书或者其他有效凭证的生效或者开具日期。

（2）纳税地点

购置应税车辆的纳税人，应当到下列地点申报纳税。

① 需要办理车辆登记的，向车辆登记地的主管税务机关申报纳税。

② 不需要办理车辆登记的，单位纳税人向其机构所在地的主管税务机关申报纳税，个人纳税人向其户籍所在地或者经常居住地的主管税务机关申报纳税。

8.7.2 车辆购置税的会计核算

企业缴纳的车辆购置税应当作为所购置车辆的成本。由于车辆购置税是一次性缴纳，因此可以不通过"应交税费"账户进行核算。

企业购置（包括购买、进口、自产、受赠、获奖或者以其他方式取得并自用）应税车辆，按规定缴纳的车辆购置税，借记"固定资产"等账户，贷记"银行存款"账户。

企业购置的减税、免税车辆改制后用途发生变化的，按规定应补交的车辆购置税，借记"固定资产"等账户，贷记"银行存款"账户。

【例8-13】承例8-12，则该公司缴纳车辆购置税时的会计处理如下。

借：固定资产 12 500
　　贷：银行存款 12 500

本章小结

企业生产经营过程中涉及的财产税和行为税主要有：房产税、城镇土地使用税、耕地占用税、车船税、印花税、契税和车辆购置税。其中，房产税、城镇土地使用税、车船税实行按年计征，而耕地占用税、契税和车辆购置税的纳税义务是一次完成。

上述税种的会计处理方法可以分为两类：一类是将其计入当期损益，另一类是计入有关成本。对于自行完税的印花税，以及一次性缴纳、不需要与税务机关结算税款的耕地占用税、契税、车辆购置税，可以不通过"应交税费"账户进行核算。

习　题

一、思考与讨论题

1. 按照《企业会计准则》的规定，涉税会计的核算主要应设置哪些账户？
2. 各税种对扣缴义务是如何规定的？企业取得代扣代缴返回的手续费需要缴纳哪些税？
3. 什么是财产税？简述财产税的特点和功能。
4. 简述房产税、城镇土地使用税和车船税会计处理方法。
5. 印花税有何特点？如何进行会计处理？
6. 简述耕地占用税、契税和车辆购置税的会计处理方法。

二、单项选择题

1. 甲企业拥有一块土地的使用权，其中40%自用，60%出租给乙企业生产经营使用，则（　　）。

　　A. 应当由甲企业缴纳全部的土地使用税
　　B. 应当由乙企业缴纳全部的土地使用税
　　C. 应当按比例计算缴纳土地使用税

D. 按双方协商比例缴纳土地使用税
2. 应纳印花税的凭证应当于（　　）贴花。
   A. 年度内　　　　　　　　　　B. 书立或领受时
   C. 履行完毕时　　　　　　　　D. 开始履行时
3. 某公司发生两笔互换房产业务，并已办理了相关手续。第一笔业务换出的房产价值500万元，换进的房产价值800万元；第二笔业务换出的房产价值600万元，换进的房产价值200万元。当地政府规定的契税税率为3%，该公司应缴纳契税（　　）。
   A. 33万元　　　　B. 30万元　　　　C. 9万元　　　　D. 0
4. 下列房屋及建筑物中，属于房产税征税范围的是（　　）。
   A. 农村的居住用房　　　　　　B. 个人拥有的市区经营性用房
   C. 建在室外的露天游泳池　　　D. 尚未使用的商品房
5. 下列项目中，属于契税纳税人的是（　　）。
   A. 以房屋作价投资入股的投资方　　　B. 出让土地使用权的国土局
   C. 在北京购买花园别墅的外籍专家　　D. 房屋的出售方
6. 企业按规定计算缴纳的下列税金，应当计入相关资产成本的是（　　）。
   A. 房产税　　　　　　　　　　B. 城镇土地使用税
   C. 城市维护建设税　　　　　　D. 车辆购置税

三、多项选择题
1. 下列税种通过"应交税费"账户核算的有（　　）。
   A. 房产税　　　B. 资源税　　　C. 印花税　　　D. 土地增值税
2. 下列属于车辆购置税的应税行为的有（　　）。
   A. 购买使用行为　　　　　　　B. 进口销售行为
   C. 受赠使用行为　　　　　　　D. 自产自用行为
3. 下列各项中，不属于契税纳税人的有（　　）。
   A. 购买房屋的个人　　　　　　B. 出租房屋的个人
   C. 出售房屋的个人　　　　　　D. 企业承受国家出让的土地使用权
4. 根据耕地占用税有关规定，下列各项土地中属于耕地的有（　　）。
   A. 果园　　　　B. 花圃　　　　C. 茶园　　　　D. 菜地
5. 房产税的计税依据可以是（　　）。
   A. 融资租赁房屋的，以房产原值计税
   B. 联营投资房产，共担投资风险的，以房产余值计税
   C. 出租房屋的，以租金计税
   D. 租入房产的，以租金计税
6. 按照车船税法的有关规定，下列以"辆"为计税单位的是（　　）。
   A. 乘用车　　　B. 载货汽车　　　C. 摩托车　　　D. 三轮汽车

四、判断题
1. 房产不在同一地方的纳税人，以纳税人机构所在地为房产税纳税地点。（　　）
2. 对房地产开发企业建造的商品房，在出售前不征收房产税；但对其出售前已使用或出租、出借的商品房，应按规定征收房产税。（　　）

3. 甲单位签订总承包合同 5 000 万元，分包给乙单位 2 000 万元。甲单位的总承包合同按 3 000 万元计税贴花，分包合同按 2 000 万元贴花。（　　）

4. 城镇土地使用税法规定，土地使用权的权属纠纷尚未解决的，暂缓征税。（　　）

5. 按照车船税法规定，从事机动车第三者责任强制保险业务的保险机构为机动车车船税的扣缴义务人，应当依法代收代缴车船税。（　　）

6. 甲乙双方发生房屋交换行为，当交换价格相等时，契税由甲乙双方各缴一半。（　　）

五、实务题

1. 某饭店房产原值 2 000 万元，20×1 年年初该饭店内装修，6 月份装修完毕办理竣工结算，装修支出 250 万元（包括中央空调更换支出），均计入固定资产原值。

要求：计算该企业 20×1 年度应纳房产税。（当地政府规定房产税计算余值的扣除比例为 20%）

2. 某城市一繁华地段围墙内，共有土地面积 22 000 m^2，有纺织厂和服装厂两个单位，其中纺织厂占用土地 4/5，服装厂占用土地 1/5。纺织厂厂区内有 400 m^2 的绿化区，企业内部医院占地 600 m^2，职工宿舍区占地 2 000 m^2。当地土地使用税为每平方米 5 元。

要求：计算两个单位各自应纳的城镇土地使用税。

3. 某商场有载货汽车 6 辆，其中 1 辆出租半年，每辆车整备质量 3 吨，接送客人班车 2 辆。当地规定的车船使用税年税额为：载货汽车整备质量每吨 80 元，客车每辆 480 元。

要求：计算该商场当年应纳车船税税额。

4. 某公司 9 月份收到某投资者以土地使用权作价 6 000 万元投入企业作为资本，10 月份购入办公房一幢，价值 9 400 万元，当地政府规定契税税率为 3%。

要求：计算该公司应缴纳的契税，并进行相应的会计处理。

5. 某综合性企业 8 月份发生了如下经济行为。

① 接受甲公司委托，为其加工一批自用商品。双方签订加工合同一份，合同规定：加工原材料价值 70 万元由甲公司提供，在加工过程中由该企业提供辅助材料价值 10 万元，另外企业收取加工费 30 万元。在加工合同中各项金额分开记载，合计金额 110 万元。

② 与乙公司签订运输合同一份，委托其进行货物国际联运，货物的总价值为 1 000 万元。支付给中国境内某运输公司运输费 80 万元（含装卸费 15 万元）；支付给境外某运输公司运输费 50 万元（含装卸费 10 万元）。

③ 与丙公司签订一项以物易物合同，以 40 万元的商品换取 40 万元的原材料，由企业负责运送货物，向丙公司收取运输费 3 万元。

④ 与银行签订借款合同一份，以房产作抵押借款 400 万元，借款期限 10 个月，同时又填开借据两次，分别为 100 万元和 300 万元。由于客观情况企业资金周转困难，到期无力偿还借款，只得用房产（价值 400 万元）抵还借款，已按程序办完有关手续。

要求：根据上述资料，计算该企业应纳的印花税。

6. 某公司位于建制镇，主要经营农产品采摘、销售、观光业务，公司占地 3 万 m^2，其中采摘、观光的种植用地 2.5 万 m^2，职工宿舍和办公用地 0.5 万 m^2；房产原值 300 万元。公司 20×1 年发生以下业务。

① 全年取得旅游观光业务收入 150 万元，农产品零售收入 180 万元。

② 6月30日签订房屋租赁合同一份，将价值50万元的办公室从7月1日起出租给他人使用，租期12个月，月租金0.2万元，每月收租金1次。

③ 8月与保险公司签订农业保险合同一份，支付保险费3万元。

④ 9月与租赁公司签订融资租赁合同一份，租赁价值30万元的鲜果拣选机一台，租期5年，租金共计40万元，每年支付8万元。

（城镇土地使用税适用税率为每平方米5元；计算房产余值规定的扣除比例为30%。）

要求：根据上述资料，计算该公司20×1年应缴纳的流转税金及附加；应缴纳的城镇土地使用税、房产税和印花税。

六、案例分析

1. 某市甲企业将旧办公楼连同土地使用权卖给乙企业，账面原值1 500万元，评估重置完全价6 000万元，成新度比率50%，协商成交价款4 000万元，订立产权转移书据。因该办公楼是甲企业承受原划拨的国家土地，故甲企业补缴土地出让金80万元取得土地使用权后再进行转让，交纳相关交易手续费1.6万元，当地契税税率为3%。

分析在办公楼转让过程中，甲、乙两企业分别要缴纳哪些税种？并分别计算各税种的应纳税额。

2. 税务师在纳税审查时发现某企业下列3种涉税情况。

① 企业用账面净值20万元的专利对外投资，评估值100万元，取得被投资方100万元的股份，该专利过户签订转让书据，发生的过户费用由被投资方负担。

② 收到A单位赠送材料一批，A单位无偿提供的税控增值税发票注明，价款10 000元，增值税1 300元；企业自行负担运费100元。

③ 为投资人家属购买商品房一幢，付款15万元。

分析上述业务涉及的税金和对企业所得税的影响。

部分习题参考答案

第1章 企业纳税基础

二、单项选择题
1. B 2. C 3. D 4. B 5. D 6. D

三、多项选择题
1. ABD 2. ABC 3. ABCD 4. BC 5. BC 6. ABC

四、判断题
1. × 2. × 3. √ 4. × 5. √ 6. ×

第2章 税务会计概述

二、单项选择题
1. C 2. D 3. D 4. B 5. B 6. D

三、多项选择题
1. ABC 2. ACD 3. ABD 4. ABC 5. ABCD 6. ABCD

四、判断题
1. × 2. √ 3. √ 4. √ 5. × 6. √

第3章 增值税会计

二、单项选择题
1. C 2. C 3. B 4. D 5. A 6. A

三、多项选择题
1. ABC 2. AD 3. ABC 4. AD 5. ABC 6. BC

四、判断题
1. √ 2. √ 3. × 4. √ 5. × 6. √

第4章 消费税会计

二、单项选择题
1. C 2. C 3. B 4. D 5. A 6. C

三、多项选择题
1. ABCD 2. ABCD 3. BD 4. ABCD 5. BC 6. ABD

四、判断题
1. √ 2. √ 3. × 4. × 5. × 6. ×

第5章 企业所得税会计

二、单项选择题
1. C 2. B 3. C 4. B 5. D 6. C

三、多项选择题
1. AC 2. ABC 3. AD 4. ABC 5. BC 6. ABC

四、判断题
1. √ 2. × 3. √ 4. × 5. √ 6. √

第6章 个人所得税会计

二、单项选择题
1. B 2. B 3. D 4. A 5. D 6. B

三、多项选择题
1. ABCD 2. AB 3. AC 4. ABC 5. ACD 6. BCD

四、判断题
1. × 2. √ 3. × 4. √ 5. √ 6. ×

第7章 流转环节其他税种会计

二、单项选择题
1. A 2. D 3. D 4. C 5. D 6. B

三、多项选择题
1. ABD 2. AD 3. ABD 4. BD 5. ABCD 6. BD

四、判断题
1. √ 2. × 3. × 4. × 5. √ 6. √

第8章 财产税和行为税会计

二、单项选择题
1. A 2. B 3. C 4. B 5. C 6. D

三、多项选择题
1. ABD 2. ACD 3. BC 4. ABCD 5. BC 6. AC

四、判断题
1. × 2. √ 3. × 4. × 5. √ 6. ×

227

参考文献

[1] 盖地. 税务会计. 北京：北京师范大学出版社，2007.
[2] 李海波，刘学华，王京梁，等. 新编税务会计. 3 版. 上海：立信会计出版社，2007.
[3] 毛夏鸾，叶青. 税务会计学. 北京：首都经济贸易大学出版社，2002.
[4] 李敏. 税务会计. 上海：立信会计出版社，2005.
[5] 安仲文，蒙丽珍. 纳税会计实务. 大连：东北财经大学出版社，2007.
[6] 梁伟样. 税务会计与纳税筹划. 北京：科学出版社，2005.
[7] 赵恒群，李晶. 税务会计. 北京：中国人民大学出版社，2006.
[8] 王红云. 纳税会计. 成都：西南财经大学出版社，2007.
[9] 孙敏，李远慧，门瑢. 中级财务会计学. 2 版. 北京：清华大学出版社，2014.
[10] 徐泓. 纳税会计：税收的账务处理方法. 北京：中国人民大学出版社，2001.
[11] 中国注册会计师协会. 税法. 北京：中国财政经济出版社，2020.
[12] 王冬梅，姚爱群. 税收理论与实务. 4 版. 北京：清华大学出版社，2018.
[13] 翟建华，丁增稳. 税法. 北京：清华大学出版社，2007.
[14] 全国注册税务师执业资格考试教材编写组. 税务代理实务. 北京：中国税务出版社，2017.
[15] 王迪，藏建玲. 税务会计. 3 版. 北京：清华大学出版社，2020.
[16] 陈立. 税法. 3 版. 北京：清华大学出版社，2019.
[17] 张晓农. 企业税务理论与实务. 北京：机械工业出版社，2019.